创新思维能力
训练方法与运用

郭万斌 李 宁 韦志涵 主 编

郑顺锋 潘长清 李 楠 郭德友 施海峰 龙 鲛 副主编

清華大學出版社
北京

内 容 简 介

本书是一部介绍创新思维能力训练方法的教材，倡导用创新思维解决生活和工作中的各种问题。本书详细解释了创新的含义，分析并总结了主流创新思维的基础要素、主要类型、训练方法与应用案例，然后延伸到如何把不同的创新思维形成创新思维策略，通过分析创新思维的本质和分类，反思创新与发明的关系，从而为读者打开创新思维的宝库，为解决创业问题提供基础保障。

本书适合在校大学生、初级创业者、初创创新型企业学习培训使用。

图书在版编目（CIP）数据

创新思维能力训练方法与运用 / 郭万斌，李宁，韦志涵主编 . —北京：清华大学出版社，2023.7
ISBN 978-7-302-64271-8

Ⅰ . ①创… Ⅱ . ①郭… ②李… ③韦… Ⅲ . ①创造性思维 Ⅳ . ① B804.4

中国国家版本馆 CIP 数据核字（2023）第 134618 号

责任编辑：王剑乔
封面设计：刘 键
责任校对：刘 静
责任印制：曹婉颖

出版发行：清华大学出版社
   网   址：http：//www.tup.com.cn，http：//www.wqbook.com
   地   址：北京清华大学学研大厦 A 座   邮 编：100084
   社 总 机：010-83470000   邮 购：010-62786544
   投稿与读者服务：010-62776969，c-service@tup.tsinghua.edu.cn
   质量反馈：010-62772015，zhiliang@tup.tsinghua.edu.cn
印 装 者：三河市龙大印装有限公司
经 销：全国新华书店
开 本：185mm×260mm 印 张：13.75 字 数：292 千字
版 次：2023 年 8 月第 1 版 印 次：2023 年 8 月第 1 次印刷
定 价：49.00 元

产品编号：094362-01

本书编委会

主　　编：郭万斌、李宁、韦志涵

副 主 编：郑顺锋、潘长清、李楠、郭德友、施海峰、龙鲛

编　　委（排名不分先后）：

陈鼎（重庆智汇坊科技有限公司）

黄睿（重庆高技能人才发展研究中心）

叶锡（重庆叶茂职业培训学校）

邓超越（西南石油大学）

丁龙（西南石油大学）

蒋欣岑（西南石油大学）

王茂兴（西南石油大学）

宋洋（四川外国语大学成都学院）

雷海峰（重庆机电职业技术大学）

何嘉（重庆航天职业技术学院）

刘金飞（重庆公共运输职业学院）

廖卫凯（重庆淘京多电子商务有限公司）

高健（重庆市江津区任性文化创意工作室）

匡华（重庆市永川区大学生就业创业公共服务中心）

李邦洪（成都市武侯社区商业投资发展有限责任公司）

邹忠宜（重庆启点数字经济研究院）

侯晓华（四川财经职业学院）

潘莉（四川省旅游学校）

刘飞（桂林航天工业学院）

杨华（桂林航天工业学院）

杨平平（桂林理工大学）

周岐燃（西华大学）

刘仲吉（江苏商贸职业学院）

杨小东（蚌埠学院）

张晰朦（长春工业大学人文信息学院）

赵晓冬（长春工业大学人文信息学院）

刘潇（湖北文理学院）

陈睿（四川水利职业技术学院）

纪光萌（浙江广厦建设职业技术大学）

赵鹏杰（桂林旅游学院）

李维春（中国民用航空飞行学院）

肖欢畅（中国民用航空飞行学院）

成军帅（四川轻化工大学）

张燕（资阳城建投资集团有限公司）

黄潇莹（智酷创业孵化器总经理）

夏梦（贵阳信息科技学院）

孙小涵（成都历空山文化旅游有限公司）

蒋玲（安徽财经大学）

宋珊珊（成都启点数智科技产业发展有限公司）

陈新平（重庆电子工程职业学院）

景璐（电子科技大学成都学院）

潘启龙（贵州师范学院）

郭兰萍（四川电影电视学院）

张祯（成都唤醒与带动公益服务中心）

李智福（四川启点汇创新科技发展有限公司）

王钰（西南财经大学天府学院）

周岐燃（西华大学）

郭立明（成都唤醒与带动公益服务中心）

前 言

PREFACE

二十大报告指出，坚持创新在我国现代化建设全局中的核心地位；加快实施创新驱动发展战略。创新是一个民族兴旺发达的不竭动力，创新能够促进经济社会的发展和人类文明的进步。对于大学生而言，创新具有重要的意义，它对于提高大学生的综合素质以及规划未来的职业发展等方面都起着十分关键的作用。基于此，本书旨在培养大学生的创新思维，使其掌握创新方法，能够更自信地投入到创新实践中。

本书梳理了创新的含义、创新思维类型、创新思维方法等重要内容，提供了一些有效的创新思维训练方法以及练习。与市面上其他书相比，本书更加贴合生活实践，内容更加简单易懂。其中，理论介绍力争做到简明扼要、深度适宜；训练方法力争做到操作性强、指导性强。在本书的编写中，我们把理论内容与练习设置在一起，理论与实践相对应以便培养大学生的创新思维，并体现本书的特色——理论与实践的结合性强，对学习的指导性强。本书内容分为五章，分别是创新概述、创新思维训练的 12 种方法、创新思维方法的运用、创新思维策略、创新与发明。总的来说，本书具有以下特点。

（1）内容兼容性强。本书由多位编者编写、整理和修改，涉及的观点和内容方法较多，多为人民群众共同的智慧。

（2）突出创新思维方法训练。本书的练习较多，旨在通过训练培养大学生创新思维，其中的部分训练来自社会生活常识、经验等内容的总结，以帮助大学生使用创新思维进行社会生活实践。

（3）理论性较弱。本书重在突出创新思维的训练，所以理论方面内容只需要大家能够理解大概的内容及原理并且能够进行简单的使用即可，不需要对相关理论进行深层次研究，当然若有读者对相关理论感兴趣，可自行查阅相关资料。

本书由李宁统筹策划并具体组织，由郭万斌、李宁、韦志涵担任主编，李智福统改稿，郑顺锋、潘长清、李楠、郭德友、施海峰、龙鲛担任副主编，丁龙、邓超越、张帧等人参与编写。本书的前言由郭万斌编写；第一章由丁龙、邓超越编写；第二章由韦志涵、李楠、郑顺锋编写；第三章由张帧、潘长清、施海峰编写；第四章由李宁编写；第五章由龙鲛编写；文字和版式修改以及课后习题的制作由李智福负责。

另外，本书在编写过程中，参考了许多其他与创新思维有关的教材和论著，吸收了许多专家同仁的观点和例句，为了行文方便，不便一一注明。书后所附参考文献是本书重点参考的论著。在此，特向在本书中引用和参考的教材、报刊、文章、图片的作者表示诚挚的谢意。

在使用本书时，请各位读者紧密联系生活实践，认真感受相关理论方法在生活实践中的运用，争取做到举一反三，这样才能使书中介绍的创新思维方法最大限度地发挥指导作用。希望本书能对你创新思维的培养和训练有所帮助。

本书虽经几次修改，但由于编者能力所限，不足之处在所难免，敬请各位读者批评、指正。

最后，引用爱因斯坦——一位比多数人更懂得创新但在自己名下没有任何知识产权的人的话作为结语："想象力比知识更重要"。

编　者

2023 年 4 月

CONTENTS
目录

CONTENTS

目 录

第一章
创新概述

党的二十大报告中指出，创新是第一动力，为此要深入实施科技兴国战略、人才强国战略、创新驱动发展战略。

随着我国改革开放的全面深入，政治、经济、军事、民生、社会、文化等各方面日见成效，在步入 21 世纪以来，中国全面建设创新型社会的步伐不断加快，创新精神受到了社会各界的关注和支持。泱泱大国，悠悠万事，把握关键才能认准方向，顺应大势才能引领潮流。从"向科技进军"到"科学技术是第一生产力"，从"科教兴国战略"到"建设创新型国家"，从"创新驱动发展战略"到"创新发展理念"……梳理新中国 70 多年的脉络，创新始终是发展的关键词。

纵观世界，创新发展已是我国发展的形势所迫。我国是世界第二大经济体，在经济发展进入新常态的背景下，靠什么来培育新的增长动力和竞争优势？创新是应对问题的"良方"，更是推动发展的"引擎"。只有坚持创新发展，才能推动发展方式从要素驱动转向创新驱动、从依赖规模扩张转向提高质量效益，为经济保持中高速增长、产业迈向中高端水平提供坚实支撑和强劲动力。创新发展是国际竞争的大势所趋。放眼全球，新一轮科技革命和产业变革蓄势待发，创新已经成为大国竞争的新赛场，谁下好创新这步先手棋，谁就能占领先机、赢得主动。当前，世界各大国都在积极强化创新部署，如美国提出再工业化战略、德国提出工业 4.0 战略、日本强调独创力关系到国家兴亡、英国强调人民的想象力是国家的最大资源。我国既面临难得的历史机遇，也面临与发达国家差距拉大的风险，只有努力在创新发展上实现新突破，才能跟上世界发展大势，把握发展主动权。

展望未来，世界变革的时与势，我国发展的艰与险，更是将我们推到了创新发展的风口浪尖。创新是一个国家和民族发展进步的源头活水，只有创新，才能占得先机、取得优势、赢得未来。创新究竟是什么，创新思维又是什么，创新思维如何培养，中国特色的创新又该怎么理解？本章将对这些问题进行解释和分析。

第一节

创新及其重要性

一、创新的起源及含义

（一）创新的起源

"创新"这一名词早在《南史·后妃传上·宋世祖殷淑仪》中就提到过，是创立或创造新的东西的意思。今天人们对"创新"的理解则是从经济学范畴里探寻的。创新的词源是从英文 Innovate（动词）/Innovation（名词）翻译过来的。

根据韦氏词典所下定义，创新的含义有两点：引入新概念、新东西和革新。

创新理论起源于拉丁语，原意有三层含义：更新；创造新的东西；改变。创新就是利用已存在的自然资源创造新事物的一种手段。

创新作为一种理论，可追溯到美国哈佛大学教授熊彼特 1912 年出版的《经济发展理论》。熊彼特在《经济发展理论》中提出"创新"是指建立一种新的生产函数，在经济生活中引入新的思想、方法，实现生产要素新的组合。后来，人们又把这种创新划分为技术创新、制度创新两大类，而熊彼特被公认为"现代创新之父"。

（二）创新的含义

创新是什么？相信大家经常被创新二字所困扰着，怎样做才算创新？生活中方方面面都充满了创新，文件处理更快捷的新计算机、交流效果更好的新电话、性能更可靠的新汽车、清洁功能更强的新牙刷等都是创新。

简单地说，创新就是利用已存在的自然资源或社会要素创造新的矛盾共同体的人类行为，或者可以认为是对旧有的一切所进行的替代、覆盖。

《现代汉语词典》这样描述创新：抛开旧的，创造新的。

总之，创新是一种新颖、独特、有社会或个人价值的活动。它是人的一切活动中最高级、最复杂的活动。

二、对创新的不同理解

（一）哲学上的创新

在哲学上，创新是一种人的创造性实践行为，这种实践行为的实质是增加利益总量，需要对事物和发现的利用与再创造，特别是对物质世界矛盾的利用与再创造。人类通过对物质世界的利用与再创造，制造新的矛盾关系，形成新的物质形态。创意是创新的特定思维形态，意识的新发展是人对于自我的创新。发现与创新构成人类相对于物质世界的解放，是人类自我创造及发展的核心矛盾关系，其代表两个不同的创造性行为。只有对于发现的否定性再创造才是人类创新发展的基点。实践是创新的根本所在。创新的无限性在于物质世界的无限性。

（二）社会学上的创新

在社会学上，创新是指人们为了发展需要，运用已知的信息和条件，突破常规，发现或产生某种新颖、独特的、有价值的新事物、新思想的活动。创新的本质是突破，即突破旧的思维定势、旧的常规戒律。创新活动的核心是"新"，它或者是产品的结构、性能和外部特征的变革，或者是造型设计、内容的表现形式和手段的创造，或者是内容的丰富和完善。

（三）经济学上的创新

在经济学上，创新是指以现有的思维模式提出有别于常规或常人思路的见解为导向，利用现有的知识和物质，在特定的环境中，本着理想化需要或为满足社会需求，而改进或创造新的事物，包括但不限于各种产品、方法、元素、路径、环境等，并能获得一定有益效果的行为。

三、创新与新时代青年

（一）创新的重要性

创新是知识经济时代的灵魂。创新思维不是偶然的结果，而是时代的必然产物。因为我们所关注的创新是一种新时代的思潮，是引导我们走向新时代的思潮。创新又是思维的结晶。俗话说"思路决定出路"，没有创新的思维，便想不出创新的方法，就不能有创新的活动，也就没有创新的成果。创新涵盖众多领域，包括政治、军事、经济、社会、文化、科技等各个领域的创新。

创新是一个民族进步的灵魂，是一个国家兴旺发达的不竭动力，也是一个政党永葆生机的源泉。

近代以来人类文明进步所取得的丰硕成果主要得益于科学发现、技术创新和工程技术的不断进步，得益于科学技术应用于生产实践中形成的先进生产力，得益于近代启蒙运动所带来的人们思想观念的巨大解放。可以这样说，人类社会从低级到高级、从简单到复杂、从原始到现代的进化历程就是一个不断创新的过程。不同民族发展的速度有快有慢，发展的阶段有先有后，发展的水平有高有低，究其根本，民族创新能力的水平是对发展造成影响的主要因素之一。习近平总书记在党的二十大报告中指出："必须坚持科技是第一生产力、人才是第一资源、创新是第一动力，深入实施科教兴国战略、人才强国战略、创新驱动发展战略，开辟发展新领域新赛道，不断塑造发展新动能新优势。""加快实施创新驱动发展战略。……加快实现高水平科技自立自强。"这些论述涵盖了创新的方方面面，包括科技、人才、文艺、军事等方面的创新，以及在理论、制度、实践上的创新。

当今社会已进入信息时代，在知识、科技、信息技术、网络技术、大数据、物联网高速发展的同时，也加快了知识、信息、技术内容的更新换代。在追求经济、科技、文化等领域的全面优化时，作为新时代的青年就应该顺应时代潮流，改变传统思维方式，用创新理念、创新思维及其方法武装头脑，把握创新理论的内涵及其运用的方法，用创新思维指导实践创新活动，从而推动社会的全面发展。

（二）创新教育与新时代青年

中共中央、国务院早在 1999 年 6 月 13 日颁布的《关于深化教育改革全面推进素质教育的决定》中就提出的"创新教育"是以培养人的创新精神和创新能力为基本价值取向的教育，其核心是在认真做好"普九"工作的基础上，在全面实施素质教育的过程中，为了迎接知识经济时代的挑战，着重研究和解决基础教育如何培养学生的创新意识、创新精神和创新能

力的问题。

纵观历史，研究古今，作为新时代的青年人，要不断增强自身的学习能力，提升知识储备。学习不仅是为了获得知识，更是为了能够成为一个对国家、对社会有用的人。通过学习，我们可以从书本中汲取力量，开阔视野，为之后的发展做好铺垫。作为新时代的青年人，要学会创新，转变自身思维，将思维的发展与新时代特色相结合。当今世界，创新者胜，创新者强，创新并不只意味着打破原有规则秩序，而是要建立起新的秩序。所以我们要拥有一双敏锐的双眼及灵活的思维，时刻从生活中发现创新的闪光点，在实践中不断完善自我，成为时代引领者。

回望百年征程，持续今朝奋进。继承伟大建党精神，就要践行初心，担当使命，坚持"吾将上下而求索"的不懈追求。不忘来时路才能更好地走向未来。新时代，机遇与挑战并存，我们要做新时代的新青年，敢为人先，承担起时代赋予的责任与使命，不断提升自己的同时，开阔视野，开拓思维，加强创新精神的培养，做优秀的新时代新青年。

 章节练习

（1）简述创新的含义与意义。
（2）结合当今中国的实际，谈一谈创新可以应用在哪些地方？

第二节

创新思维的三个要素

一、国内学者关于创新思维的论述

（一）关于创新思维的论述

关于创新思维的基本理论，国内具有代表性的专家及学者在其撰写的书籍、论文中都给予了系统的、深刻的论述。

吉林大学王跃新教授在《创新思维学》一书中界定了创新思维的本质，揭示了创新思维的性质以及创新思维的实际应用与发展的关键问题，认为创新思维是主体的，尤其是主体依托右脑皮层区的活动，以人类特有的高级形式的感知记忆、思考、联想、理解等能力为基础，在与思维客体的相互作用过程中，通过发散和收敛、求异和求同、形象和抽象、逻辑和非逻辑等辩证统一的思维过程，历经准备、酝酿、豁朗和验证四个时期，形成具有首创新、开拓性、复合性认知成果的心智活动。同时论述了创新思维具有不同于一般思维的特点，主要表现为思维形式的反常性、思维过程的辩证性、所在空间的开放性、思维成果的独创性及思维主体的能动性。

东华大学的贺善侃教授在《创新思维概论》一书中对创新思维的内涵、形成机制、方法及其与灵感、形象思维间的关系等展开论述，分析与研究了创新思维和知识创新与管理、创新思维与科技、制度、教育创新的关系，提出了创新思维的概念，认为创新思维是人类在探索未知领域的过程中，充分发挥认识的能动作用，突破固定的逻辑通道，以灵活、新颖的方式和多维的角度探求事物运动内部机制的思维活动。他区分了广义与狭义的创新思维，"广义的创新思维是经常可见的、面广量大的思维，常见于人们日常的思维活动中。只要对确定的规则有所突破，对已有的思路有所更新，对以往的方法有所改善，都可称作某种意义的创新。""狭义的创新思维以优见长，属高级、尖端的思维活动，是创新思维中的精华。"

张义生教授在《论创新思维的基本原理》论文中从创新思维基本原理的意义、创新思维基本原理的基础、创新思维基本原理的内容三个部分对创新思维的本质进行深入研究，并在此基础上提出创新思维的四条基本原理，他认为创新思维的基本原理至少应该包括四个方面：陌生原理、归本原理、诉变原理、中介选择原理，并强调研究创新思维基本原理是构建创新思维学理论体系的需要，也是有效进行创新教育的需要。

孙洪敏研究员在《创新思维的运行机制》论文中具体分析了创新思维运行机制中思维主客体的相互作用、思维过程和成果的不平衡与平衡间的联结关系、创新思维系统从无序到有序的发展过程、创新思维发展和完善过程中体现着量变与质变的统一这四个方面，并提出创新思维的生成与主客体的相互作用直接相关——创新思维在主客体的相互作用中生成。不论是思维过程中的平衡与不平衡、有序与无序还是量变与质变，都是需要通过创新思维主客体的相互作用实现的，突出了创新思维主客体在创新思维运行机制中的重要作用。

（二）创新思维：关于逻辑思维与非逻辑思维的论述

研究创新思维离不开逻辑思维与非逻辑思维方式，认识逻辑思维、非逻辑思维与创新思维间的关系是研究创新思维发生及运行的关键要素之一。

张晓芒教授在《创新思维的逻辑学基础》论文中提出，创新思维作为一个思维过程，是奠基在逻辑思维的基础上。应该说，无论怎样的创新思维形式，均离不开逻辑思维的基础作用。创新思维在其发生及运行过程中的发散性是以逻辑学为基础的，其作用体现在：第一，创新思维需要有明确的问题意识与目的性；第二，创新思维需要收敛思维作为保障；第三，创新思维的探索发现过程遵循一定的逻辑轨迹；第四，创新思维的成果需要逻辑思维进行有序性的指导；第五，创新思维与不同心理因素间存在逻辑联系；第六，想象作为创新思维突破、建构已有知识和经验的功能，是遵循一定逻辑因果关系的。

周可真教授在《科学的创新思维和直觉方法》论文中论述了科学创新活动需要逻辑推理与直觉相结合，直觉是思维的本质展现。逻辑推理只是帮助直觉创造的成果由不可靠的或然性结论上升为可靠的必然性结论。科学创新思维规律在其存在于科学创新思维之中的意义是规律，在被科学主体自觉或不自觉地运用于其思维过程的意义上则为方法。周可真教授还提出科学创新的直觉方法至少需要 8 种因素构成：强烈的发明欲、澎湃的激情、丰富的想象、刚毅的意志、渊博的学识、细心的留意、及时的实验、开放的思路。在他看来，以上 8 种因素并不是作为科学创新、科学发现或发明的充足条件，但具备这些因素则更有利于开展科学创新活动，获取科学创新成果。"科学创新思维规律无非就是由足以导致科学创新的那些因素或条件的总和所构成的。一个科学家如果具备了这些因素或条件，他就可以做出科学创新之事来。"

张浩研究员的《思维发生学》《认识的另一半——非理性认识论研究》两本书都是以思维作为主题，阐明了人脑的进化和思维发展的关系，论证了人类思维发展的三个阶段，并且全面地研究了思维与语言、艺术、实践等方面的联系，展现了思维的发展史，这都是人类发展所要关注和研究的关键问题。他在《直觉、灵感或顿悟与创造性思维》论文中论述了直觉、灵感或顿悟思维在艺术创作中发挥了重要作用，并认为"现代科学的发展同样离不开非逻辑、理性的直觉、灵感或顿悟的创造性功能。"直觉能够帮助人们在进行创造性活动时选择研究目标、提出假说，进而取得科学发现。当然，他也认为直觉需要利用逻辑的优点弥补其不足，只有将逻辑和直觉互补地结合起来，才能完整地揭示创造性的思维认识过程。

二、国外学者关于创新思维的论述

国外有关创新思维理论的研究相对较早，19 世纪中叶英国科学家高尔顿著的《遗传的天才》一书，1898 年美国哈佛大学笛尔本教授著的《创造性想象测验》一书，都提出和论述了创新思维的理论问题。

20 世纪以来，英国心理学家格雷厄姆·沃拉斯在研究创造问题时，将创造问题所需的人格特征和认知特征二者相结合进行研究，这种研究方法具有开创性、系统性。

1926年沃拉斯在《思考的艺术》一书中探索了创新思维研究的新思路，提出创新思维需要经历四个阶段的理论，即准备阶段、酝酿阶段、豁朗阶段、验证阶段。准备阶段顾名思义是前期的准备阶段，在这一阶段要搜集资料并进行整理，从而形成对要解决问题的新认识，为下一阶段做充足准备。酝酿阶段是理解、吸收已有的资料信息，不断深化对资料的认识的过程，或者对于如何解决问题进行反复的思考，会促使人们找到问题的关键。人的思维进入到启发阶段已经比较成熟，思维很容易被外界所触动，从而对问题的解决有了豁然开朗的途径。检验阶段就是对以上三个阶段所形成的方式方法加以验证，在不断否定与肯定的过程中得出最佳的创新思维过程。

1945年，德国著名的心理学家韦索默在《创造性思维》一书中明确提出创新性思维的概念。韦索默将格式塔理论与创新思维相联系，提出顿悟是获得创新思维的主要方式，从而区别其他学者以逻辑、想象、联想为出发点对创新思维进行研究的方式。

美国心理学家吉尔福特主要从事心理测量方法、人格以及智力等方面的研究。1959年，他提出三维智力结构模式，他在后来出版的《人类智力的性质》一书中对这个结构模式进行了详细论述。吉尔福特的三维智力结构模式中对创造性的分析成为他理论研究的一大亮点，该理论把发散性思维与聚合性思维相统一，提出发散性思维的流畅性、变通性以及独创性是创造的核心，他认为将发散思维、聚合思维与创造性相连，有利于创造与创新问题的研究。

美国耶鲁大学教授斯滕伯格提出的"创造力三维模型理论"在国际上有着较大影响。"创造力三维模型理论"主要指与人的智力、认知方式、人格特征相关的三个维度，也可称为智力维度、认知维度、人格维度。斯滕博格对创造力的研究是将人的智力、知识、人格等个体因素以及外部环境因素相结合，通过实验对相关信息进行整理、研究，得出有利于创新思维发生的六种重要因素，即知识经验、智力、人格特征、思维方式、动机、外部环境，并认为综合与优化这些因素是获取创新成果的关键。

三、创新思维

（一）创新思维的含义

创新思维是人类认识活动高级阶段展现出来的一种综合性思维方式，其发生及运行过程主要通过潜意识与显意识统一、逻辑思维与非逻辑思维统一、发散思维与收敛思维统一而实现的。其出新、革新、超越的本质，为青年人的知识增长提供先导，为实践创新提供间接性的理论指导。创新思维体现着一定时期内人们生产实践活动的水平，实践活动在以创新思维为先导的理论指导下才更加具有目的性和计划性。创新思维作为高级阶段的思维方式，是随着社会发展而发展的，它随着实践创新的发展、知识的增长和进步而不断凸显其作用和价值。创新思维的首创性、发散性、综合性的特征是社会实践发展的重要理论先导。创新思维的发生和发展过程是一个不断融合新思想、新问题的过程，同时是一个不断实现自身发展，也指导实践创新的过程。

《中国大百科全书》哲学卷中将思维区分为广义与狭义两重概念：思维在广义上是相对于物质而与意识同义的范畴；狭义上是相对于感性认识而与理性认识同义的范畴。创新思维属于思维的范畴，研究创新思维的特点、形式和内容，首先要了解什么是思维，只有理解思维的含义才能在广义的思维范畴下具体分析创新思维的内涵及外延，这样对创新思维的研究才能做到有源之水，有本之木，成为有根据的研究，有深度的研究。

人的大脑就像一颗核桃的仁，分为左、右两个脑半球。大脑与神经系统的联系是交叉形式的，即左脑支配身体的右半部，右脑控制身体的左半部。当代生理学的研究表明：大脑的两个半球都具有高级的认知功能，只是有着不同的思维模式。左脑善于分析、抽象和计算，具有较强的时间观念，重视步骤顺序，动作语言表达，根据逻辑做出合理的结论，因而形成了语言的、分析的、数字的、程序的、符号的、直线性的思维模式。而右脑则不同，人们用右脑来想象、虚构、感受、创造新的意念，形成另一种非语言的、综合的、具体的、形象的、直觉的思维模式。

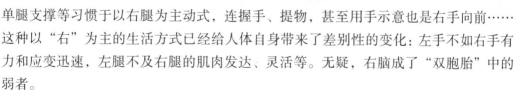

在现实生活中，多数人右脑的锻炼机会要比左脑少得多，"右"已成为人们生活中的"主旋律"，因为绝大多数人执笔、吃饭等习惯于用右手，跑步、跳高、单腿支撑等习惯于以右腿为主动式，连握手、提物，甚至用手示意也是右手向前……这种以"右"为主的生活方式已经给人体自身带来了差别性的变化：左手不如右手有力和应变迅速，左腿不及右腿的肌肉发达、灵活等。无疑，右脑成了"双胞胎"中的弱者。

研究表明，右脑是对新问题进行创造性思维的重要区域。科学测定发现，当人在日常生活清醒时，处于通常的意识状态，以左脑为主进行思维，此时大脑发出 β 波（14～30 赫兹）；而进入"入定"状态、半睡半醒、处于非常松弛又静谧状态，脑部发出 α 波（8～13 赫兹），称这种状态为"变异意识状态"，这种状态下整个人的生理状态改变，心跳脉搏减速，呼、吸轻柔，此时右脑摆脱左脑的长期控制，充分自由运作，个人潜能得以发挥。这就是许多科学家、研究人员喜欢一个人独处进行思考的原因，以求得创意与心态平衡。

创新思维是对事物间的联系进行前所未有的思考，从而创造出新事物的思维方法，是一切具有崭新内容的思维形式的总和。

佛瑞迪求职案

暑假前，16岁的佛瑞迪对父亲说："我要找个工作，这样我整个夏季就不用向您要钱了。"不久佛瑞迪便在广告上找到适合他专长的工作。第二天上午8点钟，他按要求来到报考地点，可那时已有20位求职者排在队伍的前面，他是第21位。怎样才能引起主考者的特别注意而赢得职位呢？佛瑞迪沉思良久后想出了一个主意：他拿出一张纸，在上面写了几行字，然后把纸折得整整齐齐地交给秘书小姐，恭敬地说："小姐，请你马上把这张纸条交给你的老板，非常重要！""好啊，先让我看看这张纸条"，秘书小姐看了纸条上的字后不禁微笑起来，并立刻站起来走进老板的办公室。结果，老板看了也大声笑了起来。原来纸条上写着："先生，我排在队伍的第21位。在您看到我之前，请不要做任何决定。"

最后，佛瑞迪如愿以偿地得到了这份工作。一个会动脑筋思考的人总能把握住机会，并妥善地解决问题，成功离不开睿智的创意。

资料来源：苏晓玲.中学生创新思维培养研究——以湖南师大附中为例 [D].

长沙：湖南师范大学，2009.

宣传小能手哈利

美国宣传奇才哈利15岁时，在一家马戏团做工，负责在马戏场内叫卖小食品和饮料。但每次观众都不多，买东西吃的人就更少，尤其是饮料。

有一天，哈利产生了一个想法：向每一个买票的人赠送一包花生，借以吸引观众。老板不同意这个想法，认为不合算。哈利用自己微薄的工资作担保，恳请老板让他试一试。于是，马戏团演出场地外多了一个声音：来看马戏，买一张票送一包好吃的花生！在哈利不停的叫喊声中，观众比往常多了好几倍。

观众进场后，哈利就开始叫卖起饮料。绝大多数观众在吃完花生后觉得口干时都会买上一杯饮料，一场马戏演出结束，哈利的营业额比以往增加了十几倍。

哈利的做法至今仍有借鉴意义，这也是创新思维的应用。

资料来源：刘力源.创新思维发生机制的辩证解析 [D].长春：吉林大学，2015.

（二）思维与创新思维

1. 思维

思维是人脑对客观事物间接的概括和反应，是大脑对信息的加工活动。这里所说的信息，不仅包括来自客观外界的信息，而且包括来自主体内部生理、心理需要方面的信息。甚至可以说，思维的动力主要来自主体内部的需要。因为，只有根据主体自身各种各样的需要，通过对来自主体内部的信息进行加工之后，才能从价值上对纷繁复杂的外部信息进行选择，决定取舍。

思维是高度组织起来的物质即人脑的机能，人脑是思维的器官。巴普洛夫关于第二信号系统的学说和现代关于脑科学研究的成果，越来越清楚地揭示出思维的物质生理机制，说明思维同大脑有不可分割的联系。但是，思维的产生不是单纯由大脑的生理基础决定的。思维是社会的人所持有的反应形式，它的产生、存在和发展都同社会实践和语言紧密地联系在一起。

2. 思维方式

思维方式是指思考问题的根本方法，是看待事物的角度和方式。人在不断认识世界和改造世界的过程中都有思维参与其中，在这一过程中所形成的习惯性思维模式，就是思维方式。

思维方式对人们的言行起决定性作用。其表面上具有非物质性和物质性。这种非物质性和物质性的交相影响，"无生有，有生无"，就能够构成思维方式演进发展的矛盾运动。不同国籍、文化背景的人看待事物的角度、方式不同，便是思维方式的不同。文化诊断学指出：科学思维、价值思维、应变思维决定着思维方式的完善性。

3. 创新思维突显思维的作用

思维方式有很多种，创新思维作为有创见的、有价值的思维方式在人的认识实践活动中发挥了重要的作用。

人类社会不断发展是离不开人类自身的发明、发现与创造的，一切文化的物质及非物质存在形式都与创新思维有关。思维是人脑对外部信息、内部信息加工的活动，它是一种无形的资源，指导着人们的认识和实践活动。而创新思维的特征更加突显思维的潜在能量，它在不断开发大脑潜能，探索积极心理因素与良好的客观环境，统一不同的思维方式，培养人们的创新意识，从而将创新思维运用到实践活动中以收获更大的价值。随着我国思维科学的发展与进步，理学、人工智能科学等不同领域都开展了有关创新思维的深入研究。这些学科的发展有利于从思维的本质上揭示出创新思维的奥秘。

21世纪人类社会进入发展的新阶段，现代科学技术、知识信息领域的高速更新要求创新思维必须参与到人的知识创新、科学发现、技术发明、艺术创作以及认识自然等活动中。思维对实践具有指导性作用，具有创造性质的思维方式在人们生产实践活动中的作用更为明显，因此，深入、系统地研究创新思维理论有利于促进当代社会的进一步发展。

4. 创新思维的特点

创新思维作为人类思维的高级形式，它与一般思维的区别在于其思维形式的反常性、思维过程的辩证性、思维空间的开放性、思维主体的能动性和思维成果的独创性。

（1）思维形式的反常性。创新思维发生及运行过程中的突变性、跨越性凸显其思维形式的反常性。由于创新思维的发生及运行主要通过非逻辑思维中的直觉、想象、灵感等非逻辑思维方式获取思维成果，是区别于传统思维中依靠推理、判断、归纳、总结等逻辑思维方式的。因此，创新思维常常表现为反常性的特征。

（2）思维过程的辩证性。创新思维发生及运行过程中的抽象与形象思维、逻辑与非逻辑思维、发散与收敛思维、求同与求异思维体现其思维过程中的辩证性特征，其中每一对思维方式两者间都是对立和统一、差异与互补、否定与依存的辩证关系，创新思维正是在这些既对立又统一、既差异又互补、既否定又依存的思维方式推动下不断取得新的发展。创新思维发生及运行过程涉及的多种思维方式展现了其综合性思维的特征，是将多种思维方式结合的综合性思维，这恰恰是通过其思维过程的辩证性体现出来。

（3）思维空间的开放性。创新思维发生及运行过程中的全方位性、多视角性体现其思维空间具有开放性。创新思维的空间开放性也决定了它是兼具逻辑与非逻辑思维、线性与非线性思维方式，并以非逻辑与非线性思维为主，不断促进思维的创新。

（4）思维主体的能动性和思维成果的独创性。创新思维的发生及运行过程是有意识、有目的地体现着人的能动性的，它是人主动、积极地获取材料信息所进行的思维活动。创新思维所获取的思维成果具有独创性，其成果必须是首创的、新颖的和唯一的，这也是创新思维的目的和归宿。

5. 创新思维研究方法

创新思维有别于一般思维，主要表现在其思维成果具有独创性、突破性、新颖性和价值性等特点之中，这也是判断创新思维的标准，要深入研究创新思维需要把握它的特征。

创新思维是思维发展的高级形式，也是人脑思维的一种综合思维，它同人脑机能直接相关，是人脑机能作用下的产物，是自然界长期演化和集体智慧共同作用的结果。因此，创新思维作为一个综合、系统的思维方式，与思维素质、思维心理、思维形式、思维环境和思维结果相联系，是对它们的一种系统性、综合性的反应。要深入研究创新思维需要综合地、系统地进行研究。

创新思维是改变已有思考问题的角度、观点，另寻新方向去认识事物，突破固有思维模式的认知方式，从而提出不同于多数人的、富有创见的新观念、新理论的思维。创新思维就其成果而言，不论是个体创新思维、群体创新思维，还是社会创新思维都是以具有突破性的新假说、新观点、新概念、新理论的形式展现的，主要概括就是一种能开拓意识新领域的、有创见的思维方式。随着理论界对创新思维研究的深入，其含义也在不断具体化。

研究创新思维就要了解其思维活动的过程，在创新思维的活动过程中，一般情况下需要四个阶段参与其中，即准备阶段、酝酿阶段、豁朗阶段和验证阶段。由于四个阶段的任务和目的不同，因此参与其中的思维方式也就不同。前两个阶段主要是对目标对象运用分析、综合、归纳、演绎、比较、类比等方法，因而运用的是逻辑思维；后两个阶段主要是发现突破、取得创新，因而大多依靠想象、灵感、直觉及顿悟等非逻辑思维。由多种思维方式构成创新思维的矛盾性运动极大地推动了创新思维的发展。

创新思维在解决问题时不再将思维局限于逻辑的、单一的、线性的方式中，而是能够从全方位、多角度、多侧面地分析问题。这样的思维方式既开放了思维的空间性，又充分运用发散思维、逆向思维、求异思维、非线性思维等思维方式。

从思维形态分析，创新思维大致可分为两类：一是以逻辑思维为主的，主要形式有逻辑推理和假说，其中逻辑推理又包括归纳推理、演绎推理和类比推理；二是以非逻辑为主的，主要形式有直觉、灵感、想象等。逻辑思维是创新思维的基础，是指按照一定的逻辑结构形式和逻辑规律进行探索问题和解决问题的思维方式。问题的提出、概念的形成、方案的选择是逻辑思维在起主要作用。非逻辑思维则是创新思维的一个突破点，是从量变到质变的一种飞跃，是指不按固定的逻辑规则去模式化、程式化的思维。创新思维过程中逻辑思维和非逻辑思维的统一为人们进行知识创新提供了思维起点。逻辑思维在提高人类认识水平，指导人类实践，保证人类思维的确定性、缜密性，提高人类思维效率等方面的作用是突出的，但由于传统的逻辑思维方式是以固定的范畴揭示思维的确定性，反映事物相对稳定的状态，常常容易忽视对象的偶然性、机遇性和选择性。客观事物瞬息万变，人们对事物本质和发展规律的认识、判断往往是多维的，有时甚至只能是模糊的。同时在新的环境和思维创新的前沿，可利用的思维成果和信息往往少得可怜，在这种创新活动背景下，仅靠逻辑思维是难以胜任的，需要非逻辑思维在其"山穷水尽"时创造性地另辟新径。非逻辑思维是逻辑思维的发展和补充，它以一定的逻辑思维为指引和调控，所得出的新奇结论和创造发明也必须经过逻辑思维的加工与验证，否则，就不能成为真正的科学知识。

逻辑思维作为创新思维的主导力量还可以从创新思维活动的阶段得到验证。绝大多数学者认为，在创新思维过程中的第一和第四阶段（准备阶段和验证阶段），人们主要是发挥左脑的语言和逻辑思维功能，分析资料、确立研究工作的出发点，检验假设并将结果系统化。而在第二和第三阶段（酝酿阶段和豁朗阶段），则需要充分发挥右脑的直觉、灵感和想象等非逻辑思维功能，以产生新思想和新观念。两者是相互协调、相互转化的。创新思维就是在这样的过程中达到知识创新目标的。爱因斯坦曾说："作为思维元素的心理的东西是一些记号和有一定明晰程度的意象，它们可以由我'随意的'再生和组合。这种组织活动似乎是创造性思维的主要形式。它进行在可以传达给别人的、由文字或其他符号建立起来的任何逻辑结构之前。"这里所说的"意象"是"心理的东西"，而"创造性思维的主要形式"是它的"组合活动"，然后通过"逻辑结构"传达出来，旨在强调心理因素与逻辑的结合。可见，对创新思维的研究是要揭示其中的逻辑思维是怎样进行的，逻辑结构如何。缺少必要的逻辑知识，要深入把握创新思维的本质及全貌是难以想象的。

总之，对创新思维的研究，我们应加强理论依据与方法的探讨，要深入考察创新思维的哲学方法，重视逻辑科学与逻辑思维的发展。这不仅有助于提升观念层面的认识，而且对于推进国家创新这一系统工程的实施具有十分重要的理论与实践意义。

（三）创新思维需要什么

1. 创新思维需要强烈的问题意识来驱动

问题是智慧的大门，知道得越多，问题越多，提问能使人进步，问题和答案一样重要。

宋代理学家朱熹在介绍自己的读书方法时，有过这样一段话，很值得我们深思。他说："读书，始读，未知有疑；其次，则渐渐有疑；中则节节是疑。过了这一番，疑渐渐释，以至融会贯通，都无所疑，方始是学。"

小泽征尔是一名指挥家，在一次国际指挥大赛上，他勇敢且自信地指出了乐谱的错误，事后证明那是评委对选手的试探，以试探指挥家们在发现错误且被权威人士否定的情况下，是否能坚持自己的判断，其他选手均不敢置疑，最后他获得了冠军。因为只有具备这种素质的人，才真正称得上是世界一流的音乐指挥家。

弗兰克林是一位很有才华的生物学家，1951年，他首先发现了脱氧核糖核酸的螺旋结构，但因受到"权威"的诘难，竟然承认自己的发现是错误的。后来又有两位科学家在1953年重新发现了这一结构，并获得了诺贝尔奖。弗兰克林由于不敢相信自己，将自己在生物学上划时代的发现拱手让给别人，这是多么痛惜的事！

小泽征尔不盲目迷信评委，敢于公开挑战权威，不被大多数人认同的观点所左右，勇敢地发表自己的见解，这正是他强烈的问题意识在起作用。弗兰克林恰恰是没有经受住信念的挑战和考验，没有对"权威"怀着问题意识，与其说他是被权威打败，不如说他是被自己所打倒。

2. 创新思维需要顽强的创新意志

创新思维过程中肯定会遇到困难与阻力、挫折乃至失败。这就需要靠坚强的意志去控制自己：面对前者（困难与阻力）时，不急躁、不气馁、不萎靡不振、不心灰意冷；面对后者（挫折与失败）要持之以恒，不能松懈。

温水煮青蛙的寓意是大环境的改变能决定个人的成功与失败，太舒适的环境往往蕴含着危险，在优越的环境中也要随时保持警惕。越是在这种时刻，越需要坚毅的品质去坚守自己的成果。

古希腊哲学家苏格拉底（公元前469—公元前399年）开学第一天对他的学生们说："今天咱们只学一件最简单也是最容易做的事儿。每人把胳膊尽量往前甩，然后再尽量往后甩。"说着，苏格拉底示范地做了一遍。"从今天开始，每天做 300 下。大家能做到吗？"

学生们都笑了。这么简单的事，有什么做不到的？过了一个月，苏格拉底问学生们："每天甩手 300 下，哪些同学坚持了？"有百分之九十的同学都骄傲地举起了手。又过了一个月，苏格拉底又问，可是这一回，坚持下来的学生却只剩下八成。

一年过后，苏格拉底再一次问大家："请告诉我，最简单的甩手运动，还有哪几位同学坚持了？"这时，整个教室里，只有一人举起了手。这个学生就是后来成为古希腊另一位哲学家的柏拉图。

3. 创新思维需要笑面挫折的乐观态度

世事无常，奋斗的路上难免磕磕绊绊，甚至大起大落。有些人在面对失败和挫折时，心态崩塌、意志消沉，甚至丧失了继续奋斗的勇气和希望，从此自甘堕落。有的人却因为一颗积极乐观的心，生活美满幸福。塞翁失马，焉知非福亦是此理。

1914 年 12 月 9 日晚的一场大火，几乎摧毁了爱迪生的实验室，损失逾两百万美元，爱迪生大半的研究都在这次火灾中付之一炬。

火势正大时，爱迪生二十四岁的儿子查尔思，在浓烟和瓦砾中疯狂地寻找父亲，找到时，爱迪生正平静地看着火景，火光反射在他脸上，白发在风中翻飞。他的儿子查尔斯说："我真的很心疼，他已经六十七岁了，不再是个年轻小伙子，而一切却随火而逝，他看到我时扯开喉咙叫着'小伙子，快去喊你妈来，这么大的焰火千载难逢，以后可没这样的机会看这么大的火焰了。'"

隔天早晨，爱迪生看着灰烬里的废墟说："灾难中自有大价值，我们所有的错误都烧之殆尽。感谢上帝，我们又可以重新开始了。"

大火后三个月，爱迪生发明了他的第一部留声机。

创新训练

赛 马

富翁的两个儿子各有一匹好马，他们常为夸耀自己的马而发生争吵。富翁便让他们进行一场赛马比赛。不过他提出的方法与众不同，不是赛快，而是赛慢，谁的马晚到目的地，谁就是优胜者。比赛开始后，两个儿子想尽一切办法，以最慢的速度前进，结果过了好久才走了几里路。两人都不耐烦了，但又不肯认输。

这时，来了一位聪明人，他只说了一句话，两人听后，依计行事，以最快的速度直奔目的地。于是，比赛很快便分出胜负。问：这位聪明人说的是什么话。

资料来源：家蕊.创新思维的基本因素探究 [D]. 长春：吉林大学，2018.

四、创新思维的三要素：灵感、兴趣、预测

创新思维是人类形成和发展创新能力的重要基础，它研究的并不仅仅是产品技术创新一类的"创造技法"。创新思维还应该包括人类自身素质的全面创新和发展，这样才能真正体现创新思维的无穷魅力。本小节通过分析"灵感、兴趣、预测"这三个因素以及它们与创新思维的关系来研究创新思维的一部分内涵，激发人们进一步认识创新思维，加深对创新思维的理解，从而极大地调动自身的创新意识，培养创新思维潜能，促进创新思维的普及和提高，使创新思维这种特殊的思维方式逐渐变成大众的思维方式，提高人们的创新思维水平。

（一）灵感

1. 灵感是什么

灵感是创新创造过程中必不可少的东西，它说不清道不明，来无影去无踪。什么是灵感呢？灵感又是怎么来的呢？

灵感源于生活

灵感也叫灵感思维，指文艺、科技活动中瞬间产生的、富有创造性的突发思维状态。不用平常的感觉器官而能使精神产生情感共鸣，亦称远隔知觉，或指无意识中突然兴起的神妙能力。

从创造发明活动来看，创新的过程常常是由思考问题开始的，在思考的过程中，脑海中浮现一个又一个解决问题的方法，或由以前的经验得出，或是自己突然迸发出的灵感，这也就是说，如果我们运用正确的思维方式对待周围的事物，那我们每个人都可以在这个过程中获得灵感，捕捉灵感，并将灵感实现以解决我们生活中的问题。

2. 将灵感转化为随感

灵感是在潜意识中酝酿成的情思猛然涌现于意识。灵感最重要的特征首先体现在它是"创造能力"，其次它是"突然"爆发出来的。也就是说，灵感这种创造能力不是每时每刻都存在的，也不是随心所欲信手拈来的。但是，我们承认灵感的突发性，并不等于也同时承认了人类对灵感无所适从。灵感还有另一个显著的特点，它来源于创造者丰富的实践经验和知识积累，最终获取的灵感不管多么辉煌，都是在创造者丰富的实践经验和知识积累基础上综合运用的结果。当我们了解了灵感产生的过程，掌握了灵感产生的规律，我们就完全可能将无序的灵感转化为有序的逻辑推理过程并加以合理利用，使之成为能够受人类控制的"随感"，将其随时转化为一项计划的结果，一个问题的

结论。

从创新思维的直接结果——创造发明活动来看，创造发明的基本过程常常是由问题引发的思考。例如，日常生活中的煮饺子问题，煮饺子时要等到水沸腾时才应该下饺子，可是当生饺子下到锅里的时候立刻将水冷却了，这时如果不加以搅拌，水就会由于达不到100℃，而不能迅速加热饺子内部的空气、增加浮力而导致饺子沉入锅底并且粘在锅底上。如果加以搅拌，就要打开锅盖，这样不仅浪费了能源，而且延长了升温的时间，导致饺子的口感大打折扣。如果能够在最短的时间内使下了饺子之后的水重新沸腾而又不使饺子粘锅，就必须满足既不打开锅盖，又要不断地搅拌这个条件。

想到这里，方案也自然就清晰了——在锅盖上安装一个搅拌器。这可以看作是一种"灵感"，但是这类灵感是完全可以驾驭的。当前，在一些具体的小发明项目中常常使用这种思维方式而且往往能够取得成功。

现在把具体的问题抽象化，任何事物的发展都必然具有它本身的规律性。如果找到这个规律性加以分析，就可能得出一个理想化的模式，也就是说，"灵感"是可以有机获取的。如果我们能够把事物的整个过程量化，把一个整体细分为若干个微小的部分，依据原理和规律性分析，将会容易实现这个微小部分的理想化，这是大家都懂得的一个道理。例如，我们虽然不能说一下子解决整个人生的发展问题，但是如果我们在明确目标的基础上认真对待每一项工作，就能够将某一项具体的工作做得很好之后继续将下一项具体的工作也做得很好。如果我们逐次逐个地将一系列做得很好的具体工作串联起来，使之全部成为"有用功"，那时我们就完全有能力说，我们把握了自己人生的轨迹。如果我们运用正确的思维方法对待周围的事物，我们每一个人都可以发现灵感，捕捉灵感，将"灵感"转化为我们工作和实践中的"随感"，使之成为创新思维链条中的有机环节，我们就能够正确解决一系列重大的问题。

（二）兴趣

1. 兴趣是什么

爱因斯坦曾说：兴趣是最好的老师。兴趣可以驱使着人们向着自己喜爱的目标不断前进，它使人不会因为遇到挫折而退缩，反而使人调动全身力量解决问题。对孩子来说，兴趣可以开发他的智力，促使他对学习、钻研产生积极的情绪。有些兴趣还可以培养孩子的观察力、想象力、注意力和意志力，在这样的力量支配下，孩子的能力就会成长得更快。

兴趣是人对于所喜爱的其他人或事物，在自己大脑中形成的一种兴奋点和倾向性。这个兴奋点和倾向性可以驱使人向着所喜爱的目标不断地付出努力，不被挫折所阻碍，矢志不渝地追逐自己的目标。当感兴趣的目标出现的时候，人可以调动自身最大的潜能，全神贯注地投入其中，解决随之而来的各种问题和困难。在兴趣的驱使下，人们可以暂时忽略兴奋点之外的大部分信息，最大限度地对工作目标投入力量，因此往往能够促进创新思维的开展，在创新活动中取得较大的收益。

一般而言，人们对物质产品感兴趣，是因为生理需要的满足；人们对精神产品感兴趣，是因为心理需要的满足。需要是兴趣的最主要的来源之一，有需要就一定会有兴趣；没有需要，兴趣一定不会持久。例如，在外语学习的问题上，有些人花费了很多精力学习外语，可是由于不经常使用，今天学了，明天忘了，再学、再忘，最终使人们丧失了学习的勇气和信心。但是在我国的广东和上海，特别是香港地区，会说英语的人比比皆是，不懂英语反倒成了怪事；再来看边境的一些地区，外语竟然成了没有多少文化基础的小商贩们用来谋生的必不可少的手段，许多人学习外语，乐此不疲。其原因是什么呢？是因为需要。

2. 兴趣和需要是创新的动力

自主创新是国家强盛的引擎，呼唤创新、支持创新已成为上下一致的共识。不过，真要实现创新，尤其是原始性创新，归根结底要依赖人的兴趣。兴趣是一种神奇的心理活动，谁一旦成为其忠贞的追随者，行为偶尔有点"怪癖"，不太合群，却总会做出让常人赞叹的创举来。发人深省的是，古今中外，大凡创造伟业的科学家、艺术大师，都是相关领域出了名的兴趣"痴迷者"，而且一年一度诺贝尔奖获得者每每谈到成就的心得时，也无不主要归因于兴趣。

没有人会想去创新一件自己完全不感兴趣的事物，兴趣和需要是相联系的。例如，深厚而稳固的兴趣是在需要的基础上产生的，它表现为人的需要，成为人对某种事物认识和获得的必要性。再如，人的暂时兴趣是由某些生理需要引起的，有对食物的需要，当前对吃食物就发生兴趣。由于人的需要的多样性，人的兴趣也是多样的。人们不仅有由于对物质的需要带来的有关物质的认识和获得的兴趣，而且有在精神需要的基础上发展起来的有关精神方面的兴趣，如对科学、文学、艺术等方面的兴趣。兴趣来源于需要，保持于成就感和满足感，而成就感和满足感都与"依赖性"有联系。

郎朗是一名国际著名的钢琴家，他对钢琴的兴趣从何产生呢？相信大家都看过《猫和老鼠》这部动画片，每当听到配乐《匈牙利第二号狂想曲》，眼前就会浮现出猫和老鼠追逐的搞笑画面，而这个音乐也打开了一位"天才钢琴家"的天赋，他就是郎朗。在郎朗3岁时，听到了这段配乐，看到了猫和老鼠共同弹奏的画面，他竟然能够在家里的钢琴上弹奏出旋律，家人见到后也激动不已，便培养孩子的钢琴兴趣。从那以后，郎朗几乎每天都练习钢琴，这也成为他生活中所必需的一部分，他对"弹钢琴"从兴趣到产生依赖性心理，并在"弹钢琴"这件事上做到十分优秀。

不难看出，如果使得到需求的人形成依赖性，兴趣就可以长盛不衰。要想培养并保持兴趣的长期性和稳定性，建立经常的依赖性刺激环节是关键，而建立依赖性刺激的重要因素就是要注重成就感和满足感的培养，从而形成循环的、稳定的心理趋势。具备了这些因素之后，兴趣就会始终伴随在创新思维的左右，也就等于为创新思维注入了"青春和活力"。如果再加以进一步的强化训练，使创新思维充满成就感和满足感，进而形成依赖性，就一定会使人形成持续不断的创新能力。

📖 拓展阅读： 电子游戏与依赖心理

让我们来看看电子游戏，由于游戏本身所具有的赌博特征及其精彩的情节和丰富的内容，很容易在游戏者的大脑皮层建立强烈的兴奋灶。随着游戏进程的深入，游戏者会随着不断取得的成功和胜利而获得成就感和满足感，并为之感到愉悦。但是，由于游戏的特殊设计，多数人在玩电子游戏的时候都不能顺利地"将游戏进行到底"。成就感所引发的自信心以及对成就感的进一步追逐，再加上不甘于失败的求胜心理交替刺激着游戏者的大脑，形成强烈的心理依赖态势，它迫使游戏者建立多次重复的心理趋势，要求自己必须将游戏再重复进行

下去，直至取得胜利。如果在这个过程中由于意外原因使游戏终止，游戏者便会产生懊恼、焦虑、烦躁、愤怒等一系列的心理不适的反应，这也是典型的依赖性的表现。相同的例证除了以上列举的之外，在人类的社会生活中还有许多。

（三）预测

1. 预测是什么

巴菲特是全球著名的投资家，他经常能准确分析投资风向，做好选择，而创新何尝不是一种"投资"。

预测是创新思维中的重要因素，也是人们能够控制和把握机遇的重要手段。一般而言，在我们对事情进行解决的时候都会对结果有一个预测，这个预测并不是去猜，而是凭借着自己以往的经验做一个判断。它是我们必须掌握的能力，也是我们在创新过程中必须要对我们所选择的解决方法做出结果的估算。

从理论上讲，如果要适应和加速世界范围内经济、科技、文化的发展，就必须对未来的事物有一个前瞻性的预测。如果掌握了这个预测的方法，我们就会抓住事物的脉搏，发现和了解事物发展的走向，掌握主动性，就会提前对未来的事物做好准备，有条不紊地面对随之而来的各种变化并且利用这些变化达到理想的目的。

2. 未来是可以预测的

未来是可以预测的。这个观点初看起来有些"算命先生"的色彩。但是经过详细分析之后我们就会知道，预测是实实在在的唯物主义的方法，也是我们在认识世界和改造

世界中必须掌握的能力。世界上任何事物的发展都不是杂乱无章的，事物的发展有着它自己内在的规律可循，就如太阳东升西落、水往低处流等事实一样。发展的结果必然建立在事物本身内在的特性和发展过程中所表现出来的逻辑基础之上。若要获得预测和前瞻的能力，就必须在对事物进行深入调查了解、认真分析和全面掌握的基础上，摸清事物发展的内在规律。明确事物发展过程中所表现出来的各种特征和在逻辑基础上的特点，并将其作为下一个具体发展过程中的逻辑前提来对待。如果说"未来是可以预测的"这个观点听起来有点不可思议，那么，我们说"明天是可以预测的"，比如明天我们该做什么、明天会有怎样的天气等，肯定是一个令人信服的观点。既然我们能够把握未来的某一天，我们也就能够把握未来的某几天，把握未来的某一段时期。整个人生历程、整个社会发展历程同"某一天、某几天和某一段时期"相比，显然只存在数量和程度上的差异，而在时间和空间上没有本质上的区别。根据这个规律，或许我们会因此推断出一个假说，那就是，科学地预测人生和未来就如同天气预报一样，也是完全可行的。谁能够有效地把握未来，谁就等于找到了打开智慧宝库的"钥匙"，使创新思维变成涌动的喷泉，就可以成为自己人生航船的舵手。灵感、兴趣和预测构成了创新思维体系的几个重要因素。

（四）三要素构成创新思维

在创新思维的这几个要素中，灵感和兴趣是创新思维的生命和动力，而预测则为创新思维的发展提供了广阔的"战场"。掌握了灵感产生的规律，把灵感变成工作和生活中的随感，我们的创新思维将会蓬勃发展；不断地发现兴趣、保持兴趣，我们的创新思维就会化枯燥为快乐，化腐朽为神奇；如果再获得了对未来发展趋势的成功预测这个法宝，我们的人生将会最大限度地减少盲目性。构建于这几个要素之上的创新思维如果应用于技术创新，就可以创造出不断领先的有形产品；而如果将其应用于人类自身素质的培养和发展，则可以引领人们由认识的"必然王国"向"自由王国"挺进；准确地把握人生轨迹，充分调动和发挥每一个人独有的自身潜能，最大限度地减少时间、智力、财力和生命的浪费，进而不断形成具有巨大创造力的人才群体。当全民族内部这种人才群体的数量越来越多、质量越来越高时，我们中华民族的综合素质必然将会发生革命性的变化。

灵感 ＋ 兴趣 ＋ 预测 ＝创新思维

五、创新思维的本质

创新思维是一个复杂的系统，对其本质的研究要从功能、结构、哲学三个层面展开。

（1）从功能层面看，创新思维的本质在于"出新""革新"，在于运用其所获取前所未有的认识成果。关于创新思维的中"新"的理解，应该至少包括以下三个方面。

第一方面，创新思维在面对新的领域和解决新的问题时，人们可以使用新的思路与方法来解决问题。

第二方面，创新思维在面对旧的领域和解决旧的问题时，依然可以使用新的思路和有效的方法解决问题。

第三方面，利用创新思维可以获取新的思维成果。一定要正确区分思维成果与实践结果，创新思维是指那些获得了新的思维成果的思维。正是因为创新思维能够获取首创性、价值性的认识成果，所以它才是不同于传统思维的创新思维，这也是创新思维与非创新思维的判断标准。

（2）从结构层面看，创新思维的本质在于"超越""突破"，在于运用其独特的思维方式突破原有的思维结构。在系统科学研究中，功能是被结构所决定的。因此，创新思维的结构特点与功能特点相联系，结构特点决定了其功能特点。创新思维的出新功能受制于它的超越结构。人们的思维结构是通过日常的学习与实践活动，由一定的知识、经验逐渐形成和建立的。一种思维结构逐步建立后，其存在就具有相对的稳固性，创新思维的结构特征在于对传统思维的超越，突破思维定式，突破惯有思维结构。

（3）从哲学层面看，创新思维的本质在于"量变""质变"，是量变及量变过程中的部分质变，是质变。人作为思维活动的主体，创新思维活动是人有意识、有目的、能动的活动，这一活动的过程体现着量变，也体现着质变，是量变和质变的统一。创新思维的发生及运行就是人们有意识、有目的的思维活动，在这一活动中卓显创新思维的"出新""革新"，超越于传统思维方式，是对传统思维方式的"突破""飞跃"，是在传统思维基础上的量变，当量变积累到一定程度，质变随之产生，量变过程中也会引起部分质变。

总之，创新思维的本质不是单一的，而是具有多层次性，其功能层面的本质是"出新""革新"；结构层面的本质是"超越""突破"；哲学层面的本质是"量变""质变"，是三个层面的统一。

六、创新思维的基本特征

（一）思维的能动性

人的思维具有能动性，主要表现在以下三个方面。

一是主动推理联想。从已知的知识和体验中推理、演绎出新的知识和形象。

二是构思假设。思维一旦形成假设，就能正确指导人们的活动，减少盲目性，取得新的发明创造成果。

三是控制大脑。思维虽然是大脑的产物，但思维在大脑中不是处于消极的、被动的地位，而是起着积极的、主动的控制作用。这点在气功学中得到了注释。练气功的人在运气过程中，通过潜意识的思维暗示，意念集中，经过呼吸的慢慢调节，气息意念慢慢地集中于丹田。根据研究表明，人在思维时，大脑会出现"神经细胞聚会"的奇妙现象。我们知道，大脑虽然有140亿个神经细胞，但它们之间的联系活动并不是杂乱无章的，而是有严密的组织和分工的。当大脑思考一个复杂的问题时，几个细胞和某个功能区是难以胜任的，要靠大脑皮层许多相关的细胞和功能区一起积极地活动起来，形成几千万、几亿个神经细胞聚集在一起"开会沟通"，交换信息。这时，大脑神经系统的所有"通信网络"全部开通，使信息传递畅通无阻，记忆细胞源源不断地提供各种信息，这就是大脑思维的"神经细胞聚会"现象。思维能动性强调大脑的兴奋期，在大脑处于疲劳状态或是睡眠刚醒的不活跃时期，思维的能动性很差。因此，在思考重大、复杂的问题时要选择有利于激发思维能动性的时机，这样，才会达到事半功倍的效果。

（二）思维的变通性

思维的变通性（flexibility of thinking），也译为"思维灵活性"，是创造性思维的主要特征之一，变通性就是克服人们头脑中某种自己设置的僵化的思维框架，按照某一新的方向来思索问题的过程。变通性需要借助横向类比、跨域转化、触类旁通，使发散思维沿着不同的方面和方向扩散，表现出极其丰富的多样性和多面性。

在解决问题的过程中，能迅速地变化和转移思维的方向，快速地从问题的一个侧面转向另一个侧面，从一个假设迅速转向另一个假设。思维变通性强的人不易受思维定势的束缚，也不受传统解决问题思维的影响，且易被启发，能举一反三，触类旁通。思维的变通性可以由字词联想法训练提高。

创新训练

一位年轻的女顾客在美国一家商店里闲逛。逛着逛着，她的眼睛突然迸出兴奋的"火花"，本来不想买东西的她却灵机一动，立刻喊来售货小姐，要买一架德国制造的正宗名牌货——斯坦威钢琴。售货小姐看了看售价牌，惊讶不已，不敢卖。于是她请来了股长，股长了解缘由和真相后，认真地向顾客做了解释，婉谢不卖，而这位顾客却毫不让步。部门经理出面周旋，女顾客仍不为所动。最后请来了总经理。总经理了解情况后当场定夺：按标价卖！原来，那架价值数千美元的钢琴，标价牌上偏偏少了个零！如果你是总经理，你将如何围绕这件事开展经营活动。说说你的构想，并评选最佳构想。

提示如下。

构想佳作一：将此事在报纸上报道，以诚信吸引顾客。

构想佳作二：请记者做现场报道，推出经营项目"请顾客来找错"。

构想佳作三：第二天，商店门旁放置大标牌，上面书写昨天事件。

构想佳作四：钢琴演奏会，总经理请人以此事为题材谱曲，由女顾客演奏。

资料来源：袁佳玺. 创新思维的核心因素探究 [D]. 长春：吉林大学，2019.

教授格瓦列夫谈公鸡打鸣

一次，俄国著名生物学教授格瓦列夫正在上课，忽然，有个学生故意捣乱，学公鸡打鸣，引得同学们哄堂大笑。可格瓦列夫教授却不动声色地看了下自己的怀表，说道："我的这只表误时了，没想到现在已是凌晨。不过，同学们请相信我的话，公鸡报晓是低能动物的本能。"课堂顿时响起一片喝彩声。

该学生本想捣乱，教师遇此情况一般会勃然大怒，将捣乱的学生教训一通，这种方法效果一般不理想；格瓦列夫擅长变通，从生物学角度对"公鸡啼叫"做了合理解释，并对捣乱者做了巧妙批评，令学生心服口服。

资料来源：贺英杰. 论创新思维和创新能力的关系 [D]. 长春：吉林大学，2020.

阿那克西米尼智救莱普沙克斯

古希腊著名哲学家阿那克西米尼生于中亚的莱普沙克斯，他思维灵活、想象力丰富。有一次，阿那克西米尼随亚历山大远征波斯，在军队将要占领莱普沙克斯时，他为使故乡免受兵燹，便前往拜见国王。亚历山大早就知道阿那克西米尼的来意，未等他开口便说道："我对天发誓，决不同意你请求。"阿那克西米尼却说："陛下，我请求您下令毁掉莱普沙克斯。"国王反应过来后才发觉自己已经发誓，不能再进攻莱普沙克斯。

资料来源：钱颖一. 众创时代，更需要对创新思维的创新 [J]. 人力资源，2016（2）：95.

祈祷与抽烟

有个教徒在祈祷时来了烟瘾，他问在场的神父，祈祷时可不可以抽烟，神父回答"不行。"另一个教徒也想抽烟,但他这样问神父:"在抽烟的时候可不可以祈祷?"神父回答:"当然可以。"

同样是抽烟和祈祷,祈祷时要求抽烟,那似乎意味着对耶稣的不尊重;而抽烟时要求祈祷,则可以表示在休闲时也想着神的恩典,神父当然也就没有反对的理由了。

资料来源:刘春霞.例谈创新思维驱动下的阅读教学 [J].文学教育,2019(6):88.

"玩具"——收音机

1945年战败的德国一片荒凉,一个德国年轻人在街上发现当时德国人处于"信息荒"时期,国民对信息的获得非常饥渴,于是他决定卖收音机。可是,当时在联军占领下的德国,不但禁止制造收音机,连销售收音机也是违法的。

这名年轻人就将组成收音机的所有零件、线路全部配备好,附上说明书,一盒一盒地以"玩具"卖出,让顾客自己动手组装。这一思路果然产生奇效,一年内这名年轻人卖掉了数十万盒"玩具"。这位年轻人名叫马克斯·歌兰丁。歌兰丁所使用的方法巧妙地解决了"信息封锁"的难题,这个神奇的方法便是变通思维的运用。

资料来源:王保国.关于创新思维与逻辑思维关系的哲学思考 [J].
延边大学学报(社会科学版),2015,48(2):102-108.

📖 拓展阅读: 变通思维迷雾导航

1. 迷雾

(1)变而不通。虽然进行了变化,但是却没能够达到合情合理,即变化之后违背逻辑事理或生活常识。

(2)通而未变。内容虽通达,然而由于缺乏变化,难以给人留下深刻印象。

2. 导航

做人、处世、写文章时要学会变通。博恩·崔西给青年人的忠告:很多事情之所以会失败,是因为没有遵循变通这一原则。

变通就是以变化自己为途径,通向成功。哲学家讲:"你改变不了过去,但你可以改变现在;你想要改变环境,就必须改变自己。"学会变通,是做人做事的诀窍。

(1)学会变通要审时度势、打破常规:一是要有一个良好的心态,即静与空;二是学会换位思考;三是要打破常规。

（2）学会变通要借助外力为我所用，借助别人的力量，自己就可以变得强大起来。

（3）要有勇气应对变化。勇气是人的一种非凡力量，它虽然不能具体地去处理某一个问题，克服某一种困难，但这种精神和心态却能唤醒人心中的潜能，帮助人应对一切变化和困难。

（4）要有信心开发潜能。人的天性里有一种倾向：如果将自己想象成什么样子，就真会成为什么样子。

变通思维方法的主要特征是：新的思考方式与原有的思考方式基本上没有什么联系，是一种"另起炉灶"，因转换角度而形成的新的思路。一般来说，变通思维用好了，就会起到一种"山重水复疑无路，柳暗花明又一村"的奇妙作用，为所陷入的思维困境找寻新的解决出路。

近年来，我国列车持续实施提速，极大地提高了铁路运能。然而列车提速受各种因素影响与制约，其中之一就是列车速度越高，左右横向晃动就越厉害，乘客会感到很不舒服。尤其是机车的剧烈晃动对车内的设备损害很大，可能导致底梁开裂等事故，并加剧钢轨磨损，严重威胁行车安全。为什么会出现这种现象呢？科技人员从建立和分析机车的动力学模型入手，对机车的承载结构进行研究。发现主要原因是支撑车体的圆柱形二系弹簧抗弯刚度太小，横向刚度偏低，不足以抵挡机车因高速行驶而产生的横向力的威胁。

火车高速行驶不安全的原因找到了，但是问题又出来了，怎么样才能使弹簧承受住火车高速行驶而产生的横向力的冲击呢？按照传统思维考虑问题，无非是改变弹簧的材料，或者把弹簧做大做粗些，但这些都不能解决问题。此事怎么办呢？一些科技人员变通了思路，终于想出了一个绝妙的方法：就是将圆柱形弹簧改换成圆锥形弹簧，再配合其他措施，就可有效解决高速列车晃动的难题。

这一由我国科技人员独创的圆锥形列车专用弹簧，抗弯、抗剪、抗扭和抗疲劳性能以及横向、纵向刚度均比传统的圆柱形弹簧高且成本低廉；它使用寿命长，耐温能力强，完全适合速度高、质量大、振动频率低的电力机车、内燃机车及高速客车等。

变通思维的关键是要学会变，路走不通时要变，路不好走的时候也要变，不能一条路走到黑，也不能做事一根筋。

变通思维不但在发明创造中有着广泛的应用，在处理日常事务中也是一个常用的思维方法。在工作、生活中，我们会遇到各种各样的困难，甚至会被一些两难问题束缚住手脚，要打破困窘的处境，首先就要将自己从"心灵之套"中解脱出来，只要有了变通的理念，就一定能够找到巧妙的方法。

乔治·古纳教授"缓冲法"

美国辛辛那提大学的乔治·古纳教授在讲授秘书学时提供了以下这样一个案例。

有一天，一家公司的经理突然收到一封非常无礼的信，信是一位与公司交往很深的代理商写来的。

经理怒气冲冲地把秘书叫到自己的办公室，向秘书口述了这样一封信："我没有想到你会这样给我写信，你的做法深深伤害了我的感情。尽管我们之间存在一些交易，但是按照惯例，我还是要把这件事情公布出去。"

经理叫秘书立即将信打印出来并马上寄出。

对于经理的命令，这位秘书可以采用以下4种方法：第一种是"照办法"。也就是秘书按照老板的指示，遵命执行，马上回到自己的办公室把信打印出来并寄出去。第二种是"建议法"。如果秘书认为把信寄走对公司和经理本人都非常不利，那么秘书应该想到自己是经理的助手，有责任提醒经理，为了公司的利益，哪怕是得罪了经理也值得。于是秘书可以这样对经理说："经理，别理这封信，撕了算了。何必生这样的气呢？"第三种是"批评法"。秘书不仅没有按照经理的意见办理，反而向经理提出批评说："经理，请您冷静一点，回一封这样的信，后果会怎样呢？在这件事情上，难道我们不应该反省？"第四种是"缓冲法"。就在事情发生的当天下班时，秘书把打印出来的信递给已经心平气和的经理说："经理，您看是不是可以把信寄走了？"

乔治·古纳教授在教学中选择了"缓冲法"。

他的理由是：第一种"照办法"，对于经理的命令忠实地执行，作为秘书确实需要这种品质，但是"忠实照办"仍然可能是失职。第二种"建议法"，这是从整个公司利益出发的，对秘书来说，这种自我牺牲的精神是难能可贵的，可是，这种行为超越了秘书应有的权限。第三种"批评法"，这种方法的结果是秘书干预经理的最后决定，是一种越权行为。而第四种"缓冲法"，则是一种折中的、于经理于该秘书都无不利的方法，这是善于变通在工作中的体现，反映了一个下属机敏灵活的处事头脑和审时度势的工作能力。

资料来源：吴洪印，黄娟.创新思维与创新人才培养研究 [J].

企业科技与发展，2018（11）：251-252.

（三）思维的独特性

思维的独特性是指产生不寻常的反应和不落常规的能力，此外还有重新定义或按新的方式对我们的所见所闻加以组织的能力，按照与众不同的思路展开思维，达到标新立异效果的性质，体现个性，其超越了固定认知模式，以逻辑与非逻辑的思维巧妙结合得出新的结论，是独立思考创造出社会（或个人）价值的具有新颖性成分的智力品质。例如，鸟巢的设计具有极大的独特性。

金属猫的故事

一位工程师和一位逻辑学家是一对好朋友，两人相约赴埃及参观金字塔。到埃及后，逻辑学家在宾馆写旅行日期，工程师则独自逛街。忽然工程师听到一位老妇人叫喊："卖猫呀！卖猫呀！"只见老妇人身旁摆着一只黑色的玩具猫，标价500美元。老妇人解释说，这是祖传宝物，只因孙子病重，才不得已卖之以作住院治疗费。工程师用手掂量这只猫，感到猫身很重，看起来像是黑铁铸的。不过，那一对猫眼则是一对珍珠。于是工程师以300美元买下了那两只猫眼。他回到宾馆，高兴地对他的朋友说："我只花了300美元竟然买下了两颗硕大的珍珠！"逻辑学家一看这两颗珍珠至少要值上千美元，忙问是怎么回事。待工程师说完缘由，逻辑学家忙问："那位妇人是否还在原处？"工程师答道："她还坐在那里，想卖掉那只没有眼睛的黑铁猫。"听完，逻辑学家忙跑到街上，用300美元买下了铁锚。工程师见后，嘲笑道："你呀，花300美元买个没眼睛的铁锚！"

逻辑学家不动声色地坐下来摆弄、琢磨这只猫。突然，他明白了什么，于是用小刀刮铁锚的脚，当黑漆脱落之后，露出的是黄灿灿的一道金色的印迹。他高兴地大叫起来："正如我所料，这猫是纯金的。"就在工程师听后后悔不已的时候，那位老妇人带着一个年轻人走了进来。一进门，年轻人就说："对不起，我是她的儿子，刚刚从外地赶回来，有钱给我弟治病了。这只玩具猫是我家的传家宝，不能卖，这样我分别给你们400美元，要回我的猫。"工程师和逻辑学家一听，虽然有点惋惜，但也只好无奈地把珍珠和猫身还给老妇人。一出门，老妇人就把组装好的猫交给年轻人。其实，这位年轻人根本就不是老妇人的儿子，而是刚好路过看到逻辑学家买走铁锚的一位发明家。他一问老妇人缘由，他就对老妇人说，我给你2000美元，我假装是你的儿子把这只猫要回来。发明家送老妇人回家，了解一些这只玩具猫的历史，临走时又给老妇人留了一些钱。

第二年，这只玩具猫在一个国际拍卖会上，以2000万美元成交。

资料来源：耿元芬. 创新思维与创新方法述要 [J]. 管理观察，2008（25）：113–114.

在上述的故事里，工程师是以经验思维办事，逻辑学家是以逻辑思维思考问题，而发明家是以创造性思维发现更大的商机。

具有思维独特性的人，往往能摆脱从众性，想出新颖的点子，在工作、学习和生活中收获到令人意想不到的结果。我们要敢于标新立异，善于别出心裁。

创新训练营 >>>

（单选）一个人面对同一问题，能想出多种不同类型的答案。这表明他的思维具有（   ）。

A. 流畅性

B. 变通性

C. 指向性

D. 独创性

答案： B。

（四）思维的敏感性

创新思维的敏感性是指能敏锐地观察和认识客观事物的性质和特征。客观事物纷繁复杂，所表现出的特征也各式各样，如何正确区分和识别它们的特点与联系，这与人的思维敏感性密切相关。具有敏感性思维的人所表现出的创新能力也较强。

语言是在人们的劳动生活中逐渐创造和丰富的，在汉语言文学里，有许多词汇和诗句反映了思维的敏感性特征，第一个创造和使用这些词汇和诗句的人，他们思维的敏感性无疑是很强的。例如，"管中窥豹，可见一斑""一叶知秋"都是从某一表象的特征而敏锐地觉察出事物的性质。又如，"春江水暖鸭先知""春风又绿江南岸"。写出如此诗句的诗人，他们思维的敏感性是令人赞叹的，也正是这种敏感性使他们创作出不朽的名句。

很多科学发现也是科学家在实验观察过程中，敏锐地捕捉到细微的变化，观察出事物的局部特征，从而有所突破，最终实现科学的飞跃。

袁隆平的杂交稻研究就是在野外偶然发现一棵野生稻雄株，进而确定了研究方向，最终取得成功。1970年11月23日，袁隆平的助手李必湖和三亚南红农场技术员冯克珊在三亚南红农场发现了野生稻雄性不育株。袁隆平带领科研人员，以这棵野生稻雄性不育植株为祖本，育成不育系品种，与保持系、恢复系配套，并于1973年成功培育出三系杂交水稻。海南一株不起眼的野生稻改写了世界水稻育种史。正是他们这种可贵的敏感性促成了杂交稻研究的成功，在一般人的眼中，这棵野生雄株只不过是一棵普通的野草。

电磁学的发现也是得益于思维的敏感性。1820年，丹麦科学家奥斯特在上课时突然发现，通电的导线引起旁边磁针的微微偏转，从而揭开了人类电与磁相互关系研究的序幕。英国科学家法拉第敏锐地觉察到这一发现的重大意义，并且预言它将打开一个新的科学领域的大门，他勇敢地在这个未知领域里大胆探索，终于开辟出电磁学崭新的天地。

创新训练营 >>>>

训练一：

美国著名创造学家帕内斯教授在他的代表作《人脑的魔力》一书中介绍了很多有趣味的漫画，以培养人们的观察力，其中有一幅飞机的图（如下图）。

这是一架飞机的剪影，观察一下飞机是如何飞行的，是朝我们飞来还是离我们远去？可以将漫画印发给学生，人手一张，仔细观察并回答自己的观察结果。

可能大家有不同的答案：如果我们是在飞机的上方俯瞰，就感觉飞机是向我们飞来；如果我们是在飞机的下方仰视，就感觉飞机正在远离我们而去。可见观察问题的角度不同，结果就不一样。在报刊上经常会看到此类训练，例如找出几幅图形之间的差别，同学们可以自己多做一做。

训练二：

分类排除。在下列各组词汇中，排除一个和其他不同类者，不同的分类有不同的答案，请找出来并说明正确理由。

（1）马铃薯　甘薯　生姜　芋头　荸荠

（2）蝙蝠　鲫鱼　海马　海豹　海豚

（3）地球　月亮　太阳　火星　土星

（4）排球　篮球　棒球　橄榄球　乒乓球

训练三：

在下列各组数字或字母中找出类别相同者，你能说出几个答案，并且说出分类的标准。

（1）1234567

（奇数，偶数，质数，合数，被2、3整除，笔画）

（2）A B C D E F G

（元音、辅音、英文字母、拼音字母、半元音）

（五）创新思维基本特征的研究

创新思维是人类所独有的思维方式，它的发生及运行过程是一个复杂的系统，是由多种要素、多种思维方式相互协调、相互作用而形成的一种综合思维。创新思维的基本特征主要表现为创新思维的思维过程是辩证性的，为此考察创新思维的基本特征要从对立面双方，即首创性与非首创性统一、求异性与求同性统一、逆向性与顺向性统一等辩证形式展开具体的研究。

1. 首创性与非首创性统一

人们在实践活动中所揭示的事物现象、本质、特征以及事物运动的规律，或运用的这些规律（或部分，或全部）是前所未有的，这是创新思维的首创性；而非首创性则是运用的规律（或部分，或全部）是已有的。非首创性体现在对已有规律的运用，它是首创性的基础。首创性帮助人在认识实践活动中，突破已有的知识经验局限，改变固有思维定式，实现对事物的新认识，完成实践创新活动，首创性是非首创性的前提。创新思维的首创性与非首创性特征是紧密结合、辩证统一的。

2. 求异性与求同性统一

求异性与求同性的本质区别在于对待传统思维、现有经验以及材料的方式时，求异性是批判传统思维方式、已有经验和材料；而求同性与求异性相反，它是对传统思维方式、已有经验和材料的接受与利用。人在运用创新思维时，既要在看似一致性较高或者相同的现象中找出其中存在的不同之处，又要在看似相矛盾和不相同的现象中找出其中存在的共同之处，实现求异性、求同性在创新思维发生及运行过程中的辩证统一，促进创新思维在求异性与求同性两者间的矛盾运动中实现发展。

3. 逆向性与顺向性统一

思维在其进行过程中，思考路径发生与原有方向相反或发生逆转的特性是逆向性的表现；顺向性是思维在其进行的过程中按照原有的路径进行思考，也是将原有思路不断向前推进的过程。逆向性的开始和继续又是新的顺向性思维的发展，逆向性与顺向性在思维的进程中是伴随存在的，而逆向性转化为顺向性的过程又是创新思维活动所需要的，顺向性也需要逆向性的配合。许多科学成果处在理论阶段时，都是通过"证实"与"否证"为其在逻辑结构上做补充与完善，最终得到普遍性的结论，实现科学的新发现。

七、中国特色社会主义实践与创新思维

（一）重视并坚持创新思维

重视并坚持创新思维是中国共产党人的一贯传统。早在革命时期，毛泽东同志就曾经严肃地批评教条主义者忘记了自己还有"认识新鲜事物和创造新鲜事物的责任"。毛泽东将马克思列宁主义的普遍真理与中国革命的具体实践结合，用于指导中国革命事业并取得了辉煌成就。邓小平同志非常善于运用创新思维解决社会主义建设中出现的问题，"我们现在干的事业是全新的事业""新问题就得用新办法来解决"，正是得益于中国特色社会主义理论和实践的重大创新，我们的社会主义事业才取得了巨大的发展和辉煌的成就。

创新思维是人类思想活动和实践活动所特有的现象，它长时间地存在于社会生活各个领域之中，具有总体性的特点：一方面，创新思维贯穿于社会生活的各个领域，形成理念创新、知识创新、科技创新和制度创新等多种多样的存在形态；另一方面，创新思维贯穿于社会历史的不同时期，成为推动国家和社会发展的深层逻辑。

（二）习近平为何一直重视"创新思维"①

创新思维是指因时制宜、知难而进、开拓创新的科学思维。习近平为何如此重视创新思维，领导干部如何培养创新思维，全社会又该怎样鼓励和尊重创新思维。在他一系列重要讲话中，已经给出了答案。

1. 创新是民族进步的灵魂，是国家兴旺发达的动力

在长期的治国理政实践中，习近平深刻认识到创新的巨大作用。他曾这样说："创新是一个民族进步的灵魂，是一个国家兴旺发达的不竭动力，也是中华民族最深沉的民族禀赋。"

习近平之所以如此重视创新，源于他对世界大势有着清醒的认识。他曾说，当今世界，和平合作的潮流滚滚向前，开放融通的潮流滚滚向前，变革创新的潮流滚滚向前。"综合国力竞争说到底是创新的竞争。"在他看来，"在激烈的国际竞争中，惟创新者进，惟创新者强，惟创新者胜"。

习近平强调，变革创新是推动人类社会向前发展的根本动力。谁排斥变革，谁拒绝创新，谁就会落后于时代，谁就会被历史淘汰。他很清楚，不创新不行，创新慢了也不

---

① 赵梓斌，等.习近平为何一直重视"创新思维"[EB/OL].[2019-1-29].http://news.china.com.cn/2019-01/29/content_74420297.htm.

行。"如果我们不识变、不应变、不求变，就可能陷入战略被动，错失发展机遇，甚至错过整整一个时代。"

在习近平看来，抓住了创新，就抓住了牵动经济社会发展全局的"牛鼻子"。实践证明，大到一个国家在世界舞台上站稳脚跟，小到一个地方、一个企业，创新都是引领发展的第一动力。"抓创新就是抓发展，谋创新就是谋未来。"因此，习近平始终要求"必须把创新摆在国家发展全局的核心位置"。

2. 问题是创新的起点，也是创新的动力源

当今中国，无论是全面深化改革、适应经济新常态，还是贯彻新发展理念，都需要用创新思维去应对、解决前进路上的新情况、新问题。

习近平的创新思维充满着强烈的问题意识、贯穿着鲜明的问题导向。他多次强调："问题是创新的起点，也是创新的动力源。"

发展起来后的问题一点也不比不发展的时候少。习近平认为，"要有强烈的问题意识，以重大问题为导向，抓住关键问题进一步研究思考，着力推动解决我国发展面临的一系列突出矛盾和问题"。如何突破自身发展瓶颈、解决深层次矛盾和问题？在他看来，"根本出路就在于创新"。

习近平的这些重要论述深刻阐明了坚持问题导向，发现问题、研究问题、解决问题都离不开创新思维。在我们前所未有地接近中华民族伟大复兴目标、前所未有地走近世界舞台中心的时候，更要求我们将问题作为推动创新的契机，将创新作为解决问题的手段，推动各项事业取得创造性成果。

3. 领导干部要增强创新本领，创造性推动工作

要勇于创新、善于创新，习近平曾经反复倡导提高领导干部的创新思维能力，"建设一支政治过硬、专业过硬、能吃苦、富有开拓创新精神的干部队伍"。

党的十九大报告对广大领导干部的创新能力提出明确要求，提出要增强改革创新本领，保持锐意进取的精神风貌，善于结合实际创造性推动工作。领导干部要有敢为人先的锐气，打破迷信经验、迷信本本、迷信权威的惯性思维，摒弃不合时宜的旧观念，以思想认识的新飞跃打开工作的新局面。

在创新问题上，领导干部应当把握创新的形式、途径和方法。"明者因时而变，知者随事而制。"面对新情况新问题，不是凭经验翻老黄历，不是循旧历找教科书，而是努力想新办法、找新出路、创造新经验、开创新局面，并且掌握创新的内在规律和诀窍，从而不断提升创新思维能力。

党的二十大报告指出，人才是全面建设社会主义现代化国家的基础性、战略性支撑。如何培养选拔创新型人才，也成为领导干部提升创新思维能力的一项重要命题。

4. 全社会要积极营造鼓励大胆创新、勇于创新、包容创新的良好氛围

让创新在全社会蔚然成风，是习近平多次提出的明确要求。在习近平看来，营造良

好创新氛围，重点是在用好、吸引、培养人才上下功夫。

习近平深知一点，"人才是创新的根基，是创新的核心要素"。他强调，要积极探索集聚人才、发挥人才作用的体制机制，完善相关政策，进一步创造人尽其才的政策环境，充分发挥优秀人才的主观能动性。

"让有创新梦想的人能够心无旁骛、有信心又有激情地投入到创新事业中。"习近平提出，要在全社会大力营造勇于创新、鼓励成功、宽容失败的良好氛围，为人才发挥作用、施展才华提供更加广阔的天地，让他们人尽其才、才尽其用、用有所成。

习近平还特别勉励广大青年一定要勇于创新。他说，青年是社会上最富活力、最具创造性的群体，理应走在创新创造前列。

章节练习

（1）创新思维的特征及其三要素是什么？
（2）创新思维在中国特色社会主义建设过程中有哪些具体应用？

第三节

创新思维的主要类型

创新是科学技术的本质要求，是民族进步的不竭动力。从古至今，创新活动一直贯穿于人类历史发展的过程之中。20 世纪初，美国哈佛大学教授熊彼特于 1912 年第一次在经济领域讨论创新，意味着关于创新的系统研究在多领域拉开序幕。如果从哲学和思维的角度来讨论问题，则创新思维是指以新颖独特的方法解决问题的思维过程，通过这种思维能突破常规思维的界限，以超常规甚至反常规的方法、视角去思考问题，提出与众不同的解决方案，从而产生新颖的、独到的、有社会意义的思维成果。

创新思维常用的方式有判断、推理、比较、分类、求异、想象、联想、扩散与集中、

直觉和灵感等。

基于上述定义，可以将创新思维的基本类型划分为以下四种：①差异性创新思维；②探索式创新思维；③优化式创新思维；④否定型创新思维。无论是哪种类型，均需要独到的见解、新颖的方法、崭新的视角以及理解和接受事物的全新方式。

一、差异性创新思维

（一）差异性创新思维的含义

一只蛹看着蝴蝶在花丛中飞舞，非常羡慕地说："我可以和你一样飞翔吗？"蝴蝶答道："可以，但是，你得做到两点：第一，你渴望飞翔；第二，你有脱离自己巢穴的勇气"。

蛹说："这不是意味着死亡？"

蝴蝶说："以蛹来说，你已经死亡；以蝴蝶来说，你获得了新生。要重获新生，就放下曾经作茧自缚的自己，破茧成蝶——蜕变。当你改变了你的思维，你就改变了你的命运。"

在对待一些问题上，人与人的思维只存在一种看不见的细微区别。但是，差异化思维产生的结果却有着惊人的差别。

什么是差异性创新思维呢？可以理解为与众不同。这种"与众不同"意味着标新立异，意味着脱俗，意味着创新，从思维方式上讲叫作"求异思维"，也就是发散性思维、逆向思维等，即抛开常理、打破常规、不受拘泥、追求独特。道理很简单，假如你是生产商，那么让你的产品与众不同是基本原则，否则在这个商品同质化的时代，产品不可能脱颖而出。具体来说，就是在每一点细微之处留心，体现出自己的独特。

差异性创新思维十分可贵，在一所小学里，某位学生写了几个等式 1+1=1；1+2=1；3+4=1；5+7=1；6+18=1……

许多学生都答不出来，连老师也感到好奇。这位学生说很简单，就将等式依次写来：1 里 +1 里 =1 公里；1 个月 +2 个月 =1 个季度；3 天 +4 天 =1 周；5 个月 +7 个月 =1 年；6 小时 +18 小时 =1 天。除了上述的等式以外，还可以写更多的等式。老师和同学们看完都觉得不可思议，但转念一想，确实很有道理。

习惯思维是创新的最大障碍，每项事情都有多种求解，关键在于差异性创新思维，创新来自求异。

著名的瑞士 Swatch 手表的目标就是在手表的每一个细微处展现自己的独特、精致、时尚、艺术、人性。此外，随着季节，Swatch 不断地变化着主题。针盘、时针、分针、表带、扣环……无一不是 Swatch 的创意源泉。它力图在手表这样一个狭小的空间里，使每一个意念都得到完美的阐释。Swatch 尤其受到年轻人的喜爱，其每一款图像、色彩，在每一个细微处，都暗含着年轻与时尚的密码，或许这就是它风靡的原因之一，因为它有独特的个性。举个例子，一个面目模糊的人会被别人牢牢记住吗？答案是否定的。对于商品来说，是生产一种仅供消费者使用的工具，还是创造精益求精的艺术品，这取决于生产者的态度。同样的，你是埋没于众人之中，还是鹤立鸡群地吸引众人眼球，这取决于你的努力程度。这种努力更多要靠思维能力，因为它比勤奋更难得，更有力量。

本来，每个人天生都有思维能力，只是在成长过程中才出现了差异。有些人拥有差异性创新思维，成就了一番事业。

📖 拓展阅读：冰箱的问世

有两个孩子从家中拿了一些水果和奶制品，跑到野外去玩。那时还没有保存食物的方法，看着吃剩的食物在阳光下坏掉，他们没有一点办法。

后来，两个孩子上了中学，他们依然是好朋友。一次，他们沿着冰封的湖畔散步，一个叫图德的孩子突然说："还记得咱们从家里拿东西出来吃的事吗？"另一个孩子说："当然记得，只是可惜剩下的食物都坏掉了！"图德指着湖面问："看见那些冰了吗？""这里的冬天到处是冰，没什么大惊小怪的。"图德兴奋地说："为什么不把这些冰收集起来，运到炎热的加勒比海的一些港口去销售呢？"另一个孩子嘲笑他说："别傻了，冰到了那里早化成水了！"可图德的目光依然注视着湖面上的冰。

几年后，也就是1806年，21岁的图德再次找到当年的朋友，想让他和自己一起做冰的买卖，可朋友再次拒绝了他，并劝他别异想天开。后来，在别人的资助下，图德花费1万美元将130吨冰用船运往酷热的马堤尼克岛。此后，图德在15年的时间里，把冰生意做成了世界行业，在船所能到达的地方，形成了人们对冰镇饮料、冰藏水果和冷藏肉类的需求。

到了1858年，图德把15万吨冰先后装上了380条大船运往美国、中国、菲律宾和澳大利亚等50多个国家和地区，而图德也因此成为世界冰王和亿万富翁。

图德的做法给科学家们以启发，终于引出了冰箱的问世。当年那个朋友却依然过着普通的生活，他没想到，那些被他忽视的冰会成就一个人的梦想。只可惜，很多人都不是故事中的图德，而是他的朋友。因为很多人似乎都有某种程度上的求同心理。于是，周围的人都在做的事情，就成了应该效仿的。

资料来源：姜可.创新思维培养方法研究[C].2007年国际工业设计会议，深圳，2007.

在求同心理的驱使下，我们的思维开始变得怠惰，随着大脑惰性的滋长，渐渐也就失去了判断力，更不要说创造力了。所以，想要拥有差异化创新思维这种力量，我们必须培养自己的主见，对任何事情都要有自己的观点，即使得不到任何人的支持，也不要轻易否定自己。

对于一些事物，有些人只能看到表面，想到当前，而有些人却能看到内涵，想到以后。擦亮你的眼睛，敞开你的心灵，去迎接生命中的每一个机会，相信你一定会迎来成功的曙光。记住生活方式有千千万万，你不一定要和别人相同。

人生的轨迹有很多种，关键在于你怎样选择。是不管自己适合不适合，就选择大多数人认为理所当然的轨迹呢？还是自己深思熟虑，找到适合自己的，哪怕没有多少人走的轨迹呢？每个人都有自己的选择，所以造成了或平庸或精彩的不同人生。与别人有差异，才能脱颖而出，获得属于自己的自由天空。

差异性创新思维就是突破常规思维只从单方向、正面思考的习惯，遇到问题善于从异于以往的方面，善于从反面和侧面去思考的一种思维方式。

这种思维方式的形成要求我们一旦遇到常规方法解决不了的问题时，一定要让思考适时地"转弯"，甚至是180度大转弯，这往往可以收到"柳暗花明又一村"的效果。

吸尘器发明者的最初想法是：把灰尘吹走，但怎么也做不到。直到转变了思维方式：既然吹走的办法不行，干脆吸进来不就可以了吗？

我们常说："某某脑瓜真死板，一棵树上吊死。"其实就是说那种不善于"求异"的、典型的常规思维。

（二）如何培养差异性创新思维

下面介绍一个简单易学的差异性创新思维训练公式，即：难道只能这样吗？还能做哪些改变？

这个公式可以看作是训练创新思维的一个基础问句。需要说明的是，既然是基础问句，那就是通用版。换句话说，在不同的场景应用时需要对公式进行变形。

例如，德国有家造纸厂，生产纸的过程中出了一点事故——忘了加糨糊，造出的纸因此太过渗水不能用，按照规定只能报废。厂长非常恼火。就在大家都纷纷表示惋惜的时候，有一名员工心想，难道只能这样眼睁睁看着这些纸报废吗？能否想个办法把这批废品利用起来呢？（这句话就是公式的变形，把"难道只能这样吗？还能做哪些改变？"变形为"难道只能这样眼睁睁看着纸报废吗？能否想个办法把这批废品利用起来呢？"）该员工反复考虑，并结合这种纸的特点，提出干脆将这种很容易渗水的纸改名为吸水纸，也就是改变纸的用途。结果，这家企业又生产出了一种新产品，而且销路很好。所以，遇到所有的问题都可以问自己一句：难道只能这样吗？还能做哪些改变？

这个公式简单有效，能在许多常规思维解决不了问题的时候发挥大作用。值得一提的是，这种思维方式要求我们时时处处要具备"批判的眼光"，尤其是对于熟悉的事物，更要有意地把它看成是"陌生"的，然后再用非同寻常的思路加以思考。

犹太巨富威尔逊在筹备他的旅馆时，就决定把自己的旅馆建成第一流的旅馆。他总结了当时旅馆业发展的情况，最终决定让自己的旅馆变得与众不同，他在房间里使用了空调，这是当时世界上第一家有空调的旅馆。每个房间都有电视，这样可以使外出旅游的人在饱览沿途风光后，还能享受到有趣的电视节目，而不至于感到寂寞。他还为孩子们设计了游泳池，增加了不少照顾孩子的服务项目，甚至为旅客的小狗设计了免费狗舍……所有这些，在当时都是前所未见的。

威尔逊的成功之处，就在于他打破了当时旅馆经营的大众模式，给自己的旅馆注入了与别人不同的元素，他的差异化创新思维为他带来了滚滚财源。不要以为只有阳关大道才是通往终点的最好选择，换一条路，也许你会发现还有其他的路更加容易到达终点，不要因为大家都从大路走，就认为小路一定是难走的。如果你想成为一个有所成就的人，就一定要克服盲目从众的心理，敢于去尝试别人没有走过的路。因为，未来将属于那些拥有与众不同思维的人。

我们可以用"登山"来比喻"应该拥有怎样的思维方式"。如果要爬附近的低矮山丘，只需以郊游的心态，身穿常服，脚穿运动鞋就能实现。如果要征服珠穆朗玛峰，则必须身怀攀岩技术，配备各种各样的装备，接受严格的训练。

正如一个人追求的人生、奋斗目标不同，他所持有的"思维方式"的境界也截然不同。换句话说，一个人的目标越高远，需要持有的思维方式越高远。

我们一直在高喊创新，但创新首先必须要有思维的创新，而思维创新的一个重要方面就是要形成"求异思维"，继而产生差异性创新思维。

"求异思维"的形成可以通过教育教学中通过大量辩论训练获得一些。毕竟不同的人有不同的思想，不同的思想之间就会有辩论。中国文化的奠基在很大程度上就在于春秋战国的辩论——百家争鸣。碰巧的是，西方文化的奠基也跟辩论密切相关——古希腊的苏格拉底、柏拉图、亚里士多德都十分重视辩论。

在创新思维培育过程中，要想学生进行独立思考、拥有求异思维，教师的示范作用不容忽视，如果教师自己是个手捧教参、照本宣科的人，怎么去要求学生求新求异呢？教师应该是学者型的教师，课堂讲的不是一本书，而是与之相关的十本书、百本书的精华，这种旁征博览会使教师发挥榜样与示范的作用，对学生产生很大的影响。

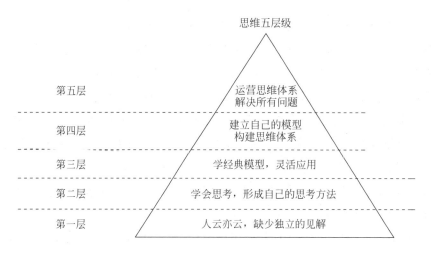

思维五层级

第五层	运营思维体系 解决所有问题
第四层	建立自己的模型 构建思维体系
第三层	学经典模型，灵活应用
第二层	学会思考，形成自己的思考方法
第一层	人云亦云，缺少独立的见解

（三）差异性创新思维的深刻内涵及应用

杨绛先生说过：人虽然渺小，人生虽然短暂，但人能学，人能修身，人能自我完善。人的可贵在于人本身。决定人一生的不在于其他，而在于自我完善，不断地审视自己，完善自己，提高自己。因为，伟大，是长出来的。

在百度百科里，差异是一个哲学名词，表征事物相互区别和自身区别的哲学范畴，又称为差别。差异分为外在差异和内在差异。外在差异是事物彼此间的不同点；内在差异是事物内部具有的对立因素和对立趋势，即事物自身尚未激化的矛盾。

黑格尔最先论述了内在差异和外在差异的区别，揭示了差异与同一的内在联系。唯物辩证法认为，世界上没有绝对相同的事物，任何事物都各有自己的特点，这就是事物外在的差异；事物又有内在差异，因为任何事物内部都包含着对立的因素，都是许多具体规定的综合、矛盾诸方面的统一。差异与同一是联系着的，异中有同，同中有异，一切事物都是同和异的统一体。创新是人类为了满足自身的需要不断拓展对客观世界及其自身的认识与行为的过程和结果的活动。创新的"新"在哲学上指新的事物，而新事物不单纯是以前没有的东西这么简单，新事物的新必然在于其符合历史发展的潮流，代表先进的生产力和生产关系，能够为社会的发展提供动力。因此，我们这里所说的求异，不是无中生有，而是在求同基础上的求异，是在有中寻求创新。换句话说就是达到求同和求异的统一。创新要有科学性、合理性、可行性，就必须与既往的知识、经验相结合，或发展，或转换视角，或重构，或整合，不一而足。因此，创新不是一个单一概念而是一个集合概念，创新的方式是多种多样的。用熊彼特的话说，创新就是旧元素的新组合（不是无中生有，而是有中求异，有中求新），具体包括新产品、新技术、新材料、新组织、新市场。

在《矛盾论》一书中，毛泽东吸取和借鉴了苏联哲学工作者的研究成果特别是米丁的"每一差异中已经包含着矛盾"的思想，提出了"差异就是矛盾"的命题。这一命题的提出主要是为了说明唯物辩证法关于矛盾无处不在、无时不有的普遍性原理，同时也要求人们对事物或过程的认识要有联系、转化和发展的眼光，不能片面地、孤立地和静止地认识问题，因而具有十分重要的理论意义。创新就要求异，就是要具有不可替代性。创新思维的本质是求异，从思维模式上说，包括正向思维、逆向思维、抽象思维、具体思维等，其根本宗旨就是在事物发展的既有逻辑路径中发现矛盾，并通过突破思维定式以全新的方式化解矛盾或促进矛盾向新的方向转化。爱因斯坦曾经说过："人们解决世界上的问题，靠的是大脑的智慧和创造性的思维，而不是照搬书本。"创新思维就是在一个领域内追求"独到"和"最佳"。在思维方法或思维技巧上，可以借鉴前人的榜样。但在思维的结论上，要在前人、常人的基础上有新的见解、新的发现、新的突破。

每一事物都能变成其对立面，因此每一事物都是对立性质的统一体。不存在持久的性质，因此没有事物能够凭借其性质而保持不变。每一事物既存在又不存在，普遍的过程就是一种条件到其对立面的转化，在这层意义上，每一事物都在其自身与其对立面结合。只有这样的对立才使世界成为可能。所以，查理·芒格说，反过来想，总是反过来想。在差异化层面上，比如从大包装到小包装，从复古风格到现代风格，从烦琐到简洁等，都是从对立面的角度进行创新。

赫拉克利特说，原始的统一体自身处于不断的运动变化之中；它的创造就是毁灭，它的毁灭就是创造。当原始的统一体变成其他事物时，例如从冰变成水，冰就消失在一种新的形式中。这可能是"创造性毁灭"最早的哲学思维，通过毁灭原有的形式而创造了一种新的形式。用经济学家熊彼特的观点说，创新就是创造性毁灭，就是消灭了旧企业、旧产品而创造了新企业、新产品。也就是矛盾发展到极端，就需要颠覆式创新，需要创造性毁灭。世界为冲突所支配，如果不是因为冲突或对立，世界就会停滞，毁灭。营销起于制造冲突，冲突起源于人性与欲望；然后以产品与服务解决冲突，而解决冲突最高的、统一的法则就是创造希望。

创新思维有两种基本形式：一种形式是发现普遍性的知识，即所谓的由具体到抽象的思维，如万有引力定律、化学元素周期律等科学发现；另一种形式是把具有普遍性的知识灵活地运用到具体的事物和实践的过程，如侦查人员把侦查知识运用到一个具体案件的侦破。

很多人都错误地认为前一种形式的思维创新才是创新思维，而后一种形式的创新则不被看作是创新思维。其实，后一种形式也属于创新思维，因为要解决具体的实际问题往往需要新的思想，而新的思想的产生即创新思维。

外界对每个人都有一个 KPI（关键绩效指标），大学生的 KPI 是绩点，大四学生的 KPI 是拿了多少全国五百强的职位，销售人员的 KPI 是每个月的业绩，但这种 KPI 真的适合个人发展吗？

假如销售人员一直盯着公司给自己的 KPI，他可能会不断出去找客户，而没有花太多的时间研究如何让自己的销售技能更好，如何让自己更快地成长。所以，外界的 KPI 只是外界给我们的束缚，我们应该有一套属于自己的 KPI，培养自己的长期竞争力。

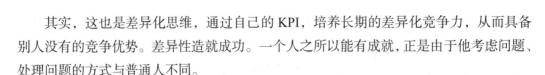

其实，这也是差异化思维，通过自己的 KPI，培养长期的差异化竞争力，从而具备别人没有的竞争优势。差异性造就成功。一个人之所以能有成就，正是由于他考虑问题、处理问题的方式与普通人不同。

大部分人在生活中遇到某类问题所做出的反应都是相似的。只有极少数的智者可以在遇到问题的最初时刻便做出异于常人的睿智的反应。智者思考问题的角度与常人很不相同，那么最终他所成就的人生也是异于常人的。

三 个 儿 子

一户人家有三个儿子，他们从小生活在父母无休止的争吵当中，他们的妈妈经常遍体鳞伤。老大想：妈妈太可怜了！我以后要对老婆好点。老二想：结婚太没有意思，我长大了一定不结婚！老三想：原来，老公是可以这样打老婆的啊！

案例总结：

即使环境相同，思维方式不同也会影响人生的不同。可见，思维具有差异性，而创新思维也具有差异性。

创新思维的特点：差异性、变化性、现实性、开放性。差异性是创新思维最大的、最根本的特征之一。创新思维就是与众不同的思维，它能够用与众不同的语言、行为、方式表现出来。有差异才能有新意。依据创新思维要素的作用点之间的差异性，可将其划分为以下四个维度：明确创新思维的方向、实现创新思维的主体、解决高难度复杂的问题、聚焦创新思维的产出。

案例来源：师保国，李乐.创新思维的动态分析：基于生成－选择模型的思考 [J].

人民教育，2019（5）：49－52.

二、探索式创新思维

先做这样一个心理学试验：我们在空地上用篱笆围成一个方形围栏，其中三边都栽上了篱笆，留出一边开放，如下图所示。

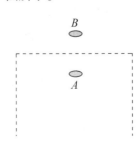

我们提前将一些食物放在篱笆外面的 B 点，然后牵一只狗到篱笆内的 A 点。狗很饿，已经几天没吃到东西了，试验结果显示，对狗来说，吃到食物是非常容易的。

它可能会先趴下，摆出一个向食物直接冲过去的姿势，但是很快，狗就反应过来，弄明白了情况，它会绕过篱笆，非常果断地以一条平滑的曲线路径跑到食物那儿。但有时候，尤其当 A 点和 B 点间的距离特别近时，就具有很大的迷惑性，狗要解决这个问题就不会那么顺利。试验中狗会浪费一些时间在篱笆内，它吐着舌头又叫又抓，甚至用头去撞篱笆。这样折腾一段时间后，它才有可能"想到一个好主意"，会绕过篱笆吃到食物。将不同动物放到狗的位置 A 点，观察比较它们的行为，会非常有意思。

一只成年黑猩猩或一个 4 岁大的儿童，这个问题对他们来说很简单，他们会很轻易地绕过去获得食物。但如果放一只母鸡，就很难了。它会在篱笆内侧不停扑腾，并努力想从篱笆挤过去，即使它最终能吃到食物，通常也是意外所获，而不是有意为之。母鸡在这个过程中会花费非常多的时间，一般是扑腾累了，失望地看着食物。然后踱步到篱笆外后偶然碰到的，它并没有学会解决问题的方法，下次碰到同样的情况，它照样会扑腾不停。我们可能会笑母鸡的蠢笨，其实一些成年人也会犯相似的错误，比如那些盯着想要的职位，不断地、持续地投递同一封简历的人。他们只会冲着目标，用简单的、直线的、类似母鸡这种原始的条件反射方式去寻求解决问题的途径。

探索式创新思维是第二层次思维。很明显，很多复杂的问题通常不能用肤浅的、简单的直线方式解决，如果解决问题的方法是直线式的捷径，那也就不能成为一个问题，因为太简单了，几乎人人都可以做到。

有价值的、复杂问题的解决方式通常不是由问题能够直接得出答案，它们的解决方案需要从不同的角度，用迂回的、曲折的途径获得。用价值投资大师霍华德·马克斯的话来说，这就是第二层次思维，它是简单思维的对立面。第二层次思维深邃、复杂而迂回。

如果第一层次思维说：这是一家好公司，让我们买进股票吧。而第二层次思维会这样想：这是一家好公司，但是人人都认为这是一家好公司，股票的股价和定价都过高，让我们卖出股票吧。

巴菲特的"别人恐惧我贪婪，别人贪婪我恐惧"就是典型的第二层次思维，这种思维不是本能思维，需要刻意地、持续地训练才能拥有。

第二层次思维也是一种探索法的思维。探索法起始于数学，两位著名的数学家和哲学家对探索法体系贡献最大，他们是笛卡儿和莱布尼茨。

探索式创新是尚不成熟的、一种大幅度的、激进的、有一定风险的创新行为，其意图是寻求新的可能性。企业通过探索式创新设计新产品、开辟尚无相关营销经验的细分市场、发展新的分销渠道、为新的消费者群体提供服务。探索式创新强调获取和创造全新的知识，力求脱离和超越企业现有的知识基础，经常尝试同行业其他公司没有采用过的经营战略和技术。

三、优化式创新思维

（一）优化式创新思维的含义

思维方式的不同决定每个人看待问题的方式不同。有的人思维开阔，有的人思维狭窄，但这并非天生，我们可以通过后天练习不断优化我们的思维。

思维具有惰性，喜欢舒适的氛围，这个特性会阻碍我们进步。思维唯有不断优化升级，才能推动我们不断前进。而且时代在不断向前发展，社会在不断变化，竞争在不断加剧，想要在这个社会立足，想要在这个社会很好地生存，我们必须优化思维，增强竞争力。只有持续优化思维，才能提高思维效率，在看问题时，我们才能无限接近于问题的本质，从而提高解决问题的能力，进一步增强我们的竞争优势。

（二）形成优化式创新思维

首先，必须跳出思维的舒适区，勤于思考，不安于现状，持续磨砺思维，才能打破极限，跳出思维的天花板，实现思维的优化升级。

其次，要精益求精，不断打磨思维，持续开阔思维，不囿于现有的思维方式，积极寻求不同的思维方式。

最后，要多听取他人的意见，多学习他人的思维模式，不断开阔思维。在解决问题时，从多个角度出发，站在不同的立场考虑问题，提出多个备选方案。在工作与生活中不断践行这一系列的方法，思维必能得到持续的优化，必能增强我们的竞争优势。

（三）优化式创新思维的意义

在日常生活中，有时需要重复处理大量的事件或任务。在一个难以解决的任务中，我们会动用许多资源去解决所遇到的问题，并且希望能够一次性顺利解决各个问题以便达成任务，但倘若没有良好地对该任务中所遇到的问题及其解决流程进行梳理，也没有对解决方案进行优化总结，那么当我们再一次遇到重复的或相似的任务时，我们仍然需要动用相当多的心理资源与时间资源去应对。

个人的心理与时间资源总是有限的，此时我们会想交由我们的家人、学生和员工，希望他们能和我们一起完成任务。但当这些未经优化思维处理过的工作被交给他人时，他人总会感到些许不适，这种不适是经验及能力的较大差距造成的。在这种经验及能力相差较大的情况下，无论是作为上司分派工作任务给员工，还是教师分派学生学习任务，都应该注意到：不能将一件未经优化思维处理过的信息及任务直接分派下去。例如，若老师直接将一个非常复杂的大型活动交给一个刚入学的新生去组织，在这种工作经验差距较大的情况下，新生往往难以应对。

未经良好优化的事件总是困扰着合作双方，许多的问题与麻烦应运而生。世界上有两类人，一类人不断地探索世界的前端，尽可能地发现规律与知识，我们称为探索者。这类人并不负责将知识或规律应用于日常生活，新知识或新规律是非常复杂深奥的，它包含了许多专业名词，只有人们拥有足够多前置的基础知识才能对新知识进行理解。开玩笑地说，这类人是不断在拔高这个世界，因为这是任务性质所导致的必然结果。另一类人在降低这个世界，但是这里的降低，并不是降低世界本身，并不是减少知识而是降低其他人到达已知最高的难度。这里，我将他们称为辅助者。在这些辅助者中，又分为两类：一类是以提高人们的自身水平为目标，如教师、培训师；另一类则是以拉低知识的理解难度或者任务的操作难度为目的，如工程师、优化员等。例如通信设备的发明，探索者发现了通信理论，因而让人们能够远距离通信；但通信成本比较高，辅助者中的第一类则告诉人们如何更好地表达信息，用最少的字去传达意思；辅助者中的第二类人则不断地探索，将传真成本降低。现今，我们每日传递的信息已经呈爆炸式增长，不会有人再需要考虑传递"每个文字"需要支付的金额，因为对于流量而言，几个字的流量成本实在不值得计较。但是，我们不能简单地下结论：辅助者第一类人的用处不大。我们需要依据任务或者工作本身的性质区分对待，在一些任务的难度较大、条条框框很多的情况下，第一类辅助者是先锋和基础干员，因为知识的学习本身很难，人类没有办法将学习的时间和精力投入"降低"到像往计算机输入文本一样快，所以每一个教师都是不可或缺的，教师能简单地重复知识传授的过程。在此类情况下，第二类辅助者的发挥空间是很大的，但是本身攻克这样的大难题需要不断地积累，比如现今，人类仍然不能通过人脑芯片的方式学习知识。第二类辅助者依旧可以降低知识的冗余（如合并两个代表同一含义的不同称呼的名词）、优化知识结构（如将杂乱的概念系统化）。

这样的一种优化创新思维并不是天生的。我们常常听说有人的智力多高，情商多高，该个体能够非常迅捷地解决问题，完成工作任务，可是却不能将自己的知识教于他人。该类型的"天才"能较好地产生社会价值，却没办法为社会生产力加码，即提高社会价值生产加速度的能力。这种优化创新思维的能力更多的是需要借助后天的刻意练习去获得并巩固的。

用已有的词汇去形容上述思维模式、标准化、流程化、自动化、编程化等词都与思维模式有关，但上述四词中的任一词都不足够表达。优化创新思维的命名以及定义是依据思维成果而阐述的，并非是思维本身的一些特征或结构，而是一种目标或结果，优化创新思维是指通过理论与实践，实现可标准化、可流程化，优化创新思维处理后的任务应当能够交由计算机或者不具有初始解决能力的普通人完成。

可流程化负责将事件转化为基本单元并制定可执行标准，普通人能依据该标准进行学习与执行任务。可自动化则依据上述标准化与流程化挑选事件某些单元，将其交与计算机完成。

举例来说，制作蛋糕时，流程化将蛋糕制作分为称重打发、烤制等；可标准化为执行人在执行称重、打发、烤制等过程时制定最佳标准，最适当的称量过程和注意事项等；可自动化思维则能帮助人们发现打发过程留有的自动化余地，通过计算机力学感应、计算机视觉等技术，监测面团的韧性与发酵程度，自动调节打发器的力度。在优化的过程中，流程化是第一步，是标准化与自动化的基础环节：标准化与自动化是针对计算机或零能力人员所设置的两类不同方向的优化方式。在现今社会中，一般中小型的事件通常会走向标准化；大型的事件会通过自动化解决。标准化与自动化存在不同的成本与收益，成本收益比决定了解决事件的方式，但从长远的发展来看，事件优化的形式将趋于自动化。

四、否定型创新思维

（一）否定型创新思维的含义

否定型创新思维就是从批判否定的角度出发思考问题并解决思路。其利用了马克思主义哲学辩证的否定观，帮助我们更好地培养创新思维。辩证的否定观是自然、社会和思维发展的普遍规律，运用这一规律培养和提高大学生的创新性思维，是社会发展的必然要求，也是培养大学生创新性思维的有效途径。否定型创新思维正是利用了否定之否定规律，帮助我们更好地培养创新思维。

在信息 - 媒体 - 智力时代，竞争优势在于"认知智力"，其基础是批判性思维。

（二）你所不知道的你的错觉

1. 否定与直接思维

德国心理学家格尔德·吉仁泽在《直觉思维》一书里系统论述了直觉思维是"无意识的智慧"。它认为：大脑里的"适应性工具箱"储存着很多经验法则（即"启发法"），由进化机制和文化教习层累积生成。

经验法则在直觉思维中依赖简单策略，不经思考、超越逻辑地进行无意识推理；最先出现的感觉就是最好的；适应不确定性只能用单一理由决策的直觉，忽略信息；不存在最佳策略；简洁能救命，少即是多；道德行为只要遵循道德直觉和默认值规则即可；信任本能的直觉就轻松，成本最低，适应性最强。格尔德·吉仁泽回避解释关于解决复杂情境和较高级的社会问题的理性学习和认知探究思维。

直觉思维的确是后现代文化的一种适应性机制，这是对知识极化和残酷的认知竞争的一种逆反心理。

> 如果某个判断是基于认知放松或认知紧张做出的，那就一定会造成错觉。任何能使联想机制运行更轻松、更顺利的事物都会使我们心生偏见。想让人们相信谬误有个可靠的方法，那就是不断重复，因为人们很难对熟悉感和真相加以区别。
>
> ——丹尼尔·卡尼曼《思考，快与慢》

2. 第一反应很可能是错觉

对格尔德·吉仁泽的直觉思维优越论，需要质疑其直觉的有效性：直觉非正觉（即直觉并非是正确的，有可能是一种错觉）。

在高度专业化的现代社会，人们越来越多地面对无知困境、不确定性情境和知识交集的难题，用直觉思维无疑是瞎撞。

例如对于一个人们熟知的名言"富贵不能淫"（《孟子·滕文公下》），有些人解这个"淫"字，不去仔细查证思考凭直觉解作"淫荡"，并将它成为通行的默认理解，如果你批评这种解释，可能会惹怒他。

"淫"的本义是浸渍，引申为沉溺、迷惑、过度、通奸；过度、超越常理、没有节制都是其常用义项。

孟子的原文是"富贵不能淫，贫贱不能移，威武不能屈，此之谓大丈夫。"此处解为"使……惑乱"，整句意思是不受富贵权势迷惑，明道而行正，方才称得上是大丈夫。

有些人对原文"淫"字的误解属于"望文生义的错觉"。这是一种普遍性的理解语文的错觉。误解除了阅读理解力不足，还缺乏古今词义的辨别力。你接受的教育知识固置在你的记忆，你看到这个字第一反应即错觉，认为这是现代文，接着闪现出它的现代解释，于是望文生义。

在对某些简单行为反应时，进化机制赋予的最先感觉的确是最好的，但是面对现代社会的复杂问题，最先感觉的往往很多都是错觉。错觉是内生性的。

人的大脑存在"自我合理化"的防御机制，很少人会自知直觉只是一个似是而非的差别值，甚至仅仅是表面的相关联系。对直觉不较真，一路寻踪滑行，把一个直觉发展出来的一系列判断自以为是地视为合理推理。世界上多有各种错觉之间的气概之争，极少有"随方解缚"的逻辑证伪。

心理学家丹尼尔·吉尔伯特认为：即使是一个毫无意义的陈述也会唤起人们最初的信任，例如"白鱼吃糖果"。你看到后会有一个鱼和糖果的模糊印象，这个印象的产生就是联想记忆自动搜索"鱼"和"糖果"两个概念之间各种联系的过程，于是会觉得这个荒唐的说法有道理。

人经常生成很多错觉，但很少有对错觉的自知之明。

3. 不可信任的直觉与种种错觉

（1）直觉来自内隐潜意识的本性机制与外在环境刺激合力下的直接反应，并不经过理智的审查。

（2）直觉有 50% 的概率是正觉，另一半概率是错觉。

（3）直觉反应往往伴随着本能、惯性和行为模式共生。

（4）如果主体误判复杂的外部环境，或主体与外部环境逆反、冲突，其直觉很可能是错误的、为了气概之争的、情绪化的和任性的。

（5）直觉有潜意识主导的强烈实现的动机，我们意识不到它的深层运行机制。

（6）产生直觉的经验法则由基因进化遗传、文化模因和个人无意识集合而成，它们并不适应不断变化的文化社会和新的知识体系。

（7）当你跨入无知的、不确定性的情境中，你的直觉很可能是在自以为是地胡乱投射，尤其是知识人跨界发言时将无知错觉为已知。

直觉反应为何有很多错觉呢？因为很多现实情境或问题都是新的、复杂的情境，而默认设置是对过去经验默认所设置的记忆。经验法则的固执与人对新情境的无知，就使人轻而易举地发生错觉。

有很多错觉：知识错觉、无知的错觉、认同的错觉、偏见的错觉、信念错觉、实感性错觉、聚焦错觉、认知错觉、因果关系错觉、解释性深度错觉、记忆错觉、有效性错觉、控制错觉、幸福的错觉、理性决策的错觉……

例如左图，当你距离它很近时看，什么也没有，但当你距离它远一点时，就能看得出有熊猫的图案。

理解人性可以很简单，从其惯性看其直觉反应：有些人的惯性直觉是暴躁而歇斯底里；有些人的惯性直觉是不讲道理、没有逻辑和强加于人；有些人的惯性直觉则是自恋矫作、唯我任性……惯性释放（路径依赖）→直觉投射→行为模式就成了某种性格。

直觉总是与本能、情绪化、习惯和特定动机纠结，而在一个高度规则化和专业化的社会情境中，直觉的主观性神不知鬼不觉地将它扭曲为错觉。

4. 直觉只是观点和态度的前奏，不是事实的认知

要克服直觉的蒙蔽，唯一方法是分清事实与观点。能够就事论事地认清事实的人才可以进入理性大门。

假设在历史课上，一位讲历史的老师在陈述古代女性社会地位低下这一历史事实，而一位同学却以其歧视女性为由直接打断老师讲课。但老师在课上陈述这一历史事实，这并未表明该老师赞同女性社会低这种情况。而事实恰恰相反，老师随即为同学们补充了现代社会男女平等的思想。这位打断老师讲课的同学还未掌握清楚事实就表达观点，这并不是对这一事实的正确认知。

再如，在某女星穿着红色长裙出席某活动热搜的评论区中会出现不同的观点，"女

神穿红裙子真好看"或者"这红衣服好土啊"等评论,在这些评论中"好看"和"好土"是观点,"穿着红裙子"是客观事实。

没有弄清楚事实就发表终结性评论,以大概括前提去推断一个自己不熟悉的对象,分不清事实和观点,这是常见的问题。直觉是观点态度的前奏,事实的认知需要在存在、正确和曾经发生的意义上确认,要有多角度考证的证据。有一幅照片很有趣:从侧面看威廉王子伸出中指,你会惊讶王子如此粗鲁,可是从正面看,他伸出的是三个手指,表示准备生第三个孩子了。事实与错觉的差距就是如此。如果对事实没有准确清晰的认知,第一印象肯定是错觉,后面的观点也不会合理。

5. 默认设置里有很多知识错觉的积累

直觉假设隐藏着大量错觉。其中有两类错觉:一类是静态的晶体智力存在的错觉;另一类是动态的流体智力发生性的错觉。

不要完全相信我们潜意识里储存的既成知识(晶体智力)。吉尔伯特的研究表明:人们往往获知某种说法之后,就先入为主地相信和接受这种说法,后来只会在有时间、有意愿的时候才会想着去验证一下。但是这种有时间和有意愿的情况是极少出现的,所以人类是一种容易轻信的生物。

1)形成错觉

假如问你:物理学有没有"时间"的概念?你根据生活和人文知识的经验法则,就会迁移推理,做出肯定回答。

爱因斯坦说,在物理学家看来,过去、现在、未来都是一种幻觉。物理学家认为世界没有过去、未来之分,没有时间性,时间可逆。

但在人文学和人的心理来看,时间就是生命和文化。

非专业人员习惯于以生活常识判断专业问题,而在一个高度知识专业化的时代,即使是专业人员的迁移性直觉有时也是错觉。糟糕的是迁移性直觉就是类比性推理的前奏。

我们对自己潜意识的内隐积淀必须时时保持警惕心理。潜意识里囤放着的是印象、错觉、在情感状态下生成的情绪因子和长期被动地作为忠实受众接受的集体无意识。你不可能对它们一件一件有条理地梳理过、分析过,内隐很深,多且复杂,无数新的感觉或经验纷至沓来,层累地生成,混沌地积淀着。

2)默认错觉

形成错觉后默认,会产生一种假设,形成一种自认为合理的判断,并储存在潜意识中,成为种种经验法则。被默认的"错觉"——假设判断,自己不知道它仅仅是一种假设,也不会意识到它源于一种错觉。在遇事时它们会被自动启发作为推理的前提。你还会不断用符合它的证据信息、经验、感觉和情绪对它确认、认同、丰富它、固置它,使它成为你不会质疑的信念。

错觉的产生有时源于恰到好处的暗示。想象你是一个年轻而害羞的女子，正站在一艘轮船甲板上，海浪起伏，你初次在海上，内心里弥漫着空洞的感觉和莫名的恐惧，你感到了摇晃带来的生理反应和不知所措的紧张。这是来了一位善解人意的人，他扶住你的胳膊说："你一定很不舒服吧！你是不是晕船了？要不要我扶你到船舱里去？"这时候你的脸可能马上就会变得毫无血色，因为这个人的暗示与你自身的恐惧产生了共鸣。是不是晕船呢？这可能就是一个错觉，可惜你立即就默认了。恐惧和紧张把晕船的错觉传导到心理控制中心，你的生理反应机制就立刻产生同步的晕眩感觉，在心理发酵引导下，生理感觉越来越强烈。生理反应又加剧了你的心理确认。最后，你真的就晕船了。

资料来源：王跃新.创新思维的协同机制探析 [J].自然辩证法研究，2020，36（6）：123-127.

心理反应是通过内外合作完成的。默认设置与外来植入的信息刺激互动，生成一种强大的心理影响力。外来植入的暗示、指令和评价，一旦得到内隐经验法则和自我评价或感情认同（确认）就会变成意识指令，你会跟着它行动。

为什么说启动的是错觉？错觉是认知的一个启动，是认知过程的程序之首。它是主体的各种即时反应：感觉反应、应激反应、预设的默认设置的反应、情绪反应和预期反应。认知不可能在瞬间获得准确而合理的反应理解，你原本的知识储备和认知惯例决定了你的反应水平，它是默认设置自动生成的。除非是简单又熟悉的重复情境，否则多数会以错觉启动。

多数人的认知问题出在把首因效应的错觉默认下来，初觉就终结了思考。而这种立即默认错觉源于"错觉灵感"，很多错觉是灵机一动的感觉，在有所触动的情境中获得启发，怦然激动，感兴深心，或者表述得很精辟。可是它只是一个尚需验证或修改的幻觉。弗洛姆说："有些人在幻觉下生活，他自以为了解他所想要的东西，而实际上他所想要的是他人所希望他要的东西。"幻觉就是一种错觉。

3）重构记忆

当我们被提问或质疑的时候，会紧张并怀疑自己的答案或反应是否得当，假如没有人挑战你的直觉时，你总是一路凯歌流畅地对直觉开绿灯。于是错觉"肆无忌惮"。

知识会以细节的更新导致系统的更新，一些基础常识被新的研究证伪了，于是整个系统要加以重新组织或解释，甚至置换。假如你不是时时刻刻地好学又有"广目天王的巨眼"，那么你根本不知道你坚信的知识是一个错误的结论，一定会凭着以往的经验法则产生知识错觉。

启动错觉的过程是一种连贯性联想机制，它的问题在于但求流畅连贯。从错觉到默认过程的联想机制最容易出错。

联想机制供给的默认材料包括易得性的证据、眼见为实的证据、锚定启发的证据、情感启发、信念主导、经验法则、期望或过分关注效应、固有的因果关系模式、"知道"的错觉等。

易得性的证据指可得性的、最常考虑的、熟悉的和最近经常使用的证据，但真实而有效的、想不到的大量事实证据却被忽略。例如，我要重新找回养老金的用户名和密码，致电管理公司，需要询问一系列复杂问题，因为事前准备不清晰，当问到我的 E-mail 地址时，我随口将最近常用的而不是真实的地址报去，结果一个细节错误导致全盘否定，信任度减分，只好重新再提供更多证明资讯。

启动是当某事物与另一事物并列或混合在一起时，使你在它们之间建立了因果关系。这是联想激活。例如，香蕉呕吐。本来香蕉不会引发你呕吐的生理反应，但这两个符号并置，你的反应指令被要求作出一个解释，于是你不管它们是否有必然关联，你先天的因果解释默认设置瞬间就对它们建构起一种自以为是的错觉解释，这种错觉没有生成一个语言展开的过程，只是直觉中整体的理解，即"悟"。

这是两个风马牛不相及的随意并置，你的反应是自动化生成的"强解"。无论接触到任何认知对象，无论它们多么荒谬，你都可以立即生成一个"强解"。这就是为什么有那么多阴谋论或猜疑、谣言或误判泛滥的原因。只要你把那些猜疑或误判默认再加确认，它们就成了言之凿凿的谣言和阴谋论。

认知错觉自动生成的基本式：唤起想法→激发其他想法→建构起连贯性→引发情感态度反应→形成认知情感反应的强化模式。

再看一个实验：实验前，实验人员给一批大学生发布了一条有关经常刷牙重要性的说服性信息，而另一批大学生没有收到这条信息。接着对两批大学生进行调查：询问他们在过去的两周里刷牙的次数。数据统计显示：收到信息的大学生回忆起的刷牙次数比没有收到信息的大学生多得多。显然，收到信息的大学生被这条信息改变了他们对待刷牙的态度，然后他们根据这个刚刚形成的态度作为自己的便捷式判断，来帮助他们进行回忆。"他们必须相信自己一直采取一种理性而明智的行为方式，即使他们才刚刚发现什么是理性而明智的行为方式。"这就是一个"形成错觉→默认错觉→重构记忆"的心理过程。收到的那个信息作为一个启发式条件启动了他们的便捷式判断，便捷式判断就是可得性联想，引起了认知态度改变，改变了的认知态度对其自我而言是一个不折不扣的错觉。他们的内隐自我有一个适应性机制来处理这些错觉，随时调整自我认知，以消除认知失调的不安，每个人都会自我认同自己是理性而明智的。这个错觉的症结在于他们自我认为在这个具体问题上自己是理性而明智的。那么这个错觉一定会得到默认，然后根据这个默认从记忆里提取印象，不自觉地对没有清晰记录的大脑印象进行修改甚至歪曲，根据错觉的方向来重构。

6. 解释性深度错觉

解释性深度错觉是一种研究无知的测试工具。这种方法只是单纯地要求受试者对某事物给出解释，并说明这种解释如何影响他们对自身理解力的评价。

解释性深度错觉简单来说就是觉得自己懂但实际上并不懂。这跟"不懂装懂"是有一定区别的，普通意义的不懂装懂只是试图欺骗别人，而解释性深度错觉是连自己一起骗了。或者说，大多数人认为他们对世界的了解非常详细、连贯和深入，远远超出了他们实际了解的程度。

常见的解释性深度错觉现象就是人们经常为某一话题争论得不可开交，其实大多数人对所争论的话题不过是一知半解，或者根本外行，只是不自知，还以为自己很占理。

解释某些很平常的事物的具体原理和详细构造、运作看似简单，实际上除了专业人士，大部分人不能过关。至于通过对自己的解释给出理解力的评估则更为困难。这就是解释性深度错觉：以为自己具备深度解释性的能力。事实上深度解释性能力至少需要两类训练：一是针对具体专业具体事物的知与识；二是对自我认知力和解释能力的训练和反思。

（三）真正的认知是一个否定性思维的过程

认知是一个否定性的过程而不是一蹴而就的直觉判断。合格的认知是不断地试错，向各种可能性尝试、开拓、反刍、验证、加工、修正之后达到深思熟虑和清晰明确的暂时结论。

1. 错觉→默认→确认偏误是一个错误肯定性的方式和过程

认知错误的生成既有默认设置本身的偏误，也有认知放松的默认偏误，还有进一步"理智求证"时的确认偏误。

认知放松和认知紧张下一定会发生错觉。凡情急之下、快乐之际、气概之争时和愤怒仇恨之中，直觉思维是直接活跃和起决定性作用的，此时不假思索，没有认知，只有反应和爆发。

网络中的很多人擅长直觉思维，他们在表达欲支配下，在频繁的互动式的意见刺激中，经常会发表一些"错觉"言论；在这些错觉中，偏见错觉和敌对错觉得到鼓励，于是产生极端的意见和绝对的结论。

在信息泛滥和知识创新的时代，网络媒体有决定性的影响力，广泛而深度的无知使人们时刻产生解释性深度错觉。

错觉默认是肯定性的无思维状态。泛滥的信息之所以是认知公害，不仅是海量的恐怖性，且具备有待鉴别真伪的迷惑影响力，足以使人失去认知智力。只要你对进入大脑的刺激反应予以默认，就很难逃脱信息潮的控制。处身于信息污染的舆论环境，轻信的人们毫无抵抗力，再加上"动机性推理"的本能，他们更容易去相信与自己内隐默认设置中既有观念相符的东西，而忽略或抵制不一致的信息。这时候就产生确认偏误，即确实地认同和肯定偏误的东西。

认知错误包括以下几项。

（1）信念固著：在反证出现后仍依然坚信原有看法。

（2）态度极化：即使双方都依附于相同的证据，争执仍变得极端。

（3）非理性首因效应：强烈的先入为主效应。

（4）错觉相关：对两件偶然事件做无根据的连结的倾向。

（5）理智求证的证实倾向：缺乏证伪的确认。

最大的错误是"确认错觉"。人们总是对自己相信的判断努力去确认。殊不知经得起否定性批判证伪的判断才是过硬的定论。不断确认自己的判断是固执己见。

在奥斯丁的小说《爱玛》里这样叙述女主人公。

爱玛对韦斯顿太太说："你经常责备我说，我一旦脑子里形成一个想法，就固执己见。"（这个想法可能是一个错觉？但她立即默认了它，之后不断地固置它）

爱玛心中不会与自己争辩。（不会产生另一个反对派的自我进行反思）

爱玛：我宁愿要欢乐也不想要明智。（情绪比明智更受大脑欢迎）

2. 抵制默认才会发现错觉

如果不及时澄清自己的错觉，它们会成为你抗拒正确认知的理由。

错觉不是大敌，默认才会致命。理智意味着冷静，拒绝默认，延缓判断，进入批判性思考，错觉就会修正为正觉。

你的心性是由潜意识潜移默化积淀而成。一旦默认了第一印象的错觉，它就会沉潜入潜意识，而融合到你的价值观、信念、观念和记忆中。很多错觉积淀下来，累积地生成错误的认知和信念，它们便是你内隐的自我，成为你精神中的默认设置。

如果你的意识足够冷静和强大，有清醒的自治意识，你就可以主宰自己的默认设置过程，不会被错觉默认绑架。

值得警惕的是认知放松地信任权威，将自己的思考权利让渡，就会丧失独立精神和自由思想。

顺从直觉是肯定错误的方式：将旧的经验法则的自动反应默认，从而推进种种相关联的联想机制，再寻找合适此关联的证据加以确认。

质疑直觉是一种否定性的方式：暂停自动反应的感觉，聚焦于此直觉，审视其是否为错觉，断绝错觉关联的联想和错觉分析，让理智搜索代替自动联想，让理智分析代替错觉分析。

3. 批判性思维就是否定性认知的过程

批判性思维是对已有的想法或假设进行否证，对自己习惯认同的观念、信念和情绪进行审查，对自动出现的证据加以验证，跳出自己的偏见。

抵制错觉→默认→确认偏误的认知过程就是避免被本能操控的理智状态。

通过否定性的批判认知抵制本能的惯性运行。本能惯性包括情绪化释放、动机性推理、自利性偏差、文化模因的固执和感觉决策等。

在联想扩展的思考中不断演算、调整、校正、复盘和审视，用概率来衡量。在否证中会充分展示经过考证的认知资源，去除纯粹感受性的，去除不准确的、不合逻辑的和违背概率的，吸纳多元的深度解释。

还要对认知方法论自我评估，对认知过程进行复盘批判，对认知结果进行客观评估。

错觉经过默认再确认，就会成为一个顽固的信念、观念或情感记忆，以后想要否定或者修正它，是非常困难的事情，即使在严谨的证伪认知否定了它之后，情感记忆还会保留原来的态度。例如，经过漫长的现代医学教化规训，现代人对于医疗有了一个"治疗是唯一出路"的知识错觉，即相信疾病只有治疗是唯一办法，越来越倾向于过度治疗。即使医学研究不断告诫说，医疗的成效是有限的，不少是无效的，更多的是安慰剂效应，人应当更多地通过调整生活方式和心理状态，依靠适度运动和信任身体的自愈系统来战胜疾病，可是人们依然将自己交给医院对待自己的疾病，却在调整心态、运动等方面采取不作为态度。一旦医疗失败，患者和家属就会认为是医生的过失。这种医疗绝对化的知识错觉非常执着。

吉仁泽的《直觉思维》夸大了直觉思维的价值。今日认知科学很多研究结论已经成为心理学界的共识，后现代人更需要警惕无知和不确定性下放纵直觉思维的危害。

错觉无可避免，问题是不假思索地默认和动机性推理的确认。

错觉默认和确认偏误会遭遇一个相对性的文化难题。一个直觉是"正觉"还是"错觉"，不同的主体可能有截然相反的评判。

直觉生成于文化心性的默认设置。经验法则的适应性机制与特定情境呼应而产生直觉，启动联想机制，一个特定的主体联想到的代表性的、锚定的、记忆的、情感反应的、期待的和因果解释的模式等，无一不出自其积淀的默认设置。

一个特定的文化会助推其肯定的错觉，其知识共同体认为这是正觉，在互动和滚动的知行合一过程中，人们可能逐渐修正其错觉，也可能在错觉的道路上越走越远，复杂的心性、情境决定命运。

科学尚可以运用科学公理和实验为标准，而人文、社科和政治则"公婆"各称有理。当认知对象过于复杂和宏大，找不到评判标准，同样进入相对价值冲突的困境。

人们并不善于发现自己完善或固执一个感觉和想法的过程，人们只是在意其感受和行为的反应，一个人的性格和情感会影响他的感觉和想法是否得到尊重和实行。如果陷入了气概之争中，他就会完全忘记了自己第一个印象和感觉究竟包含多少合理性和真实性。气概之争往往助推和放大错觉与确认偏误。

一个错觉可能会启动更多错觉，在复杂情境中遵从本能则会离理智越来越远，确认偏激会引发连环偏激。无论某些知识错觉和确认偏误造成多少难题或冲突，人们也难以醒悟，也不能中途易辙，除非他们是批判性思维的反思者。

五、常见的创新思维

（一）常见的创新思维类型

1. 类比思维

类比思维是指根据两个或两类对象具有某些相似或相同的属性，从而推出其中一个对象可能具有另一个或另一类对象已经具有的其他属性的思维方法。例如，鸡蛋固化技术。哈尔滨市道里区榆树乡榆树村一位农民,他从鸡蛋想到了奶粉,想着要把鸡蛋"晒干",经过反复试验，终于成功了。晒干后的鸡蛋不但能制成蛋黄粉、蛋黄饮料和罐头等食品，还能提取黄油，市场前景非常看好。

2. 联想思维

联想思维是指通过一个或一类事物联想到相连、相关或可能相连、相关的另一个或另一类事物，从而达到创新目的的方法。例如，茅以升的"射水打桩法"。桥梁专家茅以升在建造钱塘江大桥时因江中泥沙层很厚，打桩时遇到了意想不到的困难。后来他看到邻家的孩子用铁罐浇花，细细的水流居然把花坛泥土冲出了一个深深的窟窿，他茅塞顿开，立刻想到了射水打桩的好办法，解决了工程进展中的难题。

3. 迂回思维

迂回思维法是指回避使用常规的、直接的解决问题的方法，而是另辟蹊径，采取独特的见解、方法来解决问题。例如，田忌赛马的故事里，田忌输一小局而赢得大局，这就是迂回思维法，决策在表面上看是输了，最后却赢了。有时达到目的，不是只有一个办法，以退为进往往是好方法。除此之外，曹冲称象也是典型的迂回思维运用。

4. 延伸式思维

延伸式思维就是借助已有的知识，沿袭他人、前人的思维逻辑去探求未知的知识，将认识向前推移，从而丰富和完善原有知识体系的思维方式。

5. 扩展式思维

扩展式思维就是将研究的对象范围加以拓宽，从而获取新知识，使认识扩展的思维方式。

6. 运用式思维

运用式思维就是运用普遍性原理研究具体事物的本质和规律，从而获得新知识的思维形式。

7. 逆向式思维

逆向式思维就是将原有结论或思维方式予以否定，转而运用新的思维方式进行探究，从而获得新知识的思维方式。

8. 幻想式思维

幻想式思维是指人们对在现有理论和物质条件下不可能成立的某些事实或结论进行幻想，从而推动人们获取新知识的思维方式。

9. 奇异式思维

奇异式思维就是对事物进行超越常规的思考，从而获得新知识的思维方式。

10. 抽象思维

抽象思维是指用词进行判断、推理并得出结论的过程，又称为词的思维或思维逻辑。抽象思维以词为中介来体现实际，它是思维的最本质属性，是人的思维和动物心理状态的本质差别。抽象思维能力是人的理性认识环节，是人应用定义、分辨、逻辑推理等思维种类体现事物本质与规律性的全过程。因而，这一能力既是人们做一切事情最基本的能力，也是必需的能力。

11. 发散思维

发散思维又称辐射思维、放射思维、扩散思维或求异思维，是指大脑在思维时呈现的一种扩散状态的思维模式。它表现为思维视野广阔，思维呈现出多维发散状，如"一题多解""一事多写""一物多用"等都是培养发散思维能力的方式。不少心理学家认为，发散思维是创造性思维最主要的特点，是测定创造力的主要标志之一。

12. 追踪思维

追踪思维即因果思维，指按照原思路刨根问底，穷追不舍，直至找出自己满意的答案。追踪思维的思维模式即世间万物都有其原因和结果、表象和本质，通过结果，我们能探究出事物的原因；通过表象，我们能发掘事物的本质。

如果当一个"为什么"解决后就停止了追问和思考，认为问题已经解决了（可能实际上根源性问题还没解决），那么不久后，问题可能还会反复出现。

13. 替代思维

替代思维即一种事物实践中已证明是过时落后的，人们希望有新的、更好的东西替代，而一旦有了优于或完全不同于这种事物的另一种新事物问世，发展之路往往会出人意料。

14. 多路思维

多路思维是系统思维方式中的一种思维方法，是指围绕目标、多向追寻、多案优选的思维方法，指对一个有多种答案的问题，朝着各种可能解决的方向，去扩散性思考该问题各种正确答案的思维。从不同角度、不同逻辑起点、不同思维程序考察客观事物，形成多方面、多层次、多因素、多变量的整体认识。

15. 综合式思维

综合式思维就是在对事物的认识过程中，将上述几种思维形式中的某几种加以综合运用，从而获取新知识的思维形式。

除了以上的创新思维方法外，还有许多的思维方法被运用在创新及人们的日常生活中。大家可以注意观察、总结和积累。

（二）常见的创新思维策略

（1）头脑风暴：针对某一论题，把头脑中想到的东西写在一张纸上，暂时不做任何加工与判断。

（2）轻松思考：在散步或做其他活动时，允许自己不要过于认真地思考。

（3）图解理论：在纸上画出理论构想。

（4）反复自问：针对同一问题反复思考，且每次给出不同答案。

（5）组合思考：将两个不同想法组合起来，看能否产生更多想法。

（6）打破常规：改变日常思维习惯，按不同方式行事。

创新思维是可以培养的，但需要正确的心态，好奇心强，乐于接受别人的观点，问题多（问题会为你打开许多紧闭的大门）。此外，要学会如何失败。失败并不意味着必须放弃某件事，要从失败中吸取教训，能够分析哪里出了问题，以及如何改进并在下一次成功。

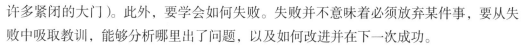

创新训练营

某工厂的办公楼原是一幢 2 层楼建筑，占地面积很大。为了有效利用地皮，工厂新建了一幢 12 层的办公大楼，并准备拆掉旧办公楼。员工搬进了新办公大楼不久，便开始抱怨大楼的电梯不够快、不够多。尤其是在上下班高峰期，他们要花很长时间等电梯。顾问们想出了几个解决方案。

（1）在上下班高峰期，让一部分电梯只在奇数楼层停，另一部分电梯只在偶数楼层停，从而减少那些为了上下一层楼而搭电梯的人。

（2）安装几部室外电梯。

（3）把公司各部门上下班的时间错开，从而避免高峰期拥挤的情况。

（4）在所有电梯旁边的墙面上安装镜子。

（5）搬回旧办公楼。你会选哪一个方案？

博诺先生说，如果你选了1、2、3、5，那么你用的是"纵向思维"，也就是传统思维。如果选了4，你就是个"横向思维"者，你考虑问题时能跳出思维惯性。这家工厂最后采用了第4种方案，并成功地解决了问题。"员工们忙着在镜子前审视自己，或是偷偷观察别人，"博诺先生解释说："人们的注意力不再集中于等待电梯上，焦急的心情得到放松。大楼并不缺电梯，而是人们缺乏耐心。"这说明在解决问题时，如果一种方法行不通，变换角度思考问题可能会得到好的效果。用横向思维解决问题应遵循的要点如下。

（1）扩展视野，从不同的角度看问题。

（2）有意颠倒某种关系，用逆向思考把事物倒转过来。

（3）充分利用情景中的各种关系，利用联想、类比等手段，寻求新的解决途径。

（4）变化情景，把着重点从问题的一部分转移到另一部分。

资料来源：伍硕. 创新思维的形成机理与特征研究 [J]. 徐州工程学院学报（社会科学版），2012，27（6）：19-23.

 **章节练习**

思考否定型创新思维与马克思主义哲学辩证的否定观之间的关系？

第四节

创新思维的三大障碍与突破障碍的方法

中国改革开放以来取得的每一步成就都与创新思维的实践有关系。创新思维十分重要，它是前提，是法宝，在事物发展过程中起到重要的作用。

在创新思维的培养过程中主要有三大障碍：思维定势、思维惯性、思维封闭。

一、障碍一： 思维定势

（一）思维定势是什么

思维定势（thinking set）也称惯性思维，是由先前的活动造成的一种对活动特殊的心理准备状态或活动的倾向性。在环境不变的条件下，定势使人能够应用已掌握的方法迅速解决问题。而在情境发生变化时，它则会妨碍人采用新的方法。

有个实验，是把苍蝇和蜜蜂同时放在一个瓶子里，把瓶底冲向阳光，结果蜜蜂全死在瓶子里，而苍蝇逃了出来。究其原因，蜜蜂的习性是认为光是出口，一直冲着瓶底飞，最后累死在瓶子里。而苍蝇没有逻辑，飞来飞去，最后逃出了瓶子。

思维定势有时会让我们局限在自己的世界里，习惯做一些事情而不自知。例如在脑筋急转弯这类游戏中，题目的答案很简单，但我们却很少回答正确。开始想得复杂，等公布答案和思路，才发现"这么简单，我怎么就想复杂了呢？"

思维定势，通俗地讲即思维定在那儿了，思维进了牛角尖了，出不来了，此时创新思维就不可能展现出来。一个人的思维为什么会定在那儿，动不得了呢？为什么进了牛角尖，进了死胡同，就出不来了，这个思维定势是怎么产生的呢？原因有四个：一是顺从权威，二是从众，三是顺从先验，四是情感。这四大因素使我们的思维定住了。

例如，有一个中小学的老师，给中小学生出了一个考题。在一条船上有75头牛，有32只羊，问船长的年龄有多大。抽样调查的结果显示，一个班有百分之七八十的学生都是75减32，船长43岁，75头牛减32只羊，船长43岁。同学们，这是一道没有答案的题啊，船长的年龄和75头牛、32只羊有什么关系呢？没有关系的。可是中小学生一看，认为这个题出出来了，肯定有标准答案，他们没动脑筋吗？他们还是动了脑筋了，他们可能相加，75加32，107岁，107岁早就退休了；他们一除，75除32，二点几岁；又一乘，一乘起来，2000多岁，只有75头牛减32只羊等于43，43岁开船正好，这就是思维定势。他们的思维就定在那儿了。有句话常说：思维一旦进入死角，其智力就在常人之下。

（二）打破思维定势

打破思维定势指的是突破原有的思维框架，以更高的视野或更全更广的思维来看待问题，找出非常规的解决方案，进而实现人生的大飞跃。

适时打破思维定势可以提升我们的认知，让我们拥有更广阔的视角，更清晰地认识世界。同时提升自身的能力和信心。很多时候，我们拥有能力却不自知，一个小小的铁链就可以锁住大象。更多时候困住我们的并非短板，而是我们的长板，也就是所谓的能力陷阱。勇敢大胆去尝试，拆掉思维里的墙，机会就会越来越多。

当然，不是所有定势都需要打破，要看环境有没有变化。比如"无他，唯手熟尔"的卖油翁，在古代，只需要一个定势，不停练习和巩固，熟练做下去就好。但如果放到现在，那效率就会大打折扣，因为我们可以用更精准的机器代替。所以，环境很关键。打破思维定势，有以下几个方法。

第一，信息收集法。形成思维定势，很大的原因是信息的不对称导致的。一个人长年累月地接触到固有的、局部的信息，久而久之会形成惯性思维，认为事情本身就是如此，不会也不可能会有大的改变。比如做公众号运营，推文打开率的行业标准在1%左右，大家会理所当然地认为能做到1%的打开率就很好了，实际上有些公众号的打开率可以到10%，既然有人能做到，我相信只要策略得当，大家也一样能做到。

联系人	联系电话	客户地址	跟进情况	跟进时间

信息收集法让我们了解到更多的外部信息，不至于下坐井观天式的结论。再举一个例子，拿社交电商的成交率来讲，一个社群成交率做到10%就很了不起了。直到认识一个运营社群的人，把成交率做到超过30%，细问之下，才知道这个达到成交率背后有很多的方法，不是轻而易举就能实现的。

信息收集法怎么做呢？无非是多看、多听、多搜集。得到信息的地方有很多，例如公众号、App、网站、线下交流会、客户、同行交流、百度等。

第二，疯狂目标制定法。如果没有坚定的意志，这个方法就不适用了。疯狂目标制定法指的是给自己定一些超高的目标，当然这个目标不是可望而不可即的，比如你要定，一年内个人资产超过李嘉诚，两年内公司市值超过腾讯，我觉得是脑子有问题；如果定一年在原业绩基础上翻 10 ~ 20 倍，那还是有希望的。

超高目标会激发人的潜力，逼迫自己去想出更有效的解决方案。当你给自己定了疯狂目标后，是怎样的状态呢？吃饭时候想，走路的时候想，上厕所的时候想，更夸张的是，在梦里还在做方案，醒来后一回忆，问题可能就被解决了。

不要小看疯狂目标制定法，有时候不逼一下自己，真的不知道自己的潜力那么大。聪明人很多，但没有恒心，事情做到一半，觉得没希望就放弃了，这个时候，定个疯狂的目标，强迫自己的思维升级，可能就会成功。

第三，社交破壁法。多出去走走，多看看别人是怎么做的，这是社交破壁法最好的诠释。有个传统企业的老板，做生意伴随的是请客、吃饭、拉关系，生意能不能谈成，都在酒桌上。在他眼里，做生意就是这样的。但慢慢地，他的企业增长越来越乏力，而新出来的一些同行，几个人、几杆枪便把生意做得很大了。为了搞清楚别人是怎么做的，这个老板刻意和同行打好关系，功夫不负有心人，最终在一次同行交流会上找到了答案。

有的人可能会说，由于岗位原因，不能走得开，这些都是借口。即使是程序员这种 24 小时在线的岗位，一样可以参加周末的程序员见面会，更不要说其他岗位了。做运营的人就更有必要多走动、多交流，做得好的运营，往往有自己的独门秘籍。

第四，顺其自然法。有的人早慧，很小的年纪就洞察了一切，思维天生比别人高几个档次；有的人属于厚积薄发型，大器晚成。

顺其自然法适用于不急不躁的人，这种性格的人一旦开窍了，也能取得巨大的成就。

这里一直在说打破思维定势，思维定势并不全是弊端，也有有利的一面，但在当下科技飞速发展的时代，如果想用一年取得别人十年的成就，就需要打破思维定势。

📖 拓展阅读：生活小场景

下班后，你看到厨房里妻子在忙碌地准备西红柿炒蛋，你想帮她。油锅热了，而你刚好在食材旁边，你会怎样做？你会下意识地将食材递过去，但递什么呢？还没等想完，油已经很热了，妻子焦急地问，你干嘛呢？抓紧给我鸡蛋。你突然慌了，不是先放西红柿吗？愣了一下之后，你有点儿生气又害羞地走出了厨房。

这是很多家庭经常遇到的事情，想彼此帮忙，但真正到了环境中，突然不知所措，越帮越忙。到底是先放鸡蛋，还是先放西红柿，其实都有它的理由。如果在做饭的瞬间讨论应该怎么做，显然不合适。这跟我们之前的家庭环境和习惯有关。如果我们长期处于一种环境和氛围中，就会形成思维定势。

资料来源：黄蓉生. 创新思维的理论逻辑与实践运用 [J]. 中国高校社会科学，2020（2）：34-42.

二、障碍二：思维惯性

（一）思维惯性是什么

思维惯性是指人思维中固有的保持自己观点思维方式等不变的倾向。思维惯性又可以看作是习惯性思维，指人们在考虑研究问题时，用固定的模式或思路去进行思考与分析并解决问题的倾向。习惯性思维、传统性思维、思维惯性含义接近，例如，一位老农把一头大水牛拴在一个小木桩上，游玩的青年觉得奇怪，就问老农说："大伯，你不担心它会跑掉吗？"老农呵呵笑："它不会跑掉，从来就这样。"

思维惯性一般表现形式如下。

（1）从众型惯性：从众型惯性是没有或不敢坚持自己的主见，总是顺从多数人的意志，是一种广泛存在的心理现象。我们需要在思维过程中不盲目跟随，具备心理抗压能力，在科学研究和发明过程中，需要有独立的思维意识。

（2）经验型惯性：经验型惯性是人们在实践中获得的主观体验和感受，是通过感观对个别事物的表面现象、外部联系的认识，属于感性认识。这启示我们需要重视经验的相对性和片面性。萧伯纳（英国讽刺戏剧作家）很瘦，一次他参加一个宴会，一位"大腹便便"的资本家挖苦他："萧伯纳先生，一见到您，我就知道世界上正在闹饥荒！"萧伯纳不仅不生气，反而笑着说："哦，先生，我一见到你，就知道闹饥荒的原因了。"

（3）书本型惯性：书本型惯性是认为书本上的一切都是正确的，必须严格按照书本上说的去做，不能有任何怀疑和违背，是把书本知识夸大化、绝对化、片面的、有害的观点。这启示我们需要重视实际情况且需要认识到书本知识与客观事实之间存在一定程度的滞后性。

例如，老师问中小学同学：同学们，有一个聋哑人，又聋又哑，说不出话来，也听不见。他到五金商店去买一个钉子，他说不出话就怎么办？比画。人家就给他一个锤子，给他一个榔头？他摇手，不，他是要买钉子，他就使劲比画。就这点东西，不是锤子不是榔头，肯定是钉子，给他了，他非常高兴。

老师又说：同学们，下面有一个盲人，他要买剪刀，我们怎么用最简洁的方式表达。同学们说：老师，我们知道，不能这样比画了，要这样比画。全班同学都赞成这样比画，老师说他不需要比画，他直接说买剪刀，因为他是盲人，该案例中的比画就是思维惯性。

固有的东西是很难打破的，这也是经过历史证明的。但正所谓"不破不立"，要想突破自己，就一定要打破固有的、惯性的思维。

（二）打破思维惯性

要打破思维惯性，就要解放思想，且要掌握一定的方法。在事情做到一定阶段时，我们需要提醒自己，要停下来思考是否进入固有思维了。如果是，就要及时反思、调整，避免陷入而不自知了。此时可以用到逆向思维。

逆向思维是指对常规思维的背离，即反向行之，对现成的结论进行逆向思考，一般有三种方法：换位思考法、换角度思考法、发散性逆向思维法（由一点到多点，由点及面，由此及彼，进行多向思考）。

可以这样理解逆向思维：当你做某事时，习惯怎样思考之后，不妨再逆向思考一下，看看能不能契合，如果能，则说明正确可靠；如果不能，则说明还有待推敲，而且经常在逆向思考过程中，可以碰撞出很多思想的火花，有了新的解决问题的思路。

这里再讲一个小故事：小时候，一个小孩常跟着父亲上山砍柴。他发现有个老伯伯也常去砍柴，但总是来得晚走得早，且中间经常要休息一下。但老伯伯砍的柴却不比父亲砍得少，这是怎么回事呢？后来发现，老伯伯砍柴时，总是砍树节，而父亲总是避开树节砍，斧子却常被卡住。在人们传统观念中，没有节的树干容易折断，而有节的地方则不容易砍断。实际上，有节的地方虽硬却更易断。

解决问题就如同找树节一样，要努力打破思维惯性，胆大心细，敢闯敢干，只有找对了方向，用对了劲才能有更好的收获。

在日常生活中，我们常常也会有一些惯性的思维，大脑通常按照一些固有的"套路"去思考，并且很可能让我们掉入思维陷阱之中。

假设你在外面的水果摊买了一个西瓜，回家后切开一尝发现非常难吃，不甜不熟还泛着白瓤。你一边抱怨一边可惜，如果扔了，这么大的西瓜就吃了一口太浪费；如果吃，实在是太不好吃了。最后，你还是坚持吃了一大半。你确信这是你曾经吃过的最难吃的西瓜了。上面这种情形就是沉没成本效应。每当我们对某事投入很多精力、金钱和想法时，我们就会掉入思考陷阱：把投入当作坚持的理由，并浪费了更多的精力、金钱和想法。但是我们应该知道，无论之后做了什么，过去的投入都无法挽回了。

在《隐性逻辑》一书中，作者给出了解决办法：应该忽略掉那些已经沉没的成本，观察现在的情况，就像还没有任何投入一样。使用社会学者伦西斯·李克特发明的"李克特量表"，让我们跳出思考陷阱，来确认讨论主题的重要性和景向。

在《冷暴力》一书中，作者玛丽-弗朗斯·伊里戈扬指出，在家庭亲子关系上，父母经常会对孩子进行精神虐待，而这种虐待的方式通常是用言语羞辱孩子，比如一旦孩子做出任何不符合自己期望的事情，就会用"笨蛋""胆小鬼""垃圾"等具有负面标签的词语辱骂孩子，而孩子从小会不断被这些负面评价充斥，即使在成年以后，也会内心极度自卑、胆小被负面情绪压抑。

标签理论（labeling theory）是以社会学家莱默特（Edwin M. Lement）和贝克尔（Howard Becker）的理论为基础而形成的一种社会工作理论。这种理论认为每一个人都有"初级越轨"，但只有被贴上"标签"，初级越轨者才有可能走上"越轨生涯"。换句话说就是，每个人都有可能犯错误，但是那些犯错的人被外界贴上负面的标签后，他人会根据标签来判断犯错者的一切行为。这就是"贴标签效应"。"标签"具有一定的暗示作用，无论标签代表的是"好"还是"坏"，它对这个人的"自我认识"和"外界对他的认识"都有强烈的影响。而在这种"标签"暗示作用下，被贴标签的人往往会按照"标签"所喻示的方向发展。

在《隐性逻辑》书中，作者卡尔·诺顿提到我们对周边的人、事、物经常会采用贴标签的方法，因为我们有一大堆的相关经验去证明我们现在看到的行为跟他们的个性是相符的。因此会快速地给他们贴上标签，而不深入地思考和分析具体的情况。

有一个解决方法是：有意识地思考和观察，在发现更多事实资料后，认知也应该要随时调整。我们得激励甚至强迫自己去思考，而不能依据"刻板印象"在没有深入观察和分析就给别人"贴标签"。

创新思维是不受常规思路的约束，寻求对问题全新的、独特性解答和方法的思维过程，是创造力发挥的基本前提，要摒弃从众心理，不钻牛角尖，善于采取多向思维方法，学会创造性、建设性的思考。

在心理学上，有一个有关"问题解决"的经典实验：邓克尔蜡烛问题实验。这个实验可以简单测试我们的大脑是不是陷入了思维定势，以及我们解决问题的创新能力。

实验内容为：给你一盒图钉、一盒火柴、一根蜡烛，然后让你在不借助其他工具的情况下把这根蜡烛固定到墙上。

很多人在解决这个问题的过程中，会陷入一些思维定势，比如"盒子是存放图钉的容器"。

要想创造性地解决问题，就要打破思维定势，重新审视原来的问题，比如"盒子除了作为存放图钉的容器，还有没有新的功能，能不能承担新任务？"

只要你朝着这个角度去思考，你的大脑里就很可能产生出全新的、出乎意料的解决问题的办法或创意。比如把盒子中的图钉倒掉，让盒子做蜡烛的支架，这样就可以用图钉把盒子钉在墙上，蜡烛自然就固定在墙上了。这就是重新审视盒子的功能，给盒子分配了支架的新任务，从而创新地解决了问题。

心理学家研究发现，人们在进行创新性思考和解决问题时，通常有两个方向，一个是我们最常用的"从问题到答案"的方向，比如刚才的问题"如何把蜡烛固定到墙上"，然后盯着这个问题去寻找方法。另一个更好的思考方向是"从答案到问题"，就是说，我们应该先从一个抽象的方案入手，然后再思考这个方案能够解决什么问题。比如实验中的图钉盒子，如果我告诉你，这个图钉盒子不仅可以装图钉，还有其他用途，结合问题本身，你很快就可以想到用图钉盒子做支架的办法了。

这个"从答案到问题"的思考方向之所以好，是因为人们更善于从一个已知的形式里寻找功能，也就是给答案找用途，而不擅长对一个已知的功能建立形式，也就是给问题找答案。这个"从答案到问题"的反向思考方式，也是创新方法中的一个关键原则。

三、障碍三： 思维封闭

（一）思维封闭是什么

思维封闭即思维受到了限制。如果你站得层次太低了，没有站得很高，就如井底之蛙，思维就会封闭了，当然就不能创新。

这里有个案例，叫作避免霍布森选择。300 多年前，英国伦敦的郊区有一个人叫霍布森。他养了很多马，高马、矮马、花马、斑马、肥马、瘦马都有。他对来的人说，你们挑我的马吧，可以选大的、小的、肥的，可以租马，可以买马。你们都可以选。人家非常高兴去选东西了，但是整个马圈旁边只有一个很小的门，你选大的马出不来。后来获得诺贝尔奖的一个人叫西蒙，就把这种现象叫作霍布森选择。就是说，你的思维和格局只有这么大，没有打开，思维封闭。

（二）打破思维封闭

面对思维封闭，我们要采取多向思维法，如顺向思维、逆向思维、转向思维等。

比如著名的物理学家费曼在 1959 年做了个报告"在底部还有很大的空间"。我们从小接受教育，叫作铁棒磨成针。我们的思维是把这个大的物件加工拆分成小的。费曼提出，把很小的东西加工成大件，思维完全倒过来了。20 世纪 80 年代出现的纳米技术就是根据费曼设想而来的。除了逆向思维以外，还有转向思维。转向思维包括前向思维、后向思维、由上而下的思维、由下而上的思维。

（三）封闭式思维和开放性思维

不同的人思维不同，有些人思维是开放的，有些人思维是封闭的。

开放性思维的人认为，一切皆有可能。当问题出现的时候，他们的第一反应是怎么来解决这个问题，解决这个问题有什么方法，哪个是最佳的方法。在他们的思维中，问题是可以解决的。问题没能解决是因为自己找不到解决的方法，并不是说问题不能被解决。

封闭性思维的人则认为，一切都是没有可能的。当问题出现的时候，他们的第一反应是怎么会出现这个问题？我该怎么办，这个问题可以回去吗？假如当初不那么做，是不是就不会出现这些问题。假如当初做了，或许就不会出现这个问题？他们反反复复，纠结的是怎么会出现这个问题，从不愿意花时间和精力来思考到底怎么样解决问题。

问题来临时，开放性思维的人是积极地去应对。封闭性思维的人则是消极地接受、被动地接受、无奈地接受。封闭性思维的人害怕问题，而开放性思维的人不畏惧问题，甚至主动去拥抱问题，去创造问题。

开放性思维的人总是认为一切皆有可能，所以在他们眼中没有办不了的事情，没有干不好的事情，没有完成不了的任务，没有解决不了的问题，没有克服不了的困难。

封闭性思维的人认为什么都是没有可能的。当出现问题的时候，他们的反应是"这是不可能的"。当人们尝试解决问题失败时，他们会露出得意的神情，"都告诉你了，这是不可能的，你偏偏非要去试，浪费时间和精力。这是不可能的事。"如果有人解决了问题，他们也没有半点愧疚之心，只是会觉得，时代不同了，以前是不可以这样的。他们中的部分人还会觉得，即便弄好了也不一定就是行，有可能是假象，说不定之后出现更危险的问题。他们在事实面前，还不愿意承认自己的错，而觉得是事实的错。

当有新的变化的时候，开放性思维的人觉得要来就来吧，既来之则安之，没有什么不好的，变则通，改变才能发展。

可是，封闭性思维的人面对新的变化时，他们是非常抗拒，十分反感的。他们喜欢过去、一成不变的、墨守成规的生活。他们害怕改变，抗拒改变。他们认为改变是不好的，改变就是破坏。封闭性思维的人总是被自己的思维所限制和束缚，他们局限在自己以往的圈子里，总是不积极解决问题。

让我们从"这是有可能的"开始，改变我们的"不可能"，创造我们的可能。

🧑‍🏫 章节练习

在了解和学习了创新思维三大障碍内容及其突破方法后，在生活中你该如何去应用呢？

第五节

创新思维训练的必要性

所谓具有创新能力的大学生就是指具有创造意识、创新思维和创造能力的大学生，而其核心则是创新思维。这是因为创新意识是指具有为人类的文明与进步做出贡献的崇高理想，有为创造发明而献身的远大抱负和在本职岗位上为社会创造出有价值的全新物质产品或精神产品的强烈愿望。创造能力是指具有把上述思想、愿望变成可操作的步骤并使之转化为有价值的、前所未有的产品的能力。显然，创造意识和创造能力都必须要有很强的创新思维作为基础。离开创新思维，创造意识将成为不切实际的空谈；离开创新思维，创造能力的发挥将成为徒劳而无功的蛮干。创新思维解决如何形成创新的思想、理论及设计，创造能力则解决如何把创新的思想、理论及设计转化为实际的物质产品或精神产品。可见，创新思维是创新能力的基础和核心。

大学生创新思维在具有一般思维特点的同时，也表现出其创新的特殊作用，能产生创新成果。创新思维就是产生新成果的思想活动，就是具有创新品质的思维，其具有以下几个方面的特征。

一是突破性，超越旧的成果。

二是新颖性，开创产生新颖的成果。

三是独立性，形成自己的观点和见解。

四是综合性，有多种思维方式参与。

五是辩证性，遵循辩证法的一般原理进行。

六是开放性，审视、吸收外界的新信息和新材料等。

一、大学生培养创新思维的必要性

对于当代大学生，创新思维是其产生创新的根本，也是创新的灵魂，还是创新的发动机，在创新活动中乃至其整个人的活动中起着主导的作用，对于其是否能成为创新型人才有着至关重要的意义。

大学生创新思维是创新意识的核心，是最根本的智力因素。大学生的创新意识是其创新的观念体系，包括一切智力因素和非智力因素。在这个观念体系中，创新思维处于核心地位。大学生的记忆、注意、观察、想象等都是在创新思维的指导下进行的，也是围绕着其创新思维的需要进行的。

大学生的创新动机、目的、愿望和要求的确立，往往要经过创新思维的审视，其创新意识、创新信念也要受创新思维的调节，服从其自身创新思维的需要。正是在创新思维的统一安排下，各种创新意识才组织起来，相互影响，相互制约，协调一致，共同发挥着创新的作用。

大学生创新思维是创新活动的灵魂，对创新起着主导作用。大学生进行学习其实就是在从事创新活动，这就需要预设一定的目标，制订计划和实施方案，因而需要创新思维事先在头脑中进行科学性和可行性的论证，把创新的结果、过程、步骤和方法等设置出来，形成方案，然后加以实施。没有创新思维的前期工作，就不可能有创新的实际行动；在大学生创新活动开始后，也需要其创新思维对整个创新过程的新信息、意外情况进行判断和分析，及时调整自身创新的方法和步骤、内容和形式，以达到创新任务的完成。创新的结果出来以后，也需要创新思维进行逻辑分析和验证，并形成试验或实践检验的方案。显然，创新是在创新思维的主导下进行的，整个创新过程是以创新思维为灵魂的。

大学生创新思维是认识深化、知识扩张的基本途径。人类认识世界，有感性有理性，感性只能把握事物的现象和外部联系，不能达到对事物本质、规律和内部联系的认识，这就需要思维，特别是创新思维。创新思维是理性认识，是对事物本质和规律间接的、概括的反映，是认识的高级形式。通过创新思维，大学生能对各种已有材料进行加工处理，揭示各信息之间的联系，把握事物的本质和规律，同时根据实践的需要，对已有信息重新组合、建构，形成有价值的新信息，这就大大拓宽了大学生掌握知识的广度和深度，推动了大学生认识的发展。

大学生创新思维是当今知识经济时代人才素质的基本要求。以前，人们从事的活动大多是重复性劳动，不需要很多的知识，因而往往依靠经验、习惯就能进行。当今，人们从事的劳动大多是创造性活动，只凭经验和习惯办事远远不够，创新思维就显得特别重要，已成为劳动和生存的基本素质。这就大大提升了人的主体性，突出了人的创新意识、创新思维的作用。可以说，大学生要是没有创新思维和创新意识，在当今和未来知识经济的背景下，就难以立足和发展，就避免不了被淘汰的命运。

创新训练营

1.爷爷的年龄现在是孙子的7倍，过几年后，是孙子的6倍，再分别过几年，是孙子的5倍、4倍、3倍和2倍，请问现在爷爷和孙子的年龄。

解析：看到这个题目，大多数人往往用数学，假设孙子的年龄为x，这样根据A、

B、C、D、E 年后，列出方程组：

$$7x+A=6（x+A）$$
$$7x+B=5（x+B）$$
$$7x+C=4（x+C）$$
$$7x+D=3（x+D）$$
$$7x+E=2（x+E）$$

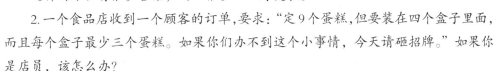

这样的方程有很多答案，所以很多人一筹莫展。

2. 一个食品店收到一个顾客的订单，要求："定 9 个蛋糕，但要装在四个盒子里面，而且每个盒子最少三个蛋糕。如果你们办不到这个小事情，今天请砸招牌。"如果你是店员，该怎么办？

3. 一天，阿凡提到经文学校，登上讲经台问坐在台下的毛拉和他们的弟子："你们知道我要跟你们讲什么吗？""不知道。"大家异口同声道。"对那些不知道的人讲话是没什么意思的。"说完他从讲经台上走下来。

过了两三天，阿凡提又来到这里，重复了上次他那个问题。这次，大家异口同声回答："知道！""把知道的多重复一遍也没什么意思。"他说完又走下讲经台。

第三次，他又提出了这个问题。这回商量好的毛拉和弟子们答道："我们当中的一半人知道，一半人不知道！""那样的话，请你们知道的人告诉那些不知道的人。"阿凡提说完又走下讲经台。

如果你是观众，应该怎么样回答才不会被阿凡提戏弄？

4. 要求在 10～15 秒之内回答。问题：将一个正方形的纸（不许折叠），用剪刀剪去一个角丢掉。问：还剩几个角？

资料来源：詹泽慧，梅虎，麦子号，等.创造性思维与创新思维——内涵辨析、联动与展望 [J].现代远程教育研究，2019（2）：40-49.

二、创新思维的重要性

人类的知识在 19 世纪是每 50 年增加一倍，在 20 世纪是每 10 年增加一倍，现在是每 3～5 年增加一倍。

如果把微软比成一个国家，用 GDP 来衡量，它在世界的排名竟然达到 11 位，但比尔·盖茨有一句话："微软离倒闭永远只有 18 个月。"

日本企业家说："我们不担心资源的贫乏，只怕缺少智慧和创新力。"

物理学家劳厄说："重要的不是获得知识，而是发展思维能力。教育无非是一切已经学过的东西都遗忘掉的时候所剩下来的东西。"

美国哈佛大学校长普西认为："一个人是否具有创造力，是一流人才和三流人才的分水岭"。

笛卡儿曾指出："最有价值的知识是方法的知识"。

现代物理学的奠基人卢瑟福对思考极为推崇。一天深夜，他偶尔发现一位学生还在埋头试验，便好奇地问："你在干什么？"学生回答："在做实验。""下午呢？""做试验。"卢瑟福不禁皱起了眉头，继续追问："那早上呢？""也在做实验"，勤奋的学生本以为能够得到导师的一番夸奖，没想到卢瑟福居然大为恼火，厉声斥责："你一天到晚地在做试验，什么时间来思考呢？"

很多时候，人们宁可让岁月淹没在忙碌中，却极不情愿拿出时间进行思考，以至于思维总是在低水平的层次上徘徊，最终一无所获。大学阶段是一个人能力发展的关键时期，青年学生应该养成勤于思考、善于思考的习惯，发展自己的思维能力，提高自己的智力水平，培养自己的创新意识和实践能力。作为老师，不管是在课堂上还是在课余时间，都应从学生的角度出发，留出一定的时间让学生对所学知识进行思考，只有这样，学生的水平才能真正提上去。

创新训练营

> 巴尼在汽水柜台工作，他用 10 只玻璃杯给两名顾客出了个难题。巴尼："这一排有 10 只玻璃杯，左边 5 只内有汽水，右边 5 只空着，请你使这排杯子变成满杯与空杯相互交错，条件是只允许移动 4 只杯子。"
>
> 这时，奎贝尔教授正好来到柜台前，奎贝尔教授："何需移动四只杯子，我只要移动两只就行了，你行吗？"
>
> 你认为应该怎么办？

 章节练习

（1）青年大学生在进行创新思维训练的过程中需要怎样做？

（2）培养创新思维该如何打破传统教育的束缚？

第二章
创新思维训练的12种方法

　　现代社会是一个不断发展的社会，每一天都在不断地进步。我们每个人都知道这个社会需要一些新的东西来推动其发展，同时要想取得成功也一定要有足够的创新。如果一味地模仿前人的脚步，只能落后于人，很难取得突破。所以我们要在生活中培养良好的创新思维，只有这样我们才能引领时代的发展，取得成功。本章将介绍创新思维训练的常用方法，提供创新思维的训练。

第一节

六项思考帽

一、内涵

　　六项思考帽是"创新思维学之父"爱德华·德·博诺（Edward de Bono）博士开

发的一种思维训练模式，或者说是一个全面思考问题的模型。它提供了"平行思维"的工具，避免将时间浪费在互相争执上。强调的是"能够成为什么"，而非"本身是什么"，是寻求一条向前发展的路，而不是争论谁对谁错。

六顶思考帽是平行思维工具，是创新思维工具，也是人际沟通的操作框架，更是提高团队智商的有效方法。六顶思考帽是一个操作简单、经过反复验证的思维工具，给人以热情、勇气和创造力，让每一次会议、每一次讨论、每一份报告、每一个决策都充满新意和生命力。这个工具能够帮助人们提出建设性的观点，聆听他人观点，从不同角度思考同一个问题，从而创造高效能的解决方案。用"平行思维"取代批判式思维和垂直思维。运用六顶思考帽，将会使混乱的思考变得更清晰，使团体中无意义的争论变成集思广益的创造，使每个人变得富有创造性。提高团队成员集思广益的能力，为统合增效提供操作工具。

📖 **拓展阅读：六顶思考帽的产生**

六顶思考帽是爱德华·德·博诺博士在创新思维领域的研究成果，一经发表便得到学术界和社会各界的广泛认同。1984年首次个人承办奥运会成功并获得1.5亿美元巨额利润的美国商人彼德·尤伯罗斯，将自己的超凡成就归功于水平思考法引发的新观念和新想法，他曾参加过爱德华·德·博诺博士举办的青年总裁组织（Younger President Organization）六顶思考帽培训班。1996年的美国联邦法律大会邀请爱德华·德·博诺讲授六顶思考帽，听众是来自52个联邦国家和被邀请国家的2300多名高级律师、法官和知名人士。美国军方也认识到爱德华·德·博诺博士以六顶思考帽为代表创新思维工具的价值，海军上将Cavy Admiral请其担任顾问，为全球热点政治谈判提供咨询，甚至连白宫也在推广爱德华·德·博诺的水平思考方式。联合国的国际创新中心纽约分部曾邀请爱德华·德·博诺对其职员进行训练六帽课程，希望能激发职员们的新思路、新想法。

六顶思考帽是指使用六种不同颜色的帽子代表六种不同的思维模式。任何人都有能力使用以下六种基本思维模式。

蓝色	红色	黑色	白色	黄色	绿色
象征着思维中的控制与组织	从感情、直觉感性地看问题	从事物的缺点、危险、隐患看待问题	可观、全面地收集信息	寻找事物的优点及光明面	用创新思维考虑问题

绿色思考帽

绿色代表茵茵芳草，象征勃勃生机。绿色思考帽寓意创造力和想象力，具有创造性思考、头脑风暴、求异思维等功能。

白色思考帽

白色是中立而客观的。戴上白色思考帽，人们思考的是关注客观的事实和数据。

黄色思考帽

黄色代表价值与肯定。戴上黄色思考帽，人们从正面考虑问题，表达乐观的、满怀希望的、建设性的观点。

黑色思考帽

戴上黑色思考帽，人们可以运用否定、怀疑、质疑的看法，合乎逻辑地进行批判，尽情发表负面的意见，找出逻辑上的错误。

红色思考帽

红色是情感的色彩。戴上红色思考帽，人们可以表现自己的情绪，人们还可以表达直觉、感受、预感等方面的看法。

蓝色思考帽

蓝色思考帽负责控制和调节思维过程。负责控制各种思考帽的使用顺序，规划和管理整个思考过程，并负责做出结论。

　　对六项思考帽理解的最大误区就是仅仅把思维分成六个不同颜色，对六项思考帽的应用关键在于使用者用何种方式去排列帽子的顺序，也就是组织思考的流程。只有掌握了如何编织思考的流程，才能说是真正掌握了六项思考帽的应用方法，否则往往会让人们感觉这个工具并不实用。而帽子顺序的编制仅通过读书是难以达到理想效果的。帽子顺序非常重要，我们可以想象一个人写文章的时候需要事先计划自己的结构提纲，自己才不会写得混乱；一个程序员在编制大段程序之前需要先设计整个程序的模块流程。思维同样是这个道理。六项思考帽不仅定义了思维的不同类型，而且定义了思维的流程结构对思考结果的影响。一般人们认为六项思考帽是一个团队协同思考的工具，然而事实上六项思考帽对于个人应用同样拥有巨大的价值。

　　一个人需要考虑某一个任务计划，那么他有两种状况是最不愿面对的，一个是头脑之中的空白，他不知道从何开始；另一个是头脑的混乱，过多的想法交织在一起造成的淤塞。六项思考帽可以帮助他设计一个思考提纲，按照一定的次序思考下去。就这个思考工具的实践而言，它会让大多数人感到头脑更加清晰，思维更加敏捷。

　　在团队应用当中，最大的应用情境是会

议，这里特别是指讨论性质的会议，因为这类会议是真正的思维和观点的碰撞、对接的平台，而我们在这类会议中难以达成一致，往往不是因为某些外在的技巧不足，而是从根本上对他人观点的不认同造成的。六项思考帽就成为特别有效的沟通框架。所有人要在蓝帽的指引下按照框架的体系组织思考和发言，不仅可以有效避免冲突，而且可以就一个话题讨论得更加充分和透彻。在会议中应用六项思考帽不仅可以压缩会议时间，也可以加强讨论的深度。

六项思考帽也可以作为书面沟通的框架，如用六项思考帽的结构来管理电子邮件、组织报告书、文件审核等。除了把六项思考帽应用在工作和学习当中外，在家庭生活当中使用六项思考帽也经常会取得某些特别的效果。

应用流程
1. 陈述问题(白帽)
2. 提出解决问题的方案(绿帽)
3. 评估该方案的优点(黄帽)
4. 列举该方案的缺点(黑帽)
5. 对该方案进行直觉判断(红帽)
6. 总结陈述，做出决策(蓝帽)

在多数团队中，团队成员被迫接受团队既定的思维模式，限制了个人和团队的配合度，不能有效解决某些问题。运用六项思考帽模式，团队成员不再局限于某一单一的思维模式，思考帽代表的是角色分类，是一种思考要求，而不是代表扮演者本人。六项思考帽代表的六种思维角色，几乎涵盖了思维的整个过程，既可以有效地支持个人的行为，也可以支持团体讨论中的互相激发。

二、实际运用

（一）白色思考帽

白色思考帽，中立而客观，想象有一张白纸，可在其上面写出任何信息，白色只与信息有关，使用白帽时，每个人直接且仅仅关注信息。

现有哪些信息？	还需要什么信息？
漏掉了哪些信息？	需要提问的问题有哪些？
应该如何获得所需要的信息？	——

信息包括确切的事实和数据，可以被检验，也包括意见和情感之类的模糊信息。表达自己的情感属于红帽思考，但报告他人所表达的某种情感就是白帽思考。如果两个人

提供的信息有出入，没有必要在这一节点展开争论，可以将两套信息并行排列，待将来必须从中二选一时，再做选择也不迟。

白帽通常在思考会议开始之前使用，从而为即将进行的思考提供背景。白帽还可以在会议快要结束时用作评估：大家的提议是否与当前的信息相符？

想象有一台按要求提供事实数据的计算机。计算机是客观中立的，不会提供解读或成见。戴上白色思考帽的思考者就应该模仿计算机的行为。

信息需求者应该提出焦点问题，才能获得信息或填补信息空白。实际上，信息是一个两层结构体系。第一层包括已经核实或证实的事实（一级事实）；第二层包括信以为真但尚未充分核实的事实（二级事实）。其概率范围从"始终如此"到"绝非如此"不等，其间是些有用的层次，诸如"大体上""有时"和"偶尔"。这类信息都可以成为白帽思考的输出项，条件是必须使用适当的设定框架来表明其概率。

白帽思考是一种纪律，提供思考的方向。思考者力图更加中立客观地呈现信息。你可能会被要求戴上白色思考帽，也可以请别人戴上白色思考帽。你还可以选择戴上或摘下白色思考帽。

白色（无色）本身象征着中立，和冥想的过程一样，感知自己的身体信息，不去评判对还是错，感知即可。

（二）绿色思考帽

绿色思考帽和蓝色思考帽是背道而驰的，蓝色思考帽旨在控制和指引思考过程的方向。而绿色思考帽却十分自由活跃，可以天马行空。运用绿色思考帽，就要想象草地、树木、蔬菜和生长；想象活跃的生长和丰收；想象发芽和分出枝杈。

绿色思考帽是"活跃的"帽子，主要用来进行创造性思考。事实上，绿色思考帽包含了"创造性"一词本身的含义。

（1）创造性思考意味着带来某种事物或者催生出某种事物，它与建设性思考相似。绿色思考帽关注的是建议和提议。

（2）创造性思考意味着新的创意、新的选择、新的解决方案、新的发明。这里的重点在于"新"。

白色思考帽罗列出信息，红色思考帽允许我们表达感觉，黑色思考帽和黄色思考帽处理逻辑判断，绿色思考帽展开实际行动，戴上绿色思考帽就必须提出建议。当你被要求戴上绿色思考帽时，你就要提建议、出主意。这是一种积极主动的思考，而不是仅仅对事物做出被动反应。与戴黄色思考帽和黑色思考帽者不同，戴绿色思考帽者不必为自己的建议或主意提供逻辑理由，只要提出主意以供进一步检验就足够了。

绿色思考帽的五个主要用途如下。

考察	白色思考帽用可获得的信息来考察情况。绿色思考帽则用主意、概念、建议和可能性来考察情况。
提出建议	绿色思考帽用来提出任何一种类型的提议和建议。这些建议并不一定是新的创意。它们可以是行动的建议，解决问题的方案，可能的决定。戴上绿色思考帽，可以进行各种积极活跃的思考。当没有人知道该怎么办时，就该戴上绿色思考帽进行思考了。
寻找其他选择	如果已经给出了一个解释，或者已经讨论了行动的方案，那么这时可以要求大家戴上绿色思考帽寻找进一步的解释和其他选择。还可能有哪些解释？还能做哪些事情？在采取行动之前，绿色思考帽旨在为我们拓宽选择的范围。至于对这些选择进行评估，那就是黄色思考帽和黑色思考帽的任务了。
提出新的创意	有的时候，我们需要完全崭新的创意。当老的办法已经行不通了，或者没有可行的办法来解决问题时，就需要进行真正的创造性思考或水平思考了，这种思考正是绿色思考帽扮演的基本角色。如果你要求某个人对某件事戴上绿色思考帽，那么你就是在要求他超越既定范围，提出崭新的创意。你不能要求别人一定产生出创意，但至少可以要求别人做出尝试。应该有意识地运用本书介绍的水平思考技巧，以便产生出新的创意。
激发	戴上绿色思考帽，我们可以提出各种试验性的主意，虽然我们不知道这些主意能否行之有效。我们还可以有意识地提出激发，激发不一定要是有用的主意，激发只是用来帮助我们脱离常规的思考轨道，从而以不同的角度重新看待事物。本书后面将介绍激发的技巧。
行动和活力	绿色思考帽的特征就是行动和活力。一个画家站在一幅空白的画布面前，他最重要的事情就是开始行动。这个行动可能是勾画一个草图，或者是往画布上撒一些颜料。出现空白的时候就是需要创新的时候，空白的状况需要绿色思考帽，因循守旧或停滞的状况也需要绿色思考帽。

（三）黄色思考帽

黄色代表阳光和光明。头戴黄色思考帽的人就是特意出发，去寻找某个提议中可能存在的任何优点，意图是尽一切可能将创意付诸实践。

其实黄色思考帽比黑色思考帽更难戴。因为人脑中有一种天然的机制，帮助我们避免风险，那就是黑色思考，大部分人对黑帽的使用更加得心应手，尤其是在开会的时候，针对同事的提议，大家第一时间的讨论基本上都是黑帽的观点。总是本能地第一时间就说出会议议题或者方案难以实施的困难点，以及方案中做不到的地方在哪里。

我们需要培养的是一种价值敏感性，也就是说，对价值要像对待危险一样敏感。黄在黑前，先进行黄帽思考，再进行黑帽思考。在头脑私董会或者其他学习社群中，很多人提到过非常出色的点子，但是大部分人看不到提出的点子的创意及价值。如果我们意识不到这是一个好点子，努力让自己变得更有创造力，那么多人共创、共同学习的目标根本就不能实现，这就是为什么培养价值敏感性如此重要。有的时候很难发现一些事情的价值在哪，或者是竭尽全力在大脑中去挖掘，也没有找到多少使用的价值，这其实是认知上的一种误解。成功企业家的秘诀往往就在他们是非常积极地去寻找事物的价值，他们能看到周围的人尚未发掘的价值和优点，不会始终浮于表面，而是努力找寻。

黄帽之所以重要，还因为它迫使我们花时间去寻找价值。有时我们戴上黄帽之后会有更大的惊喜，因为有些看上去不那么有趣的东西，戴着黄帽去思考的时候突然有了很高的价值，即使是完全没有吸引力的点子，只要我们足够努力，也会发现它是有价值的。对于同行的战友也一样，怀着赋能的心态，戴着黄帽，用欣赏的眼光与他人进行交流学习，往往会发现很多闪光点，学到很多知识经验。

黄色思考应该以逻辑为基础，对于所提出的价值，应当给出一定的理由。黄帽是基于判断而非想象的思考帽，有什么价值？对谁有价值？在什么情形下有价值？价值是如何实现的？还有没有其他价值？在黄帽思考的时候都表达出来，不能只是表达价值判断。黄帽整体覆盖的是一个积极的范围，一端是逻辑和事实，去看事物的优点；另一端是梦想、愿景和希望，从一种理论的、较高的维度去探索，发现其光明、乐观的价值和意义。

黄帽是"积极探索之帽"。积极是一种选择。我们可以选择以积极的心态看待事物，也可选择关注事态的积极方面，可以主动寻找优点。积极思考必然混合了好奇、趣味和希望"将想法付诸现实"的愿望。之所以将黄帽定义为"积极探索之帽"，是因为任何计划和行动都是着眼于未来，都要在未来才能实现或生效。我们对未来绝对不可能像对待过去那样确凿无疑，所以现在着手做某事，不是因为它已经有价值，而是它值得付出努力。对少数人来说，积极就是大脑的自然习惯。大多数人在提出创意时是积极的；或者能够立刻发现某一种创意中的优点，也会持有积极态度。但是黄色思考帽无须等待这类动机浮出水面，它是思考者主动选择的思考机制，戴上黄帽的思考者不是在看到某一创意的优点之后才承认其积极方面的，而是在其出现前就主动去发现和思考的。

（1）积极的范围：积极的范围是从一个极端的过度乐观延伸到另一个极端的逻辑实用。我们必须小心对待这个范围，远见和梦想可以给人以启迪，使人将梦想变为现实；同时乐观思考后的行动更加重要，如果该行动不过是虚妄的希望，那么这样的乐观无疑用错了地方；如果乐观能够推动自己在某一个精心选择的方向上采取具体的行动，则可以视为合理的积极范围。黄帽思考的目的是让思考的概念地图变得多姿多彩。因此，乐观的提议应予以注意，并在地图上标注出来。在标注出来之前，虽没有必要对这些提议进行详细评估，但我们还是应对每一类提议进行粗略的概率估计，一般可进行如下简单的概率分类：

①已证实；

②基于经验和现有知识，非常有可能；

③通过不同事情的组合，很有可能；

④有一半的可能；

⑤只是有可能；

⑥希望渺茫或风险较大。

（2）理由和逻辑证据。乐观评估可能基于经验、现有信息、逻辑推理、暗示、趋势、猜想和希望得出。如果没有原因的"感觉良好"就属于红帽思考下的感觉、预感或直觉。黄帽思考应该竭尽全力为提出的乐观思路提供尽可能多的论据支持，这些支持是为了强化提议，也是区别红帽思考下直觉的特点。

（3）建设性思考需要付诸实施。黄帽思考是积极的、探索的，更是富有建设性的。它的建设性不仅关注实施方案的生成，同时也关注对方案的积极评估和方案的制订或"发展"过程。建设性思考之所以适合由黄帽来进行，是因为所有的建设性思考在态度上都是积极的。方案的提出是为了改善现状，也许是为了解决问题，也许是为了做出改进，也许是为了利用机会。无论如何，方案的本意都是为了促成某种积极的变化。

（4）着眼未来。黄帽思考可能是前瞻性的，力求寻找机会，也允许愿景和梦想的存在。在黄帽思考下，相对基于解决问题和改善现状的建设性思考更积极的是基于机会的思考。它用积极的希望推动事情有所进展，力图发现可能的收益和价值，一旦它看见了这些，就开始朝着那个方向探索。相对于机会思考，愿景和梦想在黄帽思考中扮演的角色超越了投机，因为愿景可以设定一个很难实现的目标。在任何设计中，都有某种愿景先行。例如，一个好的销售代表之所以能够达成交易，就是因为他能提出一种与客户共享的奇妙愿景，设计师也一样，他力图向客户出售一种积极的愿景。愿景先行，然后才有形式和细节。这种愿景包括项目的收益和可行性两方面，既可以做，也值得做。

（5）与创造力的关系。在六顶思考帽中，创造力是由绿色思考帽具体负责的，与黄帽思考并不直接相关，但是黄帽思考的积极方面是创造力所必需的，尤其是积极评估和建设方面对创造力而言是不可或缺的。尽管如此，黄帽思考和绿帽思考一定不能混为一谈，因为黄帽思考关注的是事态发展的价值和优点，与完成任务的积极态度有关，它所关注的不是新意，而是有效性。

（四）黑色思考帽

黑色思考帽是谨慎之帽，阻止人们去做那些非法、危险、唯利是图抑或有妨害等诸如此类的事。同样，也有人会过度使用黑色思考帽，花太多时间吹毛求疵。这不是黑色思考帽的错，而是滥用、过度使用或使用不当的问题。

黑色思考帽的特征如下。

（1）谨慎和小心。我们总是戴着黑色思考帽指出错误、不适当或不奏效之处。它保护我们不至于浪费金钱和精力、不做愚蠢的事情、不触碰法律的底线。黑帽思考始终是符合逻辑的，必须有合理的逻辑理由才能进行批评。戴上黑色思考帽，大脑会极为敏感地找到可能的危险、问题或障碍。

就其评估作用而言，黑色思考帽有助于决定应该继续执行还是放弃决策。最终的决定是白色思考帽（事实）、黄色思考帽（优点）、黑色思考帽（谨慎）和红色思考帽（直觉和情感）这几种思考模式相结合之后做出的。

（2）内容和过程。思考者应该注意并积累主要的批评论点，只有在使用黑色思考帽时才付诸使用。黑色思考帽思考绝对不可回到"争论"模式。过程错误可以明确指出来，可以将表达的不同观点平行记录下来。最后应该有一幅清晰的地图，上面标出所有可能的问题、障碍、难点和危险。这些都可以加以澄清和详细说明。

（3）过去和未来。黑色思考帽的一个很重要的功能是风险评估。我们必须把对未来的推测建立在自己和他人过往经验的基础上。

（4）过度使用的问题。黑帽是一项出色的思考帽。但像许多好东西一样，黑色思考帽也可能被过度使用乃至滥用。批判比建设容易得多。过度使用黑色思考帽百害而无一利，有时人们这么做就是为了表现自我，有人除了批评根本提不出任何其他类型的意见，这往往只是习惯问题。因为习惯于辩论，人们可以在任何时候提出批评。黑帽思考事关谨慎。在某个阶段，我们需要考虑某个提议的风险、危险、障碍、潜在的问题以及缺点。黑色思考帽寻求的是避免危险和困难，为我们指出哪些事项的不足或有害之处。黑色思考帽思考可能会指出思考过程本身的程序错误，但黑帽思考不是辩论，绝不可退回到辩论模式。黑帽思考的目的是在地图上标出谨慎点。

（五）红色思考帽

俗话说热情似火，红色代表着火焰，红色是情感的色彩。

戴上红色思考帽，人们可以表现自己的情绪，人们还可以表达直觉、感受、预感等方面的看法。戴上红色思考帽就允许思考者这么说："这就是我对这件事的感觉。"红色思考帽确定了作为思维中重要部分的情绪和感觉的合理性。红色思考帽使感觉得以呈现，从而使它成为整个思维图的一部分。红色思考帽为思考者超越和表达情感提供了一个便利的途径，没有它，这个途径就不可能实现。红色思考帽允许思考者通过红帽子观点进行询问，由此来探求其他人的感觉。当一个思考者使用红色思考帽时，从来不企图证明这种感觉，或为它们找一个逻辑基础。

红色思考帽包括两种类型的感觉。首先是人所共知的普通情感，从害怕、讨厌等强烈感情到诸如怀疑等微妙情感。其次是掺杂在感觉中的复杂判断，如预感、直觉、知觉的体验，以及美感和其他不容易证明的感觉。权衡这种感觉的观点，也很适合于红色思考帽。

戴上红色思考帽的最大困难在于抵制一种诱惑，这种诱惑引导人们去证明表达了的情感。这样的证明或许是正确的，或许是错误的，但红色思考帽认为这种证明是完全多余的。不要在意你为什么不相信或相信。我们对情绪和情感的表达往往产生歉意，因为它们不是逻辑思维的全部。这就是为什么我们倾向于把它们看成是逻辑的延伸。如果我们喜欢某人，就一定有一个很好的理由。如果我喜欢某一项目，这一定是建立在逻辑基础之上的。红色思考帽使我们避开了解释的责任。情感不必是逻辑的或始终如一的。情感能够很好地和语言协调一致，抵制证明情感的诱惑。

红帽思考其实更是在情感上的一种沟通，通过共情，会让人感觉到更真实、更可信。正如《头脑特工队》中的各个不同情绪彼此协作，形成不同的情感，情感有着巨大的能量，指挥我们的行动，增强我们的意念。

（六）蓝色思考帽

想象蓝天，天空高高在上，如果你飞翔在天空，就可以俯瞰一切事物。戴上蓝色思考帽就意味着超越于思考过程：你正在俯瞰整个思考过程。蓝色思考帽是对思考的思考。蓝色思考帽意味着对思考过程的回顾和总结。它控制着思考的过程。蓝色思考帽就像是乐队的指挥一样。戴上其他五项帽子，我们都是对事物本身进行思考，但是戴上蓝色思考帽，我们则是对思考进行思考。戴上蓝色思考帽的人会从思考过程中退出来，以便监督和观察整个思考过程。

（1）我们现在到了哪里？事情现在进行到什么地方？问题焦点是什么？我们还要做什么？这些问题旨在明确我们此时此刻的思考是在做什么？我们是在漫无目的地"闲逛"？还是正在努力做事情？

（2）下一步是什么？我们下一步应该做什么（在我们的思考过程中）？蓝色思考帽者可能被建议换上另外一顶帽子来思考，或者做出总结，或者明确思考的焦点。当大家看起来不知道下一步该做什么的时候，就有必要提出指导建议了。也许每个人对下一步该做什么有不同的意见，这时就需要做出决定。如果大家都清楚地认识到下一步该做什么，那就直接进入下一步。

（3）思考的程序。除了确定下一步该做什么外，蓝色思考帽还可以用来设计整个思考过程的程序，即对不同的思考步骤做出日程安排或使用顺序。这通常是在会议开始时进行，但也可用于任一时刻。思考程序既可以涵盖整个会议过程，也可以只用于一个项目或项目的一部分。在有些情况下，思考程序由六项思考帽的使用顺序构成。

蓝色思考帽旨在正式地对待思考。就像程序设计师为计算机设计程序一样，蓝色思考帽也为思考过程设立程序。

（4）总结。在思考过程中的任何一点，参与思考的成员都可以戴上蓝色思考帽并要求做出总结。

"我们现在进行到哪里了？我们走得有多远？我们能总结一下吗？"

这个总结可能给大家带来一种成就感，也可能会显示出大家的思考仍毫无成果。总结还有助于澄清各个不同的看法。

（5）观察和评论。蓝色思考帽者超越了思考过程，并俯瞰着所发生的一切。因此，蓝色思考帽者负责观察和评论。

"看来到目前为止，我们一直在为会议的目标争论不休。"

"我们本来是要考虑好几个方案的，可现在只讨论了一个方案。"

"今天早上已经进行了大量的红色思考帽。"

蓝色思考帽的功能是使思考者清楚地认识到自己的思考行为是否有效。

蓝色思考帽的错误用法：在实践中，其实有很多人已经在运用蓝色思考帽，只不过他们不直接这么说罢了。但是，明确地把它说出来会更有效。应该避免滥用蓝色思考帽，如果每隔几分钟就中止会议做一个蓝色思考帽评论，很容易惹恼大家，偶尔使用会更加有效。

三、六顶思考帽可以帮助你获得什么

通过六顶思考帽的训练可以掌握：

- 如何指导更加集中、高效的会议。
- 如何在大多数人只能发现问题的地方发现机会。
- 如何从全新和不寻常的角度看待问题。
- 如何从多个角度看问题。
- 如何培养协作思考。
- 如何减少交互作用中的对抗性和判断性思考。
- 如何采用一种深思熟虑的步骤来解决问题和发现机会。
- 如何创造一种动态的、积极的环境来争取人们的参与。
- 如何解决问题时发现不为人注意的、有效的和创新的解决方法。
- 高度集中与高效会议的方法。
- 如何发现一个问题的新的角度，从而找到商业机会。
- 将问题分解成不同层次的技能。
- 培养团队的协同思维能力。
- 减少沟通中对抗的方法。

- 如何有效地提高创造能力。
- 将解决方案轻松贯彻下去的方法。
- 执行能力。

六帽法思维把我们从思辨中解放出来，帮助人们把所有的观点并排列出来，然后寻找解决之道。使用六帽法，我们可以理清思考的不同方面，而不是一次解决所有问题。我们可以集中考虑风险因素，其次是利益，然后是感受等。我们可以让一个人戴上帽子采用某种思维或者摘下帽子结束思考。六帽法使我们能够简单并礼貌地鼓励思考者在每个思考过程采用相等的精力，而不是一直僵化地固定在一种模式下。

四、作用和价值

六帽法思维区别于批判性、辩论性、对立性的方法，而是一种具有建设性、设计性和创新性的思维管理工具。它使思考者克服情绪感染，剔除思维的无助和混乱，摆脱习惯思维枷锁的束缚，以更高效率的方式进行思考。

用六种颜色的帽子这种形象化的手段使我们非常容易驾驭复杂性的思维。

当你认为问题无法解决时，六顶思考帽就会给你一个崭新的契机，使各种不同的想法和观点能够很和谐地组织在一起，避免人与人之间的对抗。经过一个深思熟虑的过程，最后去寻找答案，避免自负和片面性。六顶帽子代表了六种思维角色的扮演，它几乎涵盖了思维的整个过程，既可以有效地支持个人的行为，也可以支持团体讨论中的互相激发。

于使用者而言，六顶思考帽经历了从理论到课程化开发的过程，可作用于企业的会议、决策、沟通、报告甚至个人生活，很多企业评价六顶思考帽的推行改善了企业文化、极大地提高了管理效能。

用六顶思考帽考虑我们工作中存在的问题，也会起到意外的效果。

运用白色思考帽思考、搜集各环节的信息，收取各个部门存在的问题，找到基础数据。

戴上绿色思考帽，用创新的思维考虑这些问题，不是一个人思考，而是各层次管理人员都用创新的思维去思考，大家提出各自解决问题的办法、好的建议、好的措施。也许这些方法不对，甚至无法实施。但是，运用创新的思考方式就是要跳出一般的思考模式。

接着，分别戴上黄色思考帽和黑色思考帽，对所有的想法从"光明面"和"良性面"进行逐个分析，对每一种想法的危险性和隐患进行分析，找出最佳切合点。黄色思考帽和黑色思考帽这两种思考方法就好像是性善论和性恶论，能全部进行否决或全部进行肯定。

到了这个时候，再戴上红色思考帽，从经验、直觉上，对已经过滤的问题进行分析、筛选，并做出决定。

在思考的过程中，还应随时运用蓝色思考帽，对思考的顺序进行调整和控制，甚至有时还要刹车。因为，观点可能是正确的，也可能会进入"死胡同"。所以，在整个思考过程中，应随时调换思考帽，进行不同角度的分析和讨论。

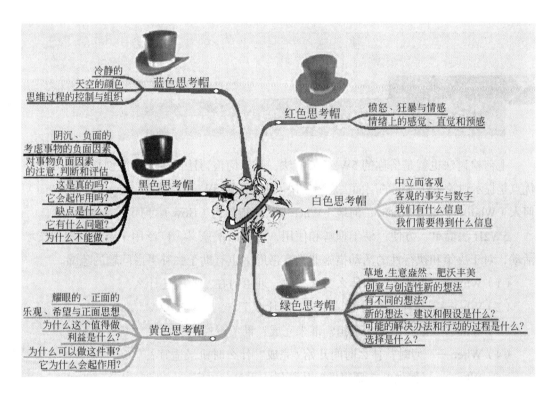

作为思维工具，六项思考帽已被美、日、英、澳等50多个国家政府在学校教育领域内设为教学课程。同时也被世界许多著名商业组织采用，作为创造组织合力和创造力的通用工具。例如，德国西门子公司有37万人学习六帽法思维课程，随之产品开发时间减少了30%；英国Channel 4电视台说，通过接受培训，他们在两天内创造出的新点子比过去六个月里想出的还要多。

 **章节练习**

请简述使用六项思考帽方法的步骤？

第二节

七何检讨法

一、七何检讨法的含义及内容

七何检讨法也就是俗称的5W2H分析法，是六何检讨法的延伸，此创新思维方法的优点是提示讨论者从不同的层面去思考解决问题。所谓5W，是指为何（Why）、何事（What）、何人（Who）、何时（When）、何地（Where）；2H指如何（How）、何价（How much）。

5W2H法简单、方便，易于理解和使用，富有启发意义，广泛用于企业管理和技术活动，对于决策和执行性的活动措施非常有帮助，也有助于弥补考虑问题的疏漏。

（1）Why——为什么？为什么要这么做？理由何在？原因是什么？

（2）What——是什么？目的是什么？做什么工作？

（3）Who——谁？由谁来承担？谁来完成？谁负责？

（4）When——何时？什么时间开始 / 完成？什么时机最适宜？

（5）Where——何处？在哪里做？从哪里入手？

（6）How——怎么做？如何提高效率？如何实施？方法怎样？

（7）How much——多少？做到什么程度？数量如何？质量水平如何？费用产出如何？如何进行完整、有效的表达？

小梅是一个公司的职员，其办公室领导这样吩咐道："小梅，把这份报告复印一下。"这句话缜密吗？复印几份呢？什么时候要呢？复印完交到哪里呢？

也许小梅就会问：啊？复印几份？啥时候需要？

从简单的对话我们就可以看出，领导的话并不缜密，充满着许多待确定的问题。让我们用5W2H法重新整理一下：

Who——谁？小梅。

What——做什么？复印报告。

How——如何去做呢？用高品质复印。

When——什么时候给你？下班前。

Where——交到什么地方？总经理室。

How much——复印多少份？2 份。

Why——为什么这么做？给客户做参考。

重新整理后，领导可能这么说："小梅，请你将这份报告复印 2 份，下班前送到总经理室交给总经理；请留意复印的质量，总经理要带给客户参考。"

这就是七何检讨法的典型运用方式。就像作为学生的你，需要去辅导员办公室请辅导员帮忙，你就必须表达清楚你是谁，因为什么原因需要老师具体什么帮助，什么时间前需要等信息。这既能完整地表达清楚，也能让事物逻辑更清晰。

二、七何检讨法的实际运用

七何检讨法的步骤化、流程化，就像医生手上的"检查板"，面对每个患者，一项项打钩：血压达标；心律达标；血糖达标。最后收起检查板，微笑着对患者说："你恢复得很好，很快就可以出院了。"

在商业世界中，很多人的想法就像飘在天上的一朵云，叫"不知所云"。你说"具体一点"，他又给你描绘另一朵"不知所云"。你说"再具体一点"，但他就是无法化云为雨，把想法落地，这其实就是因为，他从来没有步骤化、流程化地用 5W2H 检查板，对自己的想法一项项打钩。

那么具体应该在哪些场景，如何利用 5W2H 检查板，让自己的思维更缜密呢？你可以试试下面三种用法。

（一）用 5W2H 法找到问题

下属反映"前员工俱乐部"最近不瘟不火。要搞明白这个问题，你可以试着拿起 5W2H 检查板。

What："前员工俱乐部"的互动越来越少。

Where：减少的是微信群里的发言数量。

When：最近三周，尤其是最近一周。

Who：都不怎么发言了，尤其是以前最活跃的几个人。

How much：500 人的群，过去每天有 1000 条以上的发言，现在降到了几十条。

Why：这可能是因为群里水平高低不齐，话题价值不一，越来越多人疲惫了。

这样，就把"'前员工俱乐部'最近不瘟不火"这个问题，具体化了。

（二）用 5W2H 法变革创新

你站在思维导图前，面对中央的"前员工俱乐部"六个大字，开始用 5W2H 法，围绕七个问题层层展开。你甚至可以试着把这七个问题中的每一个，继续深入四个层次，寻找创新机会。

比如 Why：做"前员工俱乐部"的原因是什么？

第一层深入：因为要保持和前员工的联系。

第二层深入：为什么要保持和前员工的联系？因为希望前员工帮助推广产品，推荐员工，给新产品提意见。

第三层深入：有更合适的实现这些目标的方法吗？也有。比如邀请其中一些真正有影响力的、有能力的成员，成为"荣誉顾问"。

第四层深入：为什么这么做更合适？因为避免了很多无效沟通。

于是，你在"前员工俱乐部"的基础上，设计了更有效的"荣誉顾问"计划。

（三）用 5W2H 法分配任务

会议结束时一定要带着 3W（Who do What by When）离开。这个 3W 其实就是 5W2H 的一个子集。

"李雷，帮我调查调'前员工俱乐部'的现状，明天向我汇报。"

这是 3W。你如果想更缜密一些应该怎么说呢？

"李雷，老板希望改善'前员工俱乐部'的运营，你先帮我调查一下现状，列出好的 10 点，不好的 10 点。明天下午 4 点，在我办公室汇报。你可以找小梅帮你一下。"

这就是 5W2H。

三、六何检讨法

（一）含义

六何检讨法又称 5W1H 分析法。

5W 是指 Who（何人）、When（何时）、Where（何地）、Why（何因）、What（何事），1H 是指 How（何法）。

5W1H 分析法的应用就是将事物从以上六个方面考虑，科学分析，剖析其内在联系，寻求最佳实践。多维度、更全面、清晰、条理地分析和看待问题，提高效率。长期应用可形成全面考虑问题的思维习惯。

（二）六何检讨法应用：以产品研发为例

整个研发项目过程均可按照 5W1H 分析法思维完成相关工作，具体方法如下。

Why：为什么要这样做？理由是什么？原因是什么？

What：是什么？目的是什么？做什么工作？

Where：何处？在哪里做？从哪里入手？

When：何时？什么时间开始/完成？什么时机最合适？

Who：谁？由谁承担？谁来完成？谁负责？

How：怎样做？如何提高效率？如何实施？方法怎样？

项目管理如下。

Who：确定项目负责人，根据项目特点及研发人员专长，任命张三为项目负责人。

When：确定工作周期，要求产品研发周期为 2 个月，张三分析后可以按期完成。

Where：确定地点，由于项目紧急，张三需要在公司和产品测试机构办公。

Why：确定原因，由于目前市场紧急需求该产品，所以公司下令尽快实现。

What：确定事件，将要研发的产品需满足哪些功能、性能要求。

How：确定方法，张三根据项目技术及周期等要求，初步确定产品实现方案。

 章节练习

请简述七何检讨法的内容。

第三节

创意解难法

一、创意解难法的含义和创造性问题

（一）创意解难法的含义

创意难解法是从发现困难→寻找资料→发现问题→发现理想→寻求解答→寻求同意这一套流程中找出解决问题的方案。

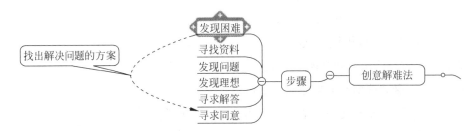

美国学者帕恩斯（Parnes）（1967）提出的创意解难（creative problem solving，CPS）教学模式是发展自奥斯本（Osborn）所倡导的脑力激荡法及其他思考策略，此模式重点在于在解决问题的过程中，问题解决者应以系统的、有步骤的方法，找出解决问题的方案。艾萨克（Isaken）及特尔芬奇（Treffinger）（1985）将此套思考策略应用于资优教育的课程设计中。

总结而言，创意解难法策略繁多，本节只略述为人所熟悉及常用于教学中的数种策略，以供参考。在实际教学时，应依据施教对象的特性、学习目标和重点等因素，选取合适的策略，并因不同的变量做调节运用，或自创新法，以配合各自的独特需要，达到理想的效果。

创造性发问技巧是创意思维教学中常应用的策略，有效且具有启发性的问题往往能激发学生的创造潜能，并可增进教学的成效。下文将简略介绍一些创造性问题的分类及提问要诀。

（二）创造性问题

创造性问题是指教师提出某些没有标准答案的问题，学生可以从多角度构思出独特、奇趣及新颖的答案。学者张玉成（1983）曾将之统整如下。

（1）属性列举。参照某一特性或标准，尽量举出符合此类条件的东西。

例如：有哪些生物是有四只脚及一对角呢？有哪些食物含有丰富的蛋白质呢？

（2）阐述途径。尽量探讨不同种类事情发生或解决难题的可行方案或途径。

例如：①如何增加香港特别行政区政府的财政收入？②家中突然停电，你又找不到蜡烛或电筒等物品时，你会用什么方法照明？

（3）详列用途。根据事物的性质尽量列出其可能的用途。

例如：①人在一个孤岛上求生时可以利用一把小刀做什么用呢？②热带雨林的大树在自然界中发挥了什么功能？

（4）推测可能。发挥想象力或联想力去推敲某些事物或事情的发展情况或发展方向。

例如：①靠耕种为生的农民会面对什么影响生计的风险？②试想象华盛顿砍下樱桃树后，若不诚实对父亲说出真相，他会说什么话呢？

（5）比较异同。比较两个或以上事物的相同或相异之处。

例如：①美式足球及英式足球在进行比赛时有什么不同之处？②圣诞节、端午节及复活节有什么相同之处?

(6)探究原因。依据事物的现象推测其出现的原因。

例如:①为什么小强和小明是两兄弟,却会水火不容?②为什么经验丰富的歌手站在台上表演时仍觉心情紧张?

(7)预测后果。根据事物的现象估计其可能出现的后果。

例如:①假如政府减税及增加开支,对民生及经济有什么影响?②如果新郎在婚礼进行时忘记戴戒指会有什么结果?

(8)合并重组。就事物的属性、特质、功能等,再重新排列组合产生出新的事物。

例如:①站在太平山顶俯瞰山下景物,会看到什么呢?请加以分类列明。②学校内不同的活动室(如地理室、美术室、实验室、计算机室等)可以有哪些不同的安排方式?

(9)替换取代。以字易字或以物换物。

例如:①果汁糖除了用一盒去量化,还可以用哪些其他量词替代呢?②除了利用木制书桌外,还可以用什么呢?

(10)改头换面。更改或改写语文教材的命题、内容或结局,带出一个新意义。

例如:①大澳由小渔村改变成大都市,你会怎样描写呢?②第九课《一个人在途上》可用什么题目替换呢?

(11)延伸线索。根据某些特质、线索,尽量构思出符合要求的组合。

例如:①哪个词语包含"火"字?②以"橙""日""不"三个字可造出哪些句子?

(12)模拟直喻。运用联想把事物比喻成其他事物,以此类推,产生新的观感或想法。

例如:①白鹤飞行时像架滑翔机,你认为它还像什么呢?②有人将日本人比喻成经济工蜂,你可否有其他比喻的方式?

(13)前瞻回顾。根据时间的差异,推测或理解事物的不同现象,做出回顾与前瞻。

例如:①试想三十年后的香港会变成什么样呢?②广州的发展一日千里,二十年之前的它是什么样?试描述一下。

(14)联想假设。假设不可能的事情变成可能,会发生的情况。

例如:①假如人类可以像鱼一样在海里生活,都市的发展会有什么变化?②若没有电话的发明,日常生活会有什么变化呢?

(15)设身处地。利用设身处地的代入法去理解和思考问题或拟物化地探究事物。

例如:①假如社会陷入经济衰退,你是国家元首,你会怎样改善民生呢?②假如你是一棵三百年老树,你会羡慕只有几十寒暑的人类吗?为什么?

(16)时移地迁。更改某事物的时间、空间后,试推敲它可能引起的变化。

例如：①居住在非洲的黑人若迁到北极定居，他们的生活会有什么变化？②乌龟夏天和冬天的生活会有什么的变化？

（17）超越常规。引发学生冲破传统约定俗成的想法，以新的、不同的观点去思考问题，了解事物。

例如：①中秋节的传统食品是月饼，有没有其他食品可以替代它呢？②春节除了给小孩红包之外，还可以送什么给他们呢？

（18）缺漏不确。提示知识或信息上的缺失、遗漏或不确定的地方。

例如：①《哥哥游泳》这篇文章的写作时间是冬天还是夏天？为什么？②在家里的花猫为什么会与小狗阿财天天玩耍，从不打架呢？

（19）似是而非。引发同学去反思问题中包含的矛盾或冲突之处，或似是而非、耐人寻味的情况。

例如：①恩宜每天跑步是否将来一定可以瘦身呢？②一名大学生连续两天临阵磨枪通宵备考职业证书考试，他是否一定能通过呢？

（20）五官兼用。鼓励学生多以各种感官（如视觉、听觉、嗅觉等）去感应事物，并善用感官去表情达意。

例如：①试想象你在一个渺无人烟的小岛，会有什么所闻？②若你置身在元旦夜的街上，以各类感官去感受当中热闹的气氛，你会有何感受？

（21）精益求精。在事物原有的基础上提出改善的建议，使其更尽善尽美。

例如：①城市的交通设施有改进的地方吗？请加以说明。②请想出改善背包的方法有哪些？

二、创意解难法方法学习

（一）创意解难法有哪些

一提到创意解难，很多人会联想到头脑风暴，这仅仅是一个方面。Jeffrey Baumgartner 将创意解难定义为一套经过严格定义的程序，这套程序能帮你从定义问题到实施解决方案的过程中理清思路。

创意不会无故造访，它更像是一个在试图解决问题或达成目标的过程中产生的结果。相对论不是灵光一现，而是为了弥补物理学定律和电学定律间的差异，从而产生的思考结晶。爱因斯坦、达·芬奇、爱迪生等富有创造力的天才工作方式都惊人地相似，就是把精力集中在如何解一些已经明确化的问题。

这种解决问题的方法被称为创意解难法则。过程很简单，包括分解问题、产生创意、评估创意，最终找到最优的解决方案。富有创造力的人往往依靠直觉创意解难，而创造力天生不足的人，也可以经过学习掌握。

（二）创意解难步骤

1. 明确并定义问题

找出真正的问题或目标，这可能是 CPS 中最重要的步骤了。它看起来不难，但实施起来却总是搞错。举个例子，假设你觉得要换份工作，如果把这个问题掰开分析，看看你到底想要什么。你可能会发现，对于自己入不敷出的现状，可能换份工作真的管用，但也会有另外解决方法——重新安排支出或者要求加薪。

2. 对问题进行调研

CPS 的下一步是对问题调研，以达到更深层次的理解。由于问题性质的不同，有的需要做很多调研，有的几乎不用。调研可以从搜索引擎开始；图书馆适合收集深度的信息；朋友、同事和家人也可以在很多问题上提供建议；LinkedIn 之类站点里的论坛则适合提问；还可以向专家学者请教。记住一定要有不同人的反馈，这样才能确保信息来源全面。

3. 进行创造性的质问

现在，你应该对问题或目标背后的本质问题有了清晰的认知，那么下一步就是将这些问题转换为创造性的质问。简单地说，创造性的问题就是一个促成建议或想法的简单问题。而问题通常以"我（我们）应该采取……方式"或"我应该如何……"或"我能够如何……？"这种问题开始。

创造性的问题应简单明了并有的放矢。例如"我应如何提升自己的汉语水平，并在上海找到一份工作？"显然这是两个问题。如果要提出同时能解决两个问题的点子会很难，而且容易丧失积极性，所以应该把它拆分成"我应如何提升自己的汉语水平？"和"我如何在上海找到一份工作？"两个问题，再分别着手解决。一旦两个问题都有了解决方案，你可能就会找到协调解决它们的合理方法，或者发现两者并不能相互协调，每个问题必须单独解决。

创造性质疑不应包括评估标准。例如这种问题："怎样才能找到更具挑战性、钱多、离家近的工作？"如果你将这些标准都放在问题中，就会限制自己的创意。所以不妨简单一点地问："怎样找到更具挑战性的工作？"得到一些解决方案以后，再用标准来筛选出最有潜力的方案。

4. 产生创意

这一部分通常与头脑风暴和创意解难连在一起。头脑风暴可能很多人已经会了，就是找一个安静的时间，想出至少 50 个点子，可以是有用的，也可以是无用的，也可以让家人或朋友帮你一起想。

无论你的创意实施到了哪一步，都不要忘记把它们写下来。写的方式有很多种：流水账、思维导图、Word 或者其他软件……用什么不要紧，重要的是以下这几条规则。

记下所有的想法，荒唐的、愚蠢的、无用的……所有的想法。人们往往是自己最糟糕的评论者，因为我们习惯于否定自己的想法，因此，无论如何都要把你的灵光一现先写下来。

多人讨论时，要保证每个人的创意不受到批评。这么做是因为当批评别人的创意时，即使是叹个气或翻个白眼，也会让别人受到打击，从而扼杀掉创意的产生。

独自工作时，要马不停蹄地走完你的 50 个想法。要是几个人一起，就设一个 15 到 20 分钟的时限，然后把所有人的创意放在一个大的列表里进行比较。通常，比较的过程中又会激发大家想出新的点子。

想不出点子时，可以给自己找一些灵感，最经典的办法是在一本书或词典里随机选个词，再想出一些包含这个词的想法。也可以想想还有哪些可以启发你的人，比如你的奶奶、小伙伴或者最爱的那个电视剧里的人。

头脑风暴的地点不限。离开你的桌子，去个新的地方，在鸟语花香的公园里找个好地方，或者去人多的那条街的咖啡店，或者在路上飞速运转你的脑子。

此外，上网搜索一下头脑风暴或者"如何产生创意"，你也能找到很多现成的方法。

最后，如果不赶时间，就把剩下的有待深入思考的点子放在第二天早上想吧。因为研究表明睡着时人的脑子会进行创造性思考。这样做不仅能够锻炼你的初期创意能力，也能产生不同的创意，还可以激发你的潜意识参与思考。

5. 组合和评估创意

当你写下所有想法后，休息几小时或者一天，然后再回头看看这些想法，对它们进行归类组合，将相关联的合而为一，或者归为一组。

接下来，根据之前设定的标准，选出大体符合的想法。这么做的重要性在于，如果你总是以"最好""最喜欢"为标准，往往最终会选择一个缺乏创意的想法。当然，选择最喜欢的那个也没有什么错。

现在拿出预先订的标准逐个推敲这些想法，评估它们符合标准的程度，从 0 到 5 打分（5 分最高）。想想是什么原因导致创意不符合标准，是否有办法可以提高它的分值？可以的话做一个标注。整理完所有的创意后，比较它们的分值，得分最高的创意就是你所要的。

有了创意解难的方法和高分的创意，你应该已经做好实施的准备了，但实际上这还需要继续深入，因为初期评估对复杂的创意来说远远不够。你可能还需要做一个 SWOT 分析（态势分析法）或者寻找与此相关的人商讨。如果是商业项目，你还需要做商业案例、市场调研或创建一个原型，或者是把以上几样加在一起。

同时，请记住不要在你的思维上再画一个框。除了最好的那个想法外，你也可以同时实施几个其他想法来解决问题。

6. 写一个行动计划

现在，你应该已经有很多不错的点子了。到了这一步，很多人往往会不敢往下走，因为创造性思考有时候就意味着要离开自己的舒适圈，尽管有的人也乐在其中。因此，克服你拖延症最好的方法是做个简单的计划，写下几个步骤。工程量巨大的任务会让你想放弃，所以你应该将它们拆分成一系列容易实施的任务，那就好解决多了。

7. 实施方案

创意解难里最简单的一步——做。参照行动计划开始付诸实施吧，不要担心计划赶不上变化，跟着变化再写个计划就行。

 章节练习

发挥你的创意，请简要叙述如何运用创意解难法去解决"换个工作"的问题。

第四节

心 智 图 法

 一、心智图法的含义及其产生

（一）心智图法的概念

心智图法是一种刺激思维及帮助整合思想与信息的思考方法，也可说是一种观念图像化的思考策略。此法主要采用图志式的概念，以线条、图形、符号、颜色、文字、数字等各种方式，将意念和信息快速地以上述各种方式摘录下来，成为一幅心智图（mind map）。结构上，心智图具备开放性及系统性的特点，让使用者能自由地激发扩散性思维，发挥联想力，又能有层次地将各类想法组织起来，以刺激大脑做出各方面的反应，从而得以发挥全脑思考的多元化功能。

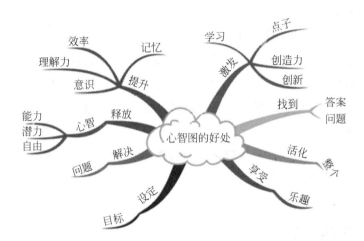

心智图法又称为思维导图，是一项流行的全脑式学习方法，它能够从一些中心概念、问题入手，将各种点子、想法以及它们之间的关联性以图像视觉的景象呈现，非常典型的就是一些与中心概念线形连接的关键字、短语或图像。它能够将一些核心概念、事物与另一些概念、事物形象的概念组织起来，输入我们脑内，形成记忆树图。它允许我们对复杂的概念、信息、数据进行组织加工，以更形象、易懂的形式展现在我们面前。在课堂教学中，也常常使用这一方法，帮助学生形成整体框架，加深记忆。其原理在于我们中的大多数人都是视觉导向的，通过运用结构、关键字、颜色、图像、超链接（以及声音），将外部概念引入我们的思维和生活。简而言之，心智图法就是将中心概念与关联概念连接起来的一种方法。不同于我们在学校里所学到的直线性思考方法，心智图法通过训练运用全脑思考来刺激我们的想象力和创造力。因此，它被认为是全面调动分析能力和创造能力的一种思考方法。

产生好的心智图的一些提示：

（1）将主要概念、想法放置于图的中心位置，最好用图片来表示它。

（2）尽量使用大空间，以便稍后你有足够的空间添加其他内容。

（3）如果有帮助，可以使用不同的颜色和大写字母，个性化你的心智图。

（4）在心智图上寻找、发现关系。

（5）为次级主体建立次级中心。

（二）心智图法的起源

心智图法起源于射线图（radial drawings），射线图被用于分析研究问题已经有很长的历史，最早的一个例子可能是公元 3 世纪柏拉图学派的思想家波菲利（Poephyry）用它来表述亚里士多德的逻辑类别。英国著名的心理学家、英国头脑基金会总裁、心智图法的发明人托尼·博赞（Tony Buzan）一直致力于寻找一种可视化的、快速的阐释思想观点的方法来支持学习和记忆活动。20 世纪 60 年代，他的努力使这一现代版的心智图法开始流行起来。

（1）心智图法的功能主要包括以下一些方面。

- 形象化人们的信息交换活动，如工作组、项目会议、头脑风暴会以及战略研讨会。

- 对收集起来的信息进行组织、重组以及过滤。

- 分析信息，实现信息结构化，并辨识出信息所包含的关键要点之间的联系。

- 提高改进知识管理系统。心智图可以被用作可视化工作界面，各种信息以及外部链接蕴藏其后。最新的心智图法软件能够通过搜索引擎和内容刷新功能自动产生心智图。

- 以最佳方式生成和展示信息。心智图法能够自动在不同信息格式间进行转换，如网页、项目管理信息文件、微软的幻灯片（PPT）、Word 文档及 Outlook 任务文档等，更好地管理会议演讲、项目工程、提议讨论、调查研究、通信联络等各种活动产生的信息，纵贯项目活动的准备、执行和后续等各个阶段。

（2）心智图法还可广泛用于以下一系列的活动。

- 记录、报告、回忆。

- 头脑风暴。提高创造力，捕捉创意。

- 比较：因果图。

- 澄清观点。总结、概要、结合具体情境。

- 讲演。

- 规划。

- 分析、解决复杂问题。

- 团队建设。

- 对问题进行解构，观察其细部（通过软件）。

- 对团队沟通流程提供支持（通过软件）。

二、心智图法的运用

（一）设计心智图法框架

心智图法是描绘出设想中的项目方法体系的一个行之有效的方式，在纸上画出框架或先在脑海中进行构思，然后扩展到组织的所有领域进行综合考虑。下图是一个典型的心智图法框架，可以用这种方式设计整个体系。

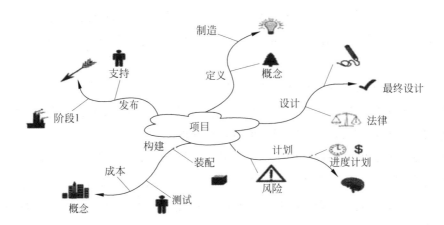

不妨看一下思考的过程，这和构建方法体系的方式是一致的，如果一个流程不能勾画出来，那么它毫无用处。然而，人类的大脑是如此发达，从而心智图法能够用来引导方法体系的开发过程。在思考的过程中，大脑最初遭遇到生物化学的或电磁的阻力，于是思维受到阻碍——就像在森林中清理道路一样。第一次是艰苦卓绝的努力，就如同不得不在丛林中行走一样。第二次再行走时，由于上一次已经清理好了道路，走起来就不那么难了。频繁的重复能够使处理事件游刃有余。同样，创建概要图和用创造性的图形格式记录它们，能够辅助人的大脑接收、保持、分析输出并控制它们。

心智图由以下几点组成。

（1）它有一个中心主题。

（2）它有主题的分支，这些分支由中心主题这个核心延伸而出。

（3）这些分支包含关键字，并且相互连接。

（4）它们汇集在一起，形成所需的解决方案或创意"图片"。

可以将心智图法方便地应用于通过形象的图示来设计任何项目的方法体系或提出方法体系的概念。

（二）心智图法的应用

在会议交流或培训期间，我们可以手工绘制心智图。这一过程现在已经可以通过软件来完成，越来越多的领域已通过专业的心智图法软件开展相关活动。心智图法软件的应用有以下几个层次。

（1）个人用途。为了提高个人效能（如阐释个人的主意、规划，控制复杂信息，以及时间和项目管理）。

（2）团队用途。提高团队的创造力和团队精神（头脑风暴、员工会议、项目会议、知识管理）。

（3）具体事件。在处理具体事件过程中，增强与利益相关者的沟通以及互动合作，使讨论、交流的信息可视化，并使后续的信息发布、报告更为方便。

（4）企业用途。创造开放、合作的企业文化，使工作流程标准化，并提供支持（项目管理、人力资源管理、销售与市场管理、研发管理）。

（三）心智图法的使用场景

1. 会议、报告、演讲记录

对于会议类内容，思维导图可以更好地分工，利于会后去一项项完成分工，便于责任到人，随时跟踪进度。

2. 读书笔记

有些书，比如理论工具书，通常比较枯燥、难懂，用思维导图就能使阅读变容易许多。

思维导图也适合学生，面对复杂与琐碎知识点的时候，利用思维导图的形式，将所有的知识点串联起来，不仅有利于记忆，更有利于学生对知识点的整体把握。

3. 写作

写作的时候，不知道该写些什么啥？或者无从下手，不知该从何写起？

这个时候用思维导图，就可以架起文章的结构，找到对应每一部分的素材，甚至可以预设每一部分的写作手法，梳理清楚思路后将整篇文章串联起来。

4. 写 PPT 方案、演讲稿

除了美观，PPT 的逻辑更能体现演讲者的思维水平，思维导图可以有效地帮作者前期构思。演讲稿同理。

5. 做攻略规划

一次旅行、生活甚至是整体的人生规划都可以用思维导图实现。思维导图可以逐步拆解项目，将大目标拆分小目标，利于科学地实现目标。

（四）心智图法执行步骤

首先拟定主题，并在纸上绘出一个圆形，把主题置于中心，并利用彩色突显主题，强化注意力；其次在中心点引出若干支线，将有关主题的观点或数据填入，若有类似观点就在原支线上加以分支，其余不同或不能归类的论点，则另引一条支线，而后将各支线加以简洁说明；最后整理数据，将可行的观点加以汇整，产生综合解法。

心智图法相关软件

- iMindMap🔒
- Freemind🔗
- xmind🔗

三、心智图法的作用

简单来说，心智图法有以下 3 个作用。

（1）改变单一输入，锻炼思考观念。心智图能够改变你的观察方式，利于掌握事物细节，统筹全局。

（2）打破线性思维，开发大脑潜能。心智图是由中心发散的条理结构，层次分明、条理清晰直观地展示出所要表达的所有内容，顺势刺激思维的拓展和思考。

（3）视觉化图片，开发大脑皮层潜能。心智图是由关键词之间组成的一张图，符合人类的视觉习性，关键词之间的联想机制符合人类的思考习惯，不断地开发大脑各类智慧，从而帮助大脑释放更多潜能。

四、心智图法的优点和缺点

（一）心智图法的优点

（1）简单、易用。

（2）关联。每一思想都可能有联系。

（3）可视化，容易记忆。

（4）线状辐射。允许从各个角度展开工作。

（5）提纲挈领。帮助我们立足全局，把握问题之间的联系。

（二）心智图法的缺点

（1）心智图是一种发散且分层展示的图示，不便于表达和比较复杂的信息内容。

（2）如果采用手工绘图，花费的时间成本较高（计算机软件绘图除外）。

（3）对于系统性思考，单一采用心智图的方式局限性太强，应该综合加入鱼骨图、SWOT、甘特图等。

（三）心智图法软件

1. 技术层面

● 心智图能够被拆分、扩展，从而根据需要迅速增强或减弱其细微和具体程度。

● 心智图能够通过关键字、优先考虑项以及色彩进行过滤，从而产生客户化的子图。

● 心智图可以通过文本、图表、Excel 表格、文本链接、网站以及 RSS 源得到丰富。

- 多个心智图可以被联系起来产生综合图。
- 支持各种形式的合作活动（如头脑风暴、会讲、信息构建、客户化、项目管理以及研发活动等）。
- 心智图可以被转化为各种传统的沟通活动形式，反之亦然。

2. 功能层面

- 创意捕捉和信息过滤机制灵活。
- 展现形式的多样（心智图、网站、PPT 等）。
- 汇报形式的多样（心智图、Word、Outlook 等）。
- 项目管理执行有力。

3. 知识与信息管理层面

- 将人与信息直接有效地连接起来。
- 知识信息流程在此过程得到更好整合。
- 信息得到更好管理。

 章节练习

（1）请运用心智图法制作本节的思维导图。
（2）用心智图法制作一门课程的思维导图。

第五节

脑力激荡法

一、脑力激荡法的含义及其产生

（一）含义

脑力激荡法（brainstorming），又称头脑风暴法，是指一群人或一个人运用脑力做创

造性思考在短暂的时间内对某个问题的解决，提出大量构想的技巧。这种方法利用创造性想法为手段，集体思考，使大家发挥最大的想象力。根据一个灵感激发另一个灵感的方式，产生创造性思想，并从中选择最佳解决问题的途径。应用此方法时不可批评与会中人的创意，以免妨碍他人创造性思想。

（二）脑力激荡法的产生

脑力激荡最初的含义是精神病患者的头脑错乱状态。精神病患者最大的特征是在言语与肢体行为上随心所欲地表现，而无视他人的存在，此举固然不合乎社会行为礼节的规范，然而从创造思考源流的启发与引导的目标来看，摆脱世俗礼教与旧观念的束缚，以期望构想能无拘无束地涌现是有所必要的，此乃脑力激荡法精义所在。

脑力激荡法是由奥斯本（Osborn）于 1937 年所倡导，此法强调集体思考的方法，着重互相激发思考，鼓励参加者于指定时间内，构想出大量的意念，并从中引发新颖的构思。脑力激荡法从 20 世纪 50 年代开始流行，常用在决策的早期阶段，以解决组织中的新问题或重大问题。脑力激荡法一般只产生方案，而不进行决策。脑力激荡法主要以团体方式进行，也可用于个人思考问题和探索解决方法。

该法的基本原理是：只专心提出构想而不加以评价；不局限思考的空间，鼓励想出越多主意越好。

此后的改良式脑力激荡法是指运用脑力激荡法的精神或原则，在团体中激发参加者的创意。

脑力激荡法可运用的问题范围非常广，大至政治和社会问题的解决、尖端科技的创新，小至家庭或个人琐事疑难的排除、物品改良均可使用脑力激荡法策略。

事实上，不少的研究显示脑力激荡法训练可以增进创造思考能力。

二、脑力激荡法的使用原则

脑力激荡法中有四项基本规则，用于减轻成员中的群体抑制力，从而激发设想，并且增强众人的总体创造力。

（1）追求数量：此规则是一种产生多种分歧的方法，旨在遵循量变产生质变的原则来处理论题。假设提出的设想数量越多，越有机会出现高明有效的方法。

（2）禁止批评：在脑力激荡活动中，针对新设想的批评应当暂时搁置一边。相反，参与者要集中努力提出设想、扩展设想，把批评留到后面的批评阶段里进行。若压下评论，与会人员将会无拘无束地提出不同寻常的设想。

（3）提倡独特的想法：要想有多而精的设想，应当提倡与众不同。这些设想往往出自新观点或是被忽略的假设里。这种新式的思考方式将会带来更好的主意。

（4）综合并改善设想：多个好想法常常能融合成一个更棒的设想，就像 1+1=3 这句格言说得一样。事实证明综合的过程可以激发有建设性的设想。

三、脑力激荡法的步骤

（一）提出论题

在脑力激荡会议前，定好论题是很必要的。提出的论题一定要表述清楚，不能范围太大，而是要落在一个明确的问题上，比如"如今手机里有什么功能是无法实现，而人们又需要的？"如果论题设得太大，主持人应将其分解成较小的部分分别提问。

（二）制作背景资料

脑力激荡背景资料在给予参与者的邀请函中，提供会议背景资料的邀请函包含会议的名称、论题、日期、时间、地点。论题以提问的形式描述出来，并且举出一些设想为例作为参考。背景资料要提前分发给参与者，这样他们可以事先思考一下论题。

（三）选择与会者

主持人要负责组建脑力激荡专家小组，由部分与会者和一位记录员组成。一般来说小组由十来个成员组成比较行之有效。有许多不同的组合方式，但推荐以下列举的组合。

（1）由几个有经验的成员作为项目核心。

（2）几个项目外的嘉宾，要对论题感兴趣。

（3）一个记录员，负责记录推荐的设想。

（四）创建引导问题的一览表

在脑力激荡回忆中大家的创造力可能会逐渐减弱。这个时候，主持人应该找出一个问题引导大家回答，借以激发创造力，例如，我们能综合这些设想吗？或是说，换一个角度看怎么样？最好在开会前就准备好一些诸如此类的引导问题。

（五）会议的进行

主持人要负责领导脑力激荡会议并确保遵循基本规则。一般会议分以下几步骤。

（1）热身阶段，向缺少经验的与会者展示没有批评的氛围。举出一个简单的论题用脑力激荡法来讨论，例如，CEO（首席执行官）退休了会怎样，微软的 Windows 里什么内容能改善。

（2）主持人宣布论题，如需要，可做出进一步解释。

（3）主持人向脑力激荡专家小组征求意见。

（4）如果没有当即提出的设想，主持人提出引导问题来激发大家的创造力。

（5）所有与会者各自说出自己的想法，由记录员做记录。

（6）为表述清楚，与会者往往需要对自己的设想加以详细阐述。

（7）时间到，主持人依照会议宗旨将所有设想进行整理并鼓励大家讨论。

（8）把所有设想归类。

（9）回顾整个列表，以保证每个人都理解这些设想。

（10）去除重复的设想和显然难以实现的设想。

（11）主持人对所有与会者表示感谢并依次给予赞赏。

（六）过程

参与者把不能陈述的主意记录下来，再提出。

记录员应该给每个主意编号，以便主持人能使用这些号码鼓励参与者提出更多的建议来达到目标，例如，主持人说："如今我们已经有 44 条，让我们达到 50 条。"

记录员应该口头重复自己逐字记录的主意，以确保所记内容与提出者想要陈述的意思相吻合。

当同时有很多主意被提出时，与主题最相关的具有优先权。这是为了鼓励参与者能对前一个主意做更详尽的描述。

在脑力激荡会议中，经理和高层不鼓励参与会议，这是因为这样做可能会约束和降低"四项基本规则"的效果，特别是奇思妙想的产生。

（七）评估

脑力激荡并不是为了提出主意让他人去评估和选择。通常在最后阶段，本组成员会自己评估这些主意，并从中挑选出解决问题的方法。

（1）被挑选出来的解决方案不应要求小组成员拥有不具备或不能获得的技能和资源。

（2）如果必须要这种额外资源或技巧，在解决方案的第一部分就必须提出来。

（3）这里需要一个衡量整个过程进展和成功的方法。

（4）贯彻整个解决方案的每一步都必须对小组成员透明，并有责任分配给每一个人，以便他们在其中担任重要的角色。

（5）在项目还未明朗时，必须有一个共同的决策过程推进协作努力的成果，并对任务进行重新分配。

（6）在重要转折点上，需要有评判标准决定小组讨论是否朝着最终的答案行进。

（7）在整个过程中需要不断的鼓励，以便让参与者保持他们的热情。

章节练习

运用脑力激荡法，以"如何设计好一个创新项目"为内容开展讨论，并根据脑力激荡法的步骤记录。

第六节

逆向思维法

一、逆向思维法的含义

逆向思维也称求异思维，它是对司空见惯的似乎已成定论的事物或观点反过来思考的一种思维方式。敢于反其道而思之，让思维向对立面的方向发展，从问题的相反面深入地进行探索，树立新思想，创立新形象。人们习惯于沿着事物发展的正方向去思考问题并寻求解决办法。其实，对于某些问题，尤其是一些特殊问题，从结论往回推，倒过来思考，从求解回到已知条件，反过去想或许会使问题简单化，这是可获得创造性构想的一种思考方法，如能充分加以运用，创造性就可加倍提高。

哲学研究表明，任一事物都包括对立的两个方面，这两个方面相互依存于一个统一体中。人们在认识事物的过程中，实际上是同时与其正反两个方面打交道，只不过由于日常生活中人们往往养成一种习惯性思维方式，即只看其中的一方面，而忽视另一方面。如果逆转一下正常的思路，从反面想问题，便能得出一些创新性的设想，如管理中的鲍鱼效应，需改变传统的对固定路径的依赖。

实践证明，逆向思维是一种重要的思考能力，它不是一种培训或自我培训的技法，而是一种思维方法或发明方法，要挖掘人才能力，就有必要了解这一方法。因为在实践中使用这一方法，可能取得惊人的效果，个人的逆向思维能力对于全面提升人才的创造能力及解决问题能力具有非常重大的意义。

人类的思维具有方向性，存在着正向与反向的差异，由此产生了正向思维与反向思维两种形式。正向思维与反向思维只是相对而言的，一般认为，正向思维是指沿着人们的习惯性思考路线去思考，而反向思维则是指悖逆人们的习惯路线去思维。正、反向思维起源于事物的方向性，客观世界存在着互为逆向的事物，由于事物的正、反向，才产生思维的正、反向，两者是密切相关的。人们解决问题时，习惯于按照熟悉的、常规的思维路径去思考，即采用正向思维，有时能找到解决问题的方法，收到令人满意的效果，有时利用正向思维很难找到正确答案，而运用反向思维，常常会取得意想不到的功效。这说明反向思维是打破常规思维的一种创造性的思维方式。

有一家电影院，常有戴帽子的女士去看电影。帽子挡住了后面观众的视线。大家请电影院经理发个场内禁止戴帽子的通告。经理摇摇头说："这不太妥当，只有允许她们戴帽子才行。"大家听了，不知何意，感到很是失望。第二天，影片放映之前，经理在银幕上放出了一则通告："本院为了照顾衰老体弱的女士，可允许她们照常戴帽子，在放映电影时不必摘下。"通告一出，所有女士都摘下了帽子。

二、逆向思维法的基本类型

（一）反转型逆向思维法

这种方法是指从已知事物的相反方向进行思考，产生发明构思的途径。

常常从事物的功能、结构、因果关系等方面做反向思维。例如，市场上出售的无烟煎鱼锅就是把原有煎鱼锅的热源由锅的下面安装到锅的上面。这是利用逆向思维，对结构进行反转型思考的产物。

（二）转换型逆向思维法

转换型逆向思维法是指在研究某一问题时，由于解决该问题的手段受阻，而转换成另一种手段，或转换角度思考，以使问题顺利解决的思维方法。

例如，历史上流传的司马光砸缸救落水儿童的故事，实质上就是一个转换型逆向思维的例子。由于司马光不能通过爬进缸中救人的手段解决问题，因而他就转换为另一手段，破缸救人，进而顺利地解决了问题。

（三）缺点逆向思维法

缺点逆向思维法是一种利用事物的缺点，将缺点变为可利用的东西，化被动为主动，化不利为有利的思维方法。这种方法并不以克服事物的缺点为目的，相反，它是将缺点化弊为利，找到解决方法。例如金属腐蚀是一种坏事，但人们利用金属腐蚀原理进行金属粉末的生产，或进行电镀等其他用途，无疑是缺点逆用思维法的一种应用。

📖 **拓展阅读**

1820 年丹麦哥本哈根大学物理教授奥斯特，通过多次实验证实了存在电流的磁效应。这一发现传到欧洲大陆后，吸引了许多人参加电磁学的研究。英国物理学家法拉第怀着极大的兴趣重复了奥斯特的实验。果然，只要导线通上电流，导线附近的磁针立即会发生偏转，他被这种奇异现象深深地吸引。当时，德国古典哲学中的辩证思想已传入英国，法拉第受其影响，认为电和磁之间必然存在联系并且能相互转化。他想既然电能产生磁场，那么磁场也能产生电。为了使这种设想能够实现，他从 1821 年开始做磁产生电的实验。多次实验都失败了，但他坚信，从反向思考问题的方法是正确的，并继续坚持这一思维方式。十年后，法拉第设计了一种新的实验，他把一块条形磁铁插入一只缠着导线的空心圆筒里，结果导线两端连接的电流计上的指针发生了微弱的转动，电流产生了。随后，他又设计了各种各样的实验，如两个线圈相对运动，磁作用力的变化同样也能产生电流。法拉第十年不懈的努力并没有白费，1831 年他提出了著名的电磁感应定律，并根据这一定律发明了世界上第一台发电装置。如今，他的定律正深刻地改变着我们的生活。法拉第成功地发现电磁感应定律，是运用逆向思维方法的一次重大胜利。

三、其他逆向思维法方法

（一）方位逆向法

方位逆向就是双方完全交换，使对方处于己方原先位置的换位。它不仅仅是指物理空间，更是指一种对立抽象的本质。相反相成的对立面有：入—出、进—退、上—下、前—后、头—尾，等等。

恋爱中的男女总是时而甜蜜、时而吵嚷，吵架的原因不外乎是抱怨对方从来不为自己考虑，从来都不站在自己的角度想。事实上，如果每个人都能真正站在别人的位置上想一想，世界上也就不会再有战争和悲剧了。遗憾的是，大多数人总是在抱怨对方不站在自己的角度为自己考虑时，忘了自己也应该站在对方的角度为对方考虑。逆向换位是一件说起来容易做起来难的事。

　　学习方位逆向，首先就在于4个字：设身处地。在方位逆向的实际应用中，需要你真正站在他人的角度，尤其是存在利益关系的"敌对方"的角度看待和分析事物。学习这一点，不仅需要一颗真诚的心，更重要的是创新的智慧。

　　站在对立面研究解决问题的方式，和对方换一个角度，是一次逆向换位。逆向换位思维还可以多次换位，甚至反复逆向换位。两次以上的换位就是多次换位。

（二）属性逆向法

　　事物的属性往往是多方位的，一件事情可以从不同的角度去理解，即使同一件事情从不同的角度观察，其性质也可以是多方面的，并且是相互转化的。就像钱钟书说的"以酒解酒、以毒攻毒、豆燃豆萁、鹰羽射鹰"，包含着极大的矛盾性。例如，好—坏、大—小、强—弱、有—无、动—静、多—寡、冷—热、快—慢、增—减、生—死、出—入、始—末、水—火，等等。

　　有一次，草原上失火了，烈火借着风势，无情地吞噬着草原上的一切。那天刚巧有一群游客在草原上玩，一见烈火扑来，个个惊慌失措。幸好有一位老猎人与他们同行，他一见情势危急，便喊道："为了我们大家都有救，现在听我的。"老猎人要大家拔掉面前这片干草，清出一块空地来。

　　这时大火越来越逼近，情况十分危险，但老猎人胸有成竹。他让大家站到空地的一边，自己则站在靠大火的一边。他见烈火像游龙一样越来越近，便果断地在自己脚下放起火来。眨眼间在老猎人身边升起了一道火墙，这道火墙同时向3个方向蔓延开去。奇迹发生了，老猎人点燃的这道火墙并没有顺着风势烧过来，而是迎着那边的火烧过去。当两堆火碰到一起时，火势骤然减弱，然后渐渐熄灭。

　　游客们脱离险境后纷纷向他请教以火灭火的道理，老猎人笑笑说："今天草原失火，风虽然向着这边刮来，但近火的地方的气流还是会向火焰那边吹去的。我放这把火就是利用了近火的地方的气流。这把火把附近的草木烧了，那边的火就再也烧不过来了，于是我们得救了。"

　　逆向思维总是能帮助我们在困难中找到出路。彼德·诺顿也是这样一个运用逆向思维走向成功的人。他曾经以3亿美元出售了他的计算机软件。这是一套被称为"恢复删除"的软件，他把逆向思维运用于其中，目的是恢复被意外删除的计算机文件。不小心删除了文件是计算机使用者的噩梦，恢复被删除的文件是许多人的"妄想"，但只有诺顿朝前跨出了一步，把看似荒谬的妄想变成了现实。在诺顿的思考里，进与退、出与入、有与无可以在更高层次上获得新的统一和转化。

（三）因果逆向法

逆向思维中"倒因为果、倒果为因"的方法在生活中的应用是极其广泛的。有时，某种恶果在一定的条件下又可以反转为有利因素，关键是如何进行逆向思考。

倒因为果最辉煌的案例应当是人类对疫苗的研究。早在我国的宋朝，人们就开始想到用事物的结果去对抗事物的原因。据文献记载，当时人们把天花病人皮肤上干结的痘痂收集起来，磨成粉末，取一点吹入天花病患者的鼻腔。后来这种天花免疫技术经波斯、土耳其传入欧洲。直到 1798 年英国医生琴纳用同样的原理研制出了更安全的牛痘，为人类根治天花做出了决定性的贡献。

事实上，疫苗的研究方略仅仅是一个象征，更多的疾病研究和更广泛的生活事件也同样离不开倒因为果的逆向思维方法。

（四）心理逆向法

《中国经济时报》曾经刊登过这样一篇文章，题目是"送者贱、求者贵的思考"。

5 年前，我去一个偏僻山村采访，见地里种的全是当地的老品种油菜，秸秆细弱，株矮枝疏，便问同行的乡长为何不叫农民改种杂交油菜，乡长一脸无奈，农民不相信呗！

于是我给他讲了下面这则故事：当年土豆传到法国时，法国农民并不愿种，有人便出了一个怪招，在各地种植土豆的试验田边派全副武装的士兵日夜把守。周围的农民一见此阵势，认为地里种的肯定是金贵之极的好东西。于是，他们时常乘机溜进试验田，把偷回的土豆种在自家的地里。渐渐地，土豆成为法国农民广为种植的一种农作物。

前不久，那位乡长给我来了一封信。说是该乡临近山区的 4 个村成了养羊基地，规模大着呢！一去才知，当初乡里决定在 4 个村中每村只选一户饲养波尔山羊，决不多选！为了慎重起见，由乡长任推选组组长。推选前，乡里提出了很多苛刻的条件，整整忙活了一个月，乡里为这 4 户每户引种羊 100 只，多一只也不行。乡里还组织这 4 个村的联防队员轮流值班看羊。等羊下了羊崽后，乡里说要出口，不让养羊户私自出售。左邻右舍的农民眼馋，托亲拜友，晚上摸黑溜进养羊户家里，好说歹说也要偷偷买几只波尔山羊饲养。如今这几个村户户养羊，人均收入已超过万元。

毫无疑问，人类的心理是这样——禁止意味着加强。许多悖论性的心理法则似乎也在间接地证明逆向思维的存在。

贝克法则：你所能提供的东西你一个也不要。

博肯法则：剧场里越不靠近通道的座位上的观众来得越晚。

格里森法则：极小的洞也终将把最大的容器流空，除非它是故意用来排水的，而在这种情况下，它又会堵塞。

贾斯特法则：车越破开得越疯。

梅尔法则：要不是最后一分钟，那就什么事也做不成。

韦伯法则：如果你顺当地找到停车的地方，那你就会找不着你的车。

（五）心理逆反法

心理逆反法是指在思考的过程中摈弃自身局限，先探究对方的思想，然后反对方的思路而行事。

心理逆向的"反"并不是逆向换位法中反复换位的"反"，而是反其道而行之的"反"。虽然在逆向换位法的学习中你已经熟悉了捉摸对方心理，并逆反对方心理而做出对策，但在心理逆反法中，需要你更进一步，让对方跟着你的思路走，让他做你需要他做的选择。

让对方跟着自己走，听起来难如登天，但如果你尝试着持续训练自己琢磨对方的思考路径并逆反其逻辑，慢慢地就会发现掌握这一方法并不困难。

试试看下面这则真实的故事，你是否也能迅速做出这样的反应呢？

在一次公司的会议上，新总监对上任总监的部分决议错误进行批判总结，由于上任总监的决策失误，给办公室员工们造成了巨大损失，员工们多有不满。在新总监发表讲话期间，此时从桌子上扔出一张纸条，扔到了新总监面前，而新总监并没有看到是谁扔的。他突然看到了这张纸，打开一看，上面写着：旧总监做出那样决议的时候你在干什么呢？这个问题十分尖锐，这个时候，新总监不能不回答，选择回避就等于承认自己之前的懦弱和自私。

如果你是这个新总监，你会怎么办？

要解决这个问题，你就必须用某种事实告诉众人，你现在的行为是在实实在在地纠正错误，而同时你还要让众人理解、默认你不能更早地做出纠正的原因。你必须设置一个"必然的二选一"，也就是说你必须让众人在你设置的情境里面只能做和你一样的选择。通过这样的解释，你是不是已经可以摸索到脉络了？这时候你应该想到，"逆"了之后就要"反"，与其用言语进行解释，不如让大家切身体会，让大家明白这是没有选择的选择。心理逆反思维法的掌握就是这样一步一步达成的。

新总监拿起条子，大声念了一遍上面的问题，然后望着台下，说：这是谁写的条子？请你马上站出来，走上台！没有人站出来。会议室静得一根针掉在地上都听得见，所有人的心都在怦怦地跳，不知新总监到底要干什么。写条子的人更是忐忑不安，懊悔不已，心里很清楚新总监如果真要查下去，一定会查到他就是写条子的人。接着，新总监又大声重复了一遍：请写条子的人站出来！会议室仍然一片寂静。几分钟过去了，新总监终于又开口了，他平静地说：好吧，我来回答你的问题，我当时就坐在你现在坐的那个地方。

这位新总监就是利用如今的权势重现了当年他所处的环境，让身处其中的众人切切实实地体会了他的选择，换了个角度告诉众人他的无可奈何。

（六）雅努斯式思维法（对立互补法）

雅努斯是一尊罗马神话中的两面神，传说中，他的脑袋前后各有一副面孔，一副凝视着过去，另一副注视着未来。你常常能在古罗马钱币上看见他，一手握着开门钥匙，一手执警卫长杖，站在过去和未来之间。

雅努斯式思维法就是以把握思维对象中对立的两个面为目标，自觉遵循逆向路径研究问题，善于把正向思考和逆向思考有机地结合起来；要求人们在处理问题时既要顺着正常的思路研究问题，也要倒过来从反方向逆流而上，看到正反两方的互补性。

雅努斯式思维训练的第一步就是建立在"逆向"意识之上，你首先必须认识到事物都是由两个方面构成的，你现在面对的问题必然还存在其对立面。也就是说，当你面对一个难题时，你可能会面对这个难题的条件、问题和答案。你需要做的是对这个难题的构成重新洗牌，逆向考虑。

雅努斯式思维训练的第二步是把握住对立面之间相互渗透的关系，以达到对问题解决的质的飞跃。要时刻谨记：对立是为了共存。经由这样的介绍，"逆向"和"互补"的脉络已经隐约可见。

雅努斯式思维训练的第三步建立在对前两步扎实把握的基础上。这一步要求解析对立的双方，然后进行重组建构。

📖 拓展阅读：能抗住16级台风的大桥

你肯定会质疑，为什么有大桥能抗住16级台风，它怎么可能做到。在修建之初，工程师们也对海面上的风一筹莫展，夏季经常发生台风，如何建造抗风的大桥是一个难题，然而中国人总是能够发挥智慧。

如何抗住16级大风，普通人的做法或许就只有不断加固、加重等方法，增加桥身的重量，但是，再重的材料、再巧妙的结构都难以正面阻挡16级大风。在工程师们一筹莫展的时候，尹学军想到了从思维的反面解决这个问题，因为从正面解决难度极大。

港珠澳大桥如何有效抗击16级强风？答案也许与藏在桥箱里的一个神秘装置有关。2018年12月21日，在琶洲国际会展中心举办的"无边界·科技生活"中国海归产业高峰论坛上，我国著名振动控制专家、港珠澳大桥抗风振装置的设计者尹学军，向观众分享了桥梁抗风振调谐质量减振器（TMD）减振系统。该技术是港珠澳大桥得以成功抗击台风"山竹"侵袭的关键技术。

101 大楼是中国台湾的一个地标性建筑，那里悬挂着的一颗大钢球吸引了许多游客的目光。这个金属球直径5.5米，重达660吨，悬挂一个600多吨重的大钢球仅仅为了观赏？尹学军介绍，这个金属球就是一个阻尼器，当风来临时，大楼会产生强烈摆动，金属球可与大楼的摆动周期一致，但是方向相反。当大楼向右摆动时，金属球会向左摆动，从而能最大限度地抵消受风侵袭时大楼的摆幅及其摆动能量。这样就相当于利用强风达到一种平衡，使大桥保持稳定。

　　这颗金属球便运用了TMD技术，它可以增加建筑的耗能能力。尹学军解释，TMD是调谐质量减振器的英文缩写，也是港珠澳大桥抵御超强台风的核心装置，使用该技术，台风来的时候，共振会大大减小。据了解，尹学军团队为港珠澳大桥设计了悬挂式调谐质量减振器，由弹簧、阻尼器、质量块组成。虽然它高约3米、重达4吨以上，但非常灵敏，参数精确可调，而且免维护。

　　伶仃洋海域是台风活跃地，每年超过6级以上风速的时间接近200天。强风吹来时，在桥面附近形成漩涡，形成周期性向上向下的吸拉波动。当波动的频率和桥自身频率重合时，就会产生共振，桥便如同秋千般激荡起来，"像打秋千一样，风激起桥梁结构的振动，使整个桥激荡起来"。振幅就会越来越大，最后在一个振幅上维持平衡，风输入的能量与桥耗的能量在此刻也维持了平衡。如果振动控制措施不当，桥梁安全和疲劳寿命会受到影响。

　　尹学军表示，"这个时候振幅一般比较大，不利于桥梁120年的超长寿命，甚至会影响桥梁的安全，所以需要增加桥梁的阻尼，"尹学军进一步补充道，"阻尼是指耗能的能力，港珠澳大桥有多跨连续钢箱梁，阻尼小，实测只有0.5%～0.7%。"

　　弹簧挂在钢箱梁里框架上"不需要支点，一挂就行"。

　　阻尼要达到多少才能有效抗击16级强风？经过多次试验分析，专家们要求安装完TMD后，桥梁的阻尼比需达到1.0%以上。据悉，当92个调谐质量减振器最大质量在4吨时，桥梁阻尼比刚好满足1%。但尹学军认为这样的设计缺乏足够的安全裕量。于是他决定将最大的减振器的质量由4吨提高到4.8吨，阻尼也从1%增加到了平均1.4%。

　　抗风振TMD减振系统如何运行？尹学军介绍，港珠澳大桥的TMD高3米左右，只需要把TMD的弹簧挂在钢箱梁里面的框架上，"减振技术中，唯有TMD不需要支点，一挂就行"。悬挂质量块时弹簧就吊起质量块，TMD的频率与钢箱梁频率非常接近。当风吹来时，引发桥体振动，这时候挂着的质量块会自动反相位振动，"桥往上它往下，桥往下它往上，弹簧进而不断拉长、压缩"。和弹簧并联的阻尼器是耗能器，在这个过程中消耗掉能量并转化成热量，实际上风能也随之转化成为热量。所以"山竹"台风来临时桥体振动很小，桥的安全得到保障。

"阻尼器更像平衡摆，像悠悠球，通过反相位振动，能量能相互消化掉，阻尼器取自于风的能量又可以消掉风的能量。"尹学军解释道。桥梁虽然有天然的抗风能力，但不能保证不发生共振，振幅可能偏大，风大了甚至需要关桥，影响运行。尹学军表示，有了减振器，桥的振幅可以满足全天候通行。台风来的时候，港珠澳大桥的振幅不会造成桥梁的疲劳损坏，疲劳、寿命等问题正是靠这项技术来保证的。

尹学军在这项工程中利用巧妙的思维方式，从思维的反面进行构思，利用风及其产生的振幅制作装置，突破了一般常规思维框架，突破了以刚制刚的正面思维模式，从此模式出发，不断进行探究、试验、完善，才成就了能抗16级台风的港珠澳大桥。

资料来源：沈培辉，陈常晖. 基于创新思维的启迪式教学方法研究 [J]. 职业技术，2021，20（10）：7-12.

（七）缺点逆用法

缺点逆用法的主旨在于"缺点即优点"。缺点逆用首先意味着从普通中体味不普通。它强调的是反过来考虑如何直接利用这些缺点，做到"变害为利"。也就是说，针对对象事物中已经发现的缺点，除了采用"改进"策略以外，更希望做到的是成本更为低廉的"直接利用"。

你可以依循下面的步骤搜索身边的"缺点"，练习逆用。

（1）确定一个对象，可以是一个东西、一件事，甚至一个人。

（2）尽可能列举这一对象的缺点和不足（在这里你可以采用脑力激荡法，也可进行广泛的调研、征求他人的意见等）。

（3）将呈现在你面前的一个或数个缺点加以归类、整理。

（4）针对每一个缺点进行分析，寻求变废为宝、化弊为利的可能（这一步最关键的就是"逆"，要用逆向思维处理这些缺点）。

很多摄影者在拍集体照时总是先数"3、2、1"，尽管人们都尽量睁大了眼睛，可总会有一些人在数到1的时候坚持不住眨了眼。后来有个人出了个主意，大家将信将疑，甚至还觉得有点怪异，可是照片拍出来以后一看，果然一个闭眼的都没有，你能想到这个主意吗？

章节练习

寻找一个运用逆向思维的例子，并分析其逆向思维方法的具体类型是什么？

第七节

曼 陀 罗 法

一、曼陀罗法的含义及由来

（一）曼陀罗法的含义

曼陀罗法是一种有助扩散性思维的思考策略，利用一幅像九宫格的图，将主题写在中央，然后把由主题所引发的各种想法或联想写在其余的八个圈内，此法也可配合六何检讨法从多方面进行思考，即曼陀罗思考用得最多的路径就是日常提到的 5W1H——What、Why、Who、Where、When、How。

（二）曼陀罗法的由来

曼陀罗这个词起源于印度的梵语，其原意是得到本质。曼陀罗原本是一种花名，开粉红色和白色的大花，外观颇似百合花，又名洋金花，被佛门视为是"把意识转为可实际运用的智慧"，作为悟道过程中的思考工具。最早推行曼陀罗思考法的是日本的今泉浩晃博士，该方法由今泉浩晃先生加以系统化利用之后，成为绝佳的计划工具。曼陀罗生活笔记最终目的是将"知识"转变为实际的"智慧"。按照此方法制作备忘录，处理学业与工作上各项疑惑，灵感将不断自然涌出。

曼陀罗法以九宫矩阵为基础，8×8 辐射发散式，快速产生八次方的创意，利用曼陀罗法，不是用直线思考，而是将思绪向四面八方拓展，产生成百上千的好灵感。

二、曼陀罗法的意义与作用

（一）曼陀罗法的意义

第一，它能够开发创意，能让人发现问题，提高学习与工作效率。

第二，它能使人掌握人际关系情况，能作为计划表，帮助人们走完丰富的一生。

就其形态来看，曼陀罗生活笔记共分九个区域，形成能诱发潜能的"魔术方块"。与以往条列式笔记相比较，可得到更好的视觉效果。一般逐条记录的笔记制作方法无法使人产生独特的想法和创意，因为思想唯有在向四面八方发展时才可能产生创意，这种根据直线循规蹈矩的思考方式，称为"直线式思考"。反之，曼陀罗生活笔记能在任何一个区域（方格）内写下任何事项，从四面八方针对主题做出审视，是一种"视觉式思考"。人类思考必在感觉器官感觉事物之后，才能利用曼陀罗图形予以系统化，给予有方向感的利用，潜能便可在连续反应下持续被激发。

（二）曼陀罗法的作用

在人类长时期的学习和实践中，曼陀罗法可归纳为以下三个作用。

第一，创意发挥。

第二，结果导向。

第三，高效右脑思维。

先讲创意，九宫格扩散式思考不同于直线式思考，它是一种视觉化思维。

围绕中间的主题，思考→凝视，让我们的大脑快速联想，头脑风暴般激发特别多灵感。灵感的产生不是阅读而是凝视，必须集中注意力，凝视某个中心主题，自然而然许多感觉就会泉涌而出。有了强烈的感觉，内心震撼，才会开始去思考。

管理大师经常用到的就有曼陀罗之花或九宫图目标管理模型。当能够将曼陀罗法应用到生活学习中，复杂迷惑的问题都能够得到很好解决。

三、曼陀罗法的六个路径

（一）六个路径延展

这六个路径其实就是六个常用问句（5W1H）：What、Why、Who、Where、When、How。在六个路径与曼陀罗图的搭配操作上，由于How本身就是一种询问过程，它是融合在5W当中的，不管你在思考哪一个W，都可以把How的精神跟态度加进来，因此 How 并不出现在曼陀罗图中。

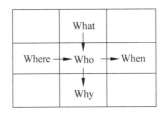

这五个 W 摆在九宫格的十字当中，中心点摆的是 Who，右边是 When，左边是 Where，下边是 Why，上边是 What。因此横轴上是 Where → Who → When，是空间 → 人 → 时间的安排；纵轴是 What → Who → Why，是一种问的安排，问做什么，问主体，问为什么这么做。

Who、What、Why、Where、When 并不仅仅只是人、对象、价值观、空间、时间的简单对应，Who（人）当中还可以延伸出主体、对象、朋友、自我、欲望、生命、性格、态度；What（对象）可以延伸出行为、行动、动作、目的、目标、愿望、现象、人、事、物；Why（价值观）可以延伸出理由、根据、原理、原则、理念、理想、潜在意识、为人处世；Where（空间）可以延伸出环境、处所、社会、状况、立场、构造、结构、网络；When（时间）可以延伸出人生、经验、成长、时代、时期、变化、期间、周期、机会、顺序、时机。

（二）生涯设计——5W 曼陀罗图

	持续自己工作上的思考及行动	
创造自己行动的环境	制订自己的行动计划	创造自己行动的时间
	培养学习、思索、观察力及感性	

以人生规划为例子，我们可以将 5W 运用如下。

Who → 对自己目前而言，什么是最重要的？

What → 自己正在做什么？想做什么？该做什么？必须做什么？

Why → 自己真正想做的是什么？为什么？

When → 做什么可以使一整天都充实？创造充实的一天的要素为何？

Where → 创造理想生活的必要事物（环境）是什么？

除此之外，我们还可以延伸很多想法，例如，自己希望过什么样的生活？为何过这样的生活？自己又做了什么？等等。

以 W 为主的六个路径问法，再加上曼陀罗图的运用，可以大大地提升我们的脑力，让我们发挥出更多的创意。只要勤加练习，相信每个人都可以掌握。

四、曼陀罗法的种类

曼陀罗法提供如魔方般的视觉式思考，其两种详细的基本形式举例说明如下。

（一）向四面扩散的辐射线式

例如，用此法制作成"人际关系曼陀罗"，只需在九格最中央填上自己的名字，然后在周围填上自己最亲近的八个人的名字，便形成了自己最内圈的人际关系。接着，以此图为基础，将此八个人分别挑出放入另外八个曼陀罗的中央。如此一来，8×8＝64 人的人际关系图便已完成。依据这种方法，如果发现自己人际关系太小，则设法补救。

（二）逐步思考的顺时针式

例如，当设定一天的行程表时，应以每一格代表一小时，然后以中央方格为起点，依顺时针方向将预定行程填入格内。而当欲设定一周行程表时，应先过滤该周必须完成的事情、工作乃至约会，找出最重要者作为曼陀罗的中心，接着仍以顺时针方向将七天的行程逐一填上。记录时，应注意文句尽量简洁。八个格子对应一周七天，最后一定会剩下一个方格，可做附注使用。设计行程表就像企业界设定战略一样，将自己一天的行动计划记在曼陀罗备忘录中，即可大致看出能完成和无法完成的各是什么，从而掌握一天的节奏，一周的节奏也可以预估。换言之，将行程表管理好，一周的成功就能在自己的掌握之中。

五、使用曼陀罗图的方式

曼陀罗图可以有四面八方扩展型和围绕型两种使用方式。

（一）四面八方扩展型

四面八方扩展型是一种没有设限的模式，特别适合用来收集灵感进行创意思考。只要使用者在九宫格的中间填上想要发挥的主题后，便会自然地想要把其他周围的八个空格填满，而这种填满的过程也正是创意发挥的时候。如果想法不断出现，也可以把九宫格当中周围八个格子的想法继续向外扩散，变成中心九宫格外围的八个九宫格当中的中心主题，然后再次运用向四面八方扩展的方式把空格填满，如此，8 个创意可以生出 64 个创意，如果真的创意无限，还可以生出 512 个创意，然后再将这些想法加以精简，得到自己所要的。而这样的思维模式是一股条列式的思维难以达到的。

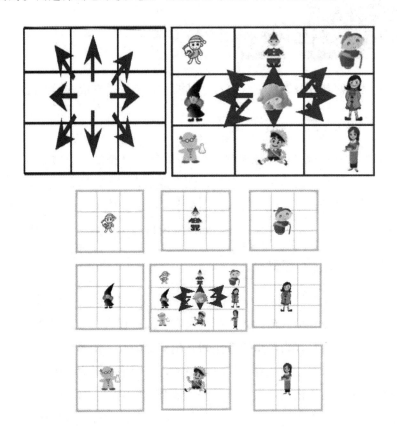

（二）围绕型

另一种形式是围绕型，围绕型的运用适合用来作为流程性质的思考与安排，这是一种顺时针的思考顺序，在中心格上列出主题以后，便可以以顺时针的顺序安排行程。这样的形式可以跟四面八方扩展型搭配使用，即围绕型中的任何一个空格都可以被拿出来当作四面八方扩展型中的中心议题，然后再加以发挥。

例如，将难懂的文章分句放入各区，即可明白哪儿不懂。只要针对不懂的部分，加以查询即可。

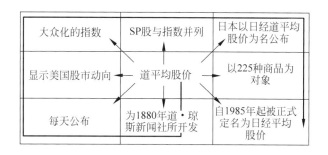

大众化的指数	SP股与指数并列	日本以日经道平均股价为名公布
显示美国股市动向	道平均股价	以225种商品为对象
每天公布	为1880年道·琼斯新闻社所开发	自1985年起被正式定名为日经平均股价

可以制订一天的时间表，当然也可以制订周时间表。

PM2-3-4 （工作2）	PM4-5-6 （工作3）	PM6-7-8 （会见友人等）
PM0-1-2 （午饭）	AM6-7-8 （私事）	PM8-9-10 （私事）
AM10-11-12 （工作1） 开始营业	AM8-9-10 （安排时间表） 上班等	PM10-11-12 （私事）

六、曼陀罗法的发散运用

对曼陀罗其他功用做个发散——教你做自我介绍。

第一步，画一个九宫图，把名字写在最中间。

第二步，围绕自己，把标签贴满（可以用便笺纸）。

第三步，在不同场合选择合适的三个关键词做自我介绍。

另外还有流行的曼陀罗绘画，当然它更多的是一种情绪舒缓和治愈。

曼陀罗法不但可以大大提升我们的脑力，发散出更多的创意，而且通过长久的练习，能让我们看待问题的视角兼具宏、微观，更具有逻辑性和策略性。

 **章节练习**

请运用曼陀罗法做一个自我介绍。

第八节

三三两两探讨法

一、三三两两探讨法的含义

三三两两探讨法是一种常用的思考方法，此法可归纳为每两人或三人自由组成一组，在三分钟限时内，就讨论的主题互相交流意见及分享。三分钟后，再回到团体中做汇报。这种小组活动重点在于能让参与者就研讨的问题进行较深入的讨论、分析及分享。

二、三三两两探讨法的步骤

（一）自由分组

先将大团体分成小组，采用自由分组的形式，每组两人或三人。

（二）交流意见

各组在三分钟之内，就讨论的主题或问题互相交流意见及分享。

（三）得出结果

各组选出一位代表得出该小组讨论结果。

（四）总结归纳

最后予以统合归纳，并对各组所进行的讨论情形评估其优缺点。

三、三三两两探讨法的适用场景

三三两两探讨法是生活中常用的思考方法，例如代表发言、项目讨论等情形，在短时间内能够集中两三个人的注意力，保证意见的充分交流。最常见的场景是在校园课堂中对三三两两探讨法的使用。

章节练习

用三三两两探讨法讨论"如何做好项目宣传"，并记录下来。

第九节

属性列举法

一、属性列举法的含义

属性列举法也称特性列举法，是美国尼布拉斯加大学的克劳福德（Robert Crawford）教授于 1954 所提倡的一种著名的创意思维策略，是指列出事物的所有属性，针对这些属性进行创新思考的方法。使用要点为针对某一事物列举出其重要部分或零件及其属性等，将列出的每一项逐一思索，看看其是否有改进的必要或可能性，促使我们产生创意。

此法强调使用者在创造的过程中观察和分析事物或问题的特性或属性，然后针对每项特性提出改良或改变的构想。

通过将决策系统划分为若干个子系统（即把决策问题分解为局部的小问题），并把它们的特性一一列举出来，将这些特性加以区分，划分为概念性约束、变化规律等，并研究这些特性是否可以改变，以及改变后对决策产生的影响，研究决策问题的解决方法。此法的优点是能保证对问题的所有方面全面地研究。

二、属性列举法的运用

（一）属性列举法步骤

首先，确定一个目标明确的研究对象。

与头脑风暴法一样，我们的研究对象既不要太大，也不要太小，目标一定要明确，而且是能够很快解决的研究对象。

然后，了解事物现状，熟悉其基本结构、工作原理及使用场合，应用分析、分解及分类的方法对研究对象进行必要的结构分解。

（1）将物品或事物分为下列属性。

- 名词属性：主要反映事物的结构、材料、整体、制法等。
- 形容词属性：主要反映事物的视觉（色泽、大小、形状）、性质、状态等。
- 动词属性：主要反映事物功能方面的特性。

（2）进行特征变换。

（3）新产品构想。依据变换后的新特征与其他特征组合可得到新产品。

（4）从需要出发，对列出的属性进行分析、抽象、与其他物品对比，通过提问的方式诱发创新思想，采用替代的方法对原属性进行改造。

（5）应用综合的方法将原属性与新属性进行综合，寻求功能与属性的替代与更新完善，提出新设想。

（二）步骤实例操作

下面以设计新型的椅子为例。

首先，把可以看作是椅子属性的东西分别列出名词、形容词及动词三类属性，并以脑力激荡法的形式一一列举出来。

如果列举的属性已达到一定的数量，可从下列两个方面进行整理。

（1）内容重复者归为一类。

（2）相互矛盾的构想统一为其中的一种。

将列出的事项，按名词属性、形容词属性及动词属性进行整理，并考虑有没有遗漏的，如有新的要素需补充上去。

按各个类别，利用项目中列举的性质（或者把它们改变成其他的性质），寻求是否有更好的有关椅子的构想。

如果针对各种属性进行考虑后，更进一步去构想，就可以设计出实用的、新型的椅子了。

新颖水壶的构思

改进烧水的水壶已经成为国内介绍属性列举分析法时的一个经典案例，虽然水壶似乎已经不易想到可以改进之处，但运用属性列举法分析它，仍然可以打开思路找到创新思路。

1. 名词属性

整体：水壶。

部分：壶嘴、壶把手、壶盖、壶底、蒸汽孔。

材料：铝、铁皮、搪瓷、铜材等。

制作方法：冲压、焊接、烧铸。

根据所列特性，可做如下提问并进行分析，然后考虑改进：壶嘴长度是否合适；壶把手可否改成塑料以免烫手；壶体可否一次成型；冒出的蒸汽是否烫手；壶嘴可否改个位置；制作材料有无更适用的等。

2. 形容词属性

性质：轻、重。

状态：美观、清洁、高低、大小等。

颜色：黄色、白色、各种图案。

形状：圆形、椭圆形等。

对形容词属性的列举并进行分析，也可找到许多可供改进的地方，如怎样改进更便于清洁；颜色图案还可做哪些变化；底部用什么形状才更利于传热等。

3. 动词属性

功能：烧水、装水、倒水、保温等。

通过对功能的分析，也可发现可改进之处，如能否在壶体外加保温材料，可提高热效率并有保温性能；再如在壶嘴上加一汽笛，使水开时就可鸣笛发信号等。

章节练习

用属性列举法对水杯、台灯进行创新，使其功能更符合某类人群的需求（要求市场上暂无此产品）。

第十节

分 合 法

一、分合法的含义

分合法又叫创意分合法，是创意思维训练方法之一，是戈登（Gordon）于 1961 年在《分合法：创造能力的发展》一书中提出的一套团体问题解决的方法。此法主要是将原不相同亦无关联的元素加以整合，产生新的意念或面貌。分合法利用模拟与隐喻的作用，协助思考者分析问题以产生各种不同的观点。

戈登的分合法将过去所认为神秘的创造过程，用简单的话语归纳为两种心理运作的过程：使熟悉的事物变得新奇（由合而分）；使新奇的事物变得熟悉（由分而合）。

所谓"使熟悉的事物变得新奇"，也就是熟悉的事物陌生化，这一过程使学生对某种熟悉的事物，用新颖且富有创意的观点，去重新了解旧问题、旧事物、旧观念，以产生学习的兴趣。例如，有一些谚语就是从另一个新奇的角度来解释一些熟悉的概念。

所谓"使新奇的事物变得熟悉"，也就是熟悉陌生的事物，这一历程主要在增进学生对不同新奇事物的理解，使不同的材料主观化。大部分的学生对于陌生事物的学习，多少都会有些压力。所以，面对陌生的事物或新观念时，教师可经由学生熟悉的概念来了解。通常可以用两种方法熟悉陌生的事物。第一个方法是分析法，先把陌生的事物尽可能划分成许多小部分，然后就每个小部分加以研究。第二个方法是利用类推，即对陌生的事物加以类推。例如，可问学生："这个像什么呢？""它像你所知道的哪一样东西呢？"

戈登的分合法主要是运用类推（analogies）和譬喻（metaphors）的技术来协助学生分析问题，并形成相异的观点。

"譬喻"的功能是使事物之间或事物与教材之间形成"概念距离"（conceptual distance），以激发学生的"新思"。例如，问学生"如果教室像影院……"，提供新颖的譬喻架构，让学生以新的途径去思考熟悉的事物。

相反地，我们也可以让学生以旧的方式去思索新的主题，例如，以人体比拟交通运输系统。譬喻的活动可将某种观念从熟悉的教材串联到新教材，或以新观点去分析熟悉的教材。通过此种"概念距离"的形成，学生能自由任意地思索其日常生活中的活动或经验，发挥想象力及领悟力。

二、分合法的运用

（一）类推方法

戈登提出以下 4 种类推的方法。

1. 狂想类推

这种方法是让学生考虑解决问题的途径，尽可能以不寻常的思路去考虑。

例如，开始时，教师问学生："将球场上笨重的石块搬走，最理想的方式是什么？"学生运用狂想类推，提出下列解答："用大气球把它搬走""用大象搬它""用好多的小蚂蚁将它搬动"等。在学生产生各种不同的狂想观念之后，教师再引导学生回到"观点"的实际分析和评价，然后决定何种方式为最有效的途径。

狂想类推通常的句型是"假如……就会……"或"请尽量列举……"。作答者可利用辐射思维或狂想类推尽情思索。它是一种最常用的类推形式，当然有时在答案中也掺杂下列三种类推。

2. 直接类推

这是将两种不同的事物，彼此加以譬喻或类推，借以触类旁通，举一反三。运用此种策略，要求学生找出实际生活情境相类同的问题情境，或直接比较相类似的事实、知识或技术。例如，将电话比拟听觉系统的构造，计算机比拟人脑的构造；很多自动控制系统往往是人体系统的翻版。

直接类推主要是简单地比较两种事物或概念。它的作用在于将真正的问题情境或主题的要件，转换到另一问题情境或主题，以便对问题情境或主题产生新观念。

狂想类推与直接类推的不同在于前者纯属幻觉虚构，是不依事实而捏造的，是空想、幻想的；后者必须有与问题相类同的实际生活情境。

3. 拟人类推

其意为将事物"拟人化"或"人性化"，例如，行政组织的观念，一个好的组织要像人的器官或细胞，各有所司，但每一器官或细胞都是健全的。行政作业的运作如身心功能，以心使臂，以臂使指，互相协调，相互配合，才不致互为阻滞，行政机构如像人体器官的运作，必可得最大效率。

在教学上，首先要使学生感受到，他是问题情境中的一个要素。所强调的是"同理心的涉入"。例如，学生自问道："假如我是校园内的秋千，我想跑到校园的另一角落，该怎么办？""好吧！我要跳上去，抓住树干，然后向上抛，就可以抛到我想去的地方。"

4. 符号类推

这是运用符号象征化的类推，例如，诗词的表达，利用一些字词，可以引申或解析某一较高层次的意境或观念；又如，设计有独特风格的建筑物等皆是。

符号的类推起到一种"直指人心，立即了悟"的作用，例如，我们看到了一座纪念堂，立即可感受到庄严、雄伟的气势；看到一些交通标志，立即可联想到一些规定。

（二）分合法常用工具：检查表技术

1. 检查表技术的概念

所谓检查表技术（check-list technique），就是对一个与问题或题旨有关的列表进行思维逻辑上的检查，寻找线索以获得观念的方法。这是用来训练学生思维周密，避免考虑问题有所遗漏的一种方法。

此种技术使用时，可以先将问题列成一张分析表或像书目的大纲，然后写出大纲中每一项所需要处理或解决的要点，最后逐一考虑每一要点可供改变的方向。另外也可使用一种"可能的解答表"（possible-solution list）的方法，可以用脑力激荡法提出各种可能的解决方法，将这些方案列表考虑。也可以就每一问题的要点，请教不同的人，将他的意见列表——予以检核。

检查表技术有助于脑力激荡的训练。奥斯朋在《应用想象力》（*Applied Imagination*）一书中列出 73 项问题，可作为检核推敲的线索，后来经罗伯特·艾伯尔简化提出一种"奔驰法"（SCAMPER）的设计表格，可供检查表使用。这种设计主要是用几个字的代号来帮助我们了解并实际运用。SCAMPER 这几个字是取代（substituted，S）、结合（combined，C）、适应（adapt，A）、修改（modify，M）、作为其他用途（put to another uses，P）、除去（eliminate，E）、重新安排（reverse/rearrange，R）的缩写，在中文方面我们也可用下列单字代表，以利记忆。

（1）代（S）。何者可被"取代"？谁可代替？什么事物可代替？有没有其他的材料、程序、地点来代替？

（2）结（C）。何者可与其"结合"？结合观念、意见？结合目的、构想、方法？有没有哪些事物可与其他事物组合？

（3）应（A）。是否能"适应"？有什么事物可以调整？有没有不协调的地方？过去有类似的提议吗？

（4）改（M）。"修改"成什么？利用其他方面？使用新方法？其他新用途？其他场合使用？

（5）他（P）。作为"其他"方面的用途？使用新方法？其他新用途？其他场合使用？

（6）去（E）。可否"除去"？取消何者？减少什么？较短？有没有可以排除、省略或消除之处？有没有可以详述细节、增加细节，使其因而变得更完美、更生动、更精致的地方呢？

（7）重（R）。"重新"安排？交换组件？其他形式？其他陈设？其他顺序？转换途径和效果？有没有可以旋转、翻转或置身于相对地位之处？你怎样改变事物的顺序，或重组计划、方案呢？

2. 创意十二诀

学者许立言、张福奎对检查表法创意加以修正，提出了十二个"聪明的办法"，指导青少年的创造发明。

（1）加一加。在这件东西上添加些什么，会有什么结果？

（2）减一减。在这件东西上减去些什么，会怎么样呢？

（3）扩一扩。使这件东西放大、扩展，结果会如何呢？

（4）缩一缩。使这件东西压缩、缩小，会怎么样呢？

（5）变一变。改变一下形状、颜色、音响、味道、气味会怎么样？改变一下次序会怎么样？

（6）改一改。这件东西还存在什么缺点？有改进这些缺点的办法吗？

（7）联一联。把某些东西或事情联系起来，能帮助我们达到什么目的吗？

（8）学一学。有什么事物可以让自己模仿、学习一下吗？

（9）代一代。有什么东西能代替另一样东西吗？

（10）搬一搬。把这件东西搬到其他地方，还能有其他用处吗？

（11）反一反。如果把一件东西、一个事物的正反、上下、左右、前后、横竖、里外颠倒一下，会有什么结果？

（12）定一定。为了解决某一个问题或改进某一件东西，为提高学习、工作效率和防止可能发生的事故或疏漏，需要规定些什么吗？

章节练习

（1）请描述分合法的基本特点。

（2）用分合法对不同的物品进行创新，简要描述功能及其构想理由。

第十一节

目 录 法

一、目录法的含义

目录法比较正统的名称是强制关联法（forced association law）、目录检查法（catalog technique），它是一种查阅和问题有关的目录或索引，以提供解决问题的线索或灵感的方法。意指在考虑解决某一个问题时，一边翻阅资料性的目录，一边强迫性地把在眼前出现的信息和正在思考的主题联系起来，从中得到构想。

目录检查法是通过含义查找有关目录索引去解决问题的方法。

目录
1. 基本信息
2. 步骤
3. 注意事项
4. 实例

二、目录法的运用

（一）运用目录法的步骤

我们在考虑解决某一个问题时，可以一边翻阅数据性的目录，一边以强迫性的方式把眼前出现的信息和正在思考的主题联系起来，然后从中得到构想。此技法的原有功能就是促进联想的实践，激发构想大多是通过联想把各种素材组合在一起的。但联想的范围是因人而异的，这种技法的目的是通过逐一审视连本人也未曾想到的素材，以达成联想。

（二）目录法运用实例

运用目录法的步骤如下。

（1）把解决问题所能想到的方法列成一张表。

（2）把这些构想逐一与其他构想发生联系。

（3）强制性进行新的组合。

（4）产生解决问题的新奇构想。

运用目录法的注意事项如下。

（1）根据需要为解决的问题准备适当的目录。

（2）适当的目录通常具有三个特色。

① 范围广泛，主题不偏颇。

② 有丰富的图片（彩色更好）、照片或插图。

③ 在翻阅到的页面上有使主题实现飞跃的信息。例如，时装杂志、旅游、风俗杂志、生活杂志等。平时留意收集的报刊资料亦可。

1. 目录法的运用——球与纸箱

圆形的球和四方形的纸箱看起来是完全不同的东西，为了把这两个东西结合而产生新的创意，就把这两个东西的附属性质列举出来。

- 球：圆形、会滚、会弹、有打气孔、用橡皮橡胶制成。
- 纸箱：四方形、易燃、有角、稳定、用纸做成。

然后，把这些附属性质分为几类：

- 易燃——化学性质。
- 以橡胶做成、以纸做成——材料品质。
- 弹——弹性。
- 会滚、稳定——稳定性。
- 圆的、四方形的——形状。
- 有气孔、有角——附属性。

下一步是把这些附属性质，利用想象力连贯起来，从这些连贯的观念产生新的提示或意念。例如，将这二者结合可以设计一款将球弹进纸箱的互动游戏。

- 纸箱材料品质：纸。纸箱由纸做成，可以进行裁剪，在纸箱六个面其中一面的正中间做出一个洞（能容纳球进入）。
- 弹性：球具有很强的弹性。于是可以设计一款互动游戏，一人负责把球扔向地面，使其弹起来，另一人抱着纸箱去接弹起来的球。

2. 目录法的运用——目录记忆法

目录记忆法是一种针对课本提出的特殊的记忆方法，它需要我们把课本的目录结合自己的理解进行深入分析。读书的经验就是利用好课本目录。这既有利于整理知识，使知识系统化、条理化，使书越读越"薄"，又能够促使我们在忆、说、写的复习活动中充分发挥主观能动性，增强自主意识，培养学习能力。

我们都知道，课本是大量编者集体编写的，在编写活动中，最先确定的就是书本的目录与书本的整体结构，通过这样的反向思维，我们可以通过目录的设计揣摩编写者的意图，这样也有利于我们把握整本书的重点所在。

目录记忆法的具体步骤如下。

（1）忆。翻开目录，看自己是否能够根据目录，依序记忆起各个课题里面的内容知识，回忆其中的概念、性质、法则、公式、数量关系和解题方法等。

在回忆的过程中，可以把自己想到的知识在草稿纸上列出来，这样我们就可以在整个回忆过程之后根据草稿纸上自己默写的内容与目录进行对照，使自己的记忆更加清晰。

（2）说。在独立回顾、记忆一番后，几个人组成一组，共同述说各个章节的基础知识、重点内容以及知识间的联系与区别等，以此起到相互启发、相互补充、相互完善的作用。

在这里，大家可以重点去记忆一下知识点之间的区别和联系，比如在数学几何当中证明平行和证明垂直有着一定的联系和相似之处，三角形的全等和相似有着渐进和借鉴的关系等。

"说"与第一步的独立回忆不同，"说"是同学间互相协作的过程，在同学间的一问一答过程中，我们不仅通过他人的提问弥补了自己的知识盲点，还可以在这样的切磋中增进学生间的感情，完善自己的知识网络，达到更好、更完善的学习效果。

（3）写。可以先默写目录内容，看看自己是否记住了教材的主要内容；再用书面形式整理知识梗概，辨析易混知识，叙述学习的方法和体会。

在书写整理过程当中，我们可以得到经过自己理解而梳理得到的一个知识大纲，这不仅是根据目录而产生的复制，更是我们在经过第一步、第二步操作得到的自己的结果。

 章节练习

请运用目录法列举两个物品的附属性质，并构想新的产品。

第十二节

想象与联想思维训练

一、想象力与人才教育

（一）学校教育存在的不足

$$创造力 = 知识 \times （好奇心 + 想象力）$$

研究发现，儿童时期的好奇心和想象力最高，幼儿园阶段的孩子大都会为某件事物表现出发自内心的喜悦。但随着年龄的增长和所受的教育越来越多，好奇心和想象力会逐渐递减，很少有哪个高三学生对所学习的知识表现出兴趣与喜悦。这是因为我们的教育是以知识传授为主，把学生禁锢在一个统一的知识体系框架内，并以考试成绩作为唯一的衡量标尺。在整个过程中，学生完全是被动的，不管有没有用，也不管有没有兴趣，只能全盘接受。而没有好奇心和想象力的培养，即便掌握再多的知识，对创造力的提升也不会有帮助。

爱因斯坦曾说："大学教育的价值不在于记住很多事实，而是训练大脑会思考。"在如今知识唾手可得的时代，解决问题的能力以及创造性的思维方式才是最重要的。

几十年前，所有学校都要求学生动手做点东西，学点手艺活。这符合人们从劳动中获得经验，从实践中发现规律的学习习惯，俗话说："实践出真知。"后来，学校越来越偏重于高强度的备考学习课程，可以激发好奇心、想象力与锻炼动手能力的相关课程逐渐被边缘化。我们现在的孩子动手能力差，"四体不勤，五谷不分"根源在此。现在，我们的教育系统已经意识到了这些问题，部分学校再一次将需要动手操作的课程放在了重要的位置上，项目式学习、创客空间和设计思维被更多、更广泛地讨论。

拿近几年大热的人工智能教育来说，学生的每一次搭建，每一次创造，都意味着他们全身心投入在学习的过程中，他们正在不断构建和完善未来独闯社会所必备的重要技能。有些学生在传统教育体制中默默无闻，却能在以多元化、非学术技能为核心的协作式学习环境中大放异彩。对于这些孩子来说，动手学习的经历对他们的成长发挥着极为关键的促进作用。

沈祖芸的《全球教育报告》中有一个案例是讲北京的一所山村小学——九渡河小学。由于教学资源的匮乏，校长面向社会公开招募辅导教师，来应聘的有做豆腐的，做灯笼的，有剪纸的，养鱼的，榨油的，养蚕的，还有厨师……就是没有一个"正经"老师。校长也是很有办法，就让孩子们跟着这些"老师"学手艺。

比如说磨豆腐，孩子们并非磨出豆腐就算完，校长要求他们不但要做出豆腐，还要把豆腐卖出去。在整个做豆腐、卖豆腐的过程中，孩子们要学会使用各种计量工具、学会换算各种单位、学会读各种刻度、学会通过正确的百分比去配比豆子和水。同理，卖豆腐需要写招牌、想文案、学会货币的计算，加减乘除都要用到。这对他们来说，不仅仅是知识，而是解决问题过程中必须学会的技能。小小的一块豆腐汇集了语文、数学的各种知识点。关键是孩子学得很投入也很开心，完全没有感受到死记硬背和刷题的痛苦。在整个过程中，孩子们所想的不是"学习"，而是如何才能更好地完成任务，如何把豆腐做好卖出去。

这其实就是项目式教学法（project-based learning，PBL）最淋漓尽致的体现。它把教学内容穿插、渗透到实践中去，让孩子们在做任务中学习，最终目的是完成一个项目、呈现一个产品或者其他成果。PBL教学法总能令孩子保持对知识的兴趣和渴望，促使孩子们经常要开脑洞，主动去学习相关知识，因此能够最大限度地开发他们的想象力与创造力。

（二）重视培养学生想象力

近些年，随着人工智能技术的发展，未来很多工作都将由机器人完成，我们现有教育所培养的优势将荡然无存。试想一下，如果机器人和人同时参加高考，谁的优势更大？学生适应未来社会的能力将被重新定义。

因此，我们的教育应该尽力呵护学生的好奇心与想象力，激发学生的学习热情，培养学生的创造力与解决问题的能力。在这个过程中，家长和老师可以借鉴PBL教学法，将孩子身上的热情作为切入点，从而培养他们这些关键技能，找到学习的目标感。只有这样，孩子们才能全情投入到学习的过程中，学会如何学习，学会如何利用知识创造价值，而不仅仅是漫无目的地获取知识，学会用创造性的思维去解决问题，使自身的知识体系不断巩固与迭代。当他们走出校园，踏入社会的时候，才能具备在快速变化的社会中独自生存的能力。

（三）想象力的重要性

半个多世纪以前，著名的物理学家爱因斯坦在《论科学》一文中深有感触地说："想象力比知识更重要，因为知识是有限的，而想象力概括着世界的一切，推动着进步，并且是知识进化的源泉。"爱因斯坦并不是教育大师,但他对教育本质的理解确实灼见独具,精深不凡,他提出了教育要"少一点功利,多一些探索自然的兴趣"。关于想象力与知识之间的关系,其论述更是精辟、深邃、独到。

想象力是指在知觉材料的基础上,经过新的配合创造出新形象的能力。它是一种能促使人类预想不存在事物的独特能力,是所有发明和创新的源泉;从想象力或许是最具改革性和启示作用的能力这点讲,它更是一种能使我们同没有分享过他们经历的人产生共鸣的力量。

"想象力比知识更重要"并不是说知识不重要,它是在强调知识重要的前提下要求人们更加注重获取和运用知识的方式、方法、途径和手段。想象力最突出的特点是能将预期的目标现实地展现出来,使目标由不可能变成可能,使目标从无到有、从小到大、从大变强;想象力最有效的机能就在于它能突破封锁,扫清障碍,跨越时空,使知识不断得到扩充、拓展、延伸、进化、更新和增值;想象力是长了眼的、会说话的、活的知识;它是潜在的、能动的生产力。想象力和知识密不可分,知识是想象力的载体,想象力是知识的翅膀。想象力是人类无穷无尽的、无边无际的、最为富有的财富。

想象力是知识的一种创意。创意是个人化思考演进的过程,是将个人独特的天赋、才能及看法转换成新奇而有效用的想法,是一种能面对日常生活的问题或挑战,而衍生出创新主张或办法的能力。创意具有四个特点:思考和行为具有想象力;想象活动有明确的目的;过程具有独创性;结果产生目标性的价值。因此,创意是想象力的活动并能产生独创的价值。有人指出,知识经济已被创意经济所取代,因为资源的洗牌及产业链的重新分配,拥有创新能力的国家对于拓展商机以及企业的全球布局更具领先地位。当一种有创意的想法被发现后,它就可以转变成创新产品。过去人们习惯于用拖把和清水拖地,但马萨诸塞州一家为宝洁公司设计家居清洁产品的公司经过研究发现,拖把上的水实际上更容易使脏物四处散落,而干抹布却能吸附灰尘(根据静电引力原理)。根据这一发现,该公司帮助宝洁开发了静电除尘拖把,如今这种除尘拖把已经成为宝洁旗下价值超过10亿美元的最新品牌之一。

想象力是知识的一种创造。黑格尔说过:想象是艺术创造中最杰出的本领。相对于想象力来说,知识是平面的、静态的;相对于知识来说,想象力则是创造,是知识生命的血脉,从古到今,人类的想象力创造了很多知识产品,将来还会创造更多,正是这种创造推动了人类社会不断向前发展。中国学生的基础知识扎实,但想象力不足。千百年来,中国教育一直延续的是"解惑"的功能,教师不能讲授暂无定论但可以加以讨论的东西,而必须要给学生传授确切的无可置疑的知识,否则就是"以惑传惑",这与现代大学的基本观念完全不同。按德国科学家洪堡的观念:学生来到大学后,他不仅仅是一个学习者,更是一个知识的探索者;教师们不仅是传授知识,而是与学生一起来探索真理,发现真理。另外,学习知识的实用态度使中国不少学生的理论兴趣和理论视野都过于狭小,对其他领域的探索既缺乏了解，更缺乏兴趣和容纳的胸怀。

想象力是知识的一种创新。想象力同观察力、记忆力等共同奠定了人生的发展基石。一个社会的进步依赖于人们的创新与创造，而想象力永远是创新与创造的原动力，想象力绝对不会让现有的知识停滞不前，它是活跃的、启发性的，是知识最有效的动力，能使知识不断得到更新、进化。在学习知识的过程中，要善于用创新思维方式，打破陈规，冲破束缚，扩展思维空间，通过思考，善于去想别人所未想、求别人所未求、做别人所未做的事情，最终不断推动创新发展。科研工作者从事每一项研究时都要力求创新。发挥想象力并不是凭空臆想，而是必须建立在尊重客观实际的基础上。古人在论及想象力时就曾提出过"积学以储宝"的见解，强调一切想象力都是建立在日常积累和生活体验之上。因此，只有具备丰富知识，增加表象储备，才能为想象力的自由驰骋打下基础。

古人云："尊新必威，守旧必亡。"一部科学发明史可以说是人类想象力的发展史。历史上有些被认为是最荒谬的想象往往成为人类的创举，想象力能够使知识的效益和功能最大化，想象力能够让知识创造出许多人间奇迹。十九世纪中叶，法国科幻大师凡尔纳在科幻小说中描绘的潜水艇、登月飞行、高速列车后来都成为现实。没有丰富知识的支撑，想象力就是无源之水；没有想象力的作用，再多的知识也不可能成为创举。当一颗苹果从树上掉下来，牛顿悟出了万有引力；当蒸汽把壶盖顶起来，瓦特看到了别人看不到的力量；当莱特兄弟梦想能像鸟一样在空中飞翔，他们的飞机便获得了起飞的动力。美国《商业周刊》刊登一篇文章，称美国公司已经率先步入一个由想象力和创造力主宰的新经济阶段，通过创新来推动发展。数字和科技不再是衡量公司竞争力的唯一标准，创造力和想象力更重要。通用电气前首席执行官韦尔奇说过："创造力和想象力放在企业的环境中就是创新。"正是具备了超凡的想象力，人类才有超凡的创举，人类才会有今天和未来。

二、想象思维与联想思维

有一条 30 厘米宽、数米长的木板放在地上，让同学从木板上的一端走到另一端，可以说任何一个同学都能毫无困难地完成这件事情。然而，把这条木板放在两个悬崖峭壁之间，尽管这块木板足够结实，是否每个同学都敢走过去呢？看到木板下面的深渊，像狼牙一样尖利交错的岩石，飘浮的云朵，若是一不小心摔下去，你想象一下结果会怎么样？轻者腿断胳膊折，重者摔成肉饼。想象到如此的凄惨场景，你还有胆量走过去吗？这是负面想象。望梅止渴、至少还有一个苹果，这属于正面想象。幻想、构想、妙想、梦想、联想都是想象的形式。

什么是**想象**与**联想**？

（一）想象思维

1. 定义

想象思维是在过去感知的基础上对表象进行加工、改造、创造新形象的思维形式。想象能够冲破时间和空间的限制而"思接千载""视通万里"。想象力是创造性思维能力的核心，人类一旦失去了想象力，创造力也就随之枯竭了。

想象力是发展智力的重要动力，真正掌握知识也必须有想象参加。想象是新形象的形成和创造，想象的内容往往出现在现实生活之前，想象是组织起来的形象系统对客观现实的超前反映。"乘毯子在空中飞"是原始人类的一种想象，作为故事列入《天方夜谭》中。而古时人们的这一超前意识，在现实社会中再也不是"天方夜谭"了，人们可以乘上飞机自由地翱翔在天空，不仅如此，火箭、宇宙飞船的发明创造使人类冲出了地球的大气层，进入了宇宙苍穹，去探索无穷无尽的宇宙奥秘。

2. 想象的两种类型

（1）再造性想象：这是根据别人对某一事物的描写（语言、文字的描述或图样的示意）在头脑中形成相应的新形象的过程。从某种意义上来说，再造性想象是"按模子造型"。

语言：我说有一个怪人，头上长了两个角，有三只眼睛，专门吃玻璃。你们头脑就会想象出这样一个怪人。

文字：我们看了鲁迅的《祝福》之后，眼前就会出现一个活生生的祥林嫂。看过《阿Q正传》，眼前又会出现一个"儿子打老子"的阿Q形象。

图样音乐：通过各种音乐符号所组成的乐谱唤起各种各样的音乐形象。

建筑工人：根据建筑图可以想象出建筑物的形象。

机械工人：根据图纸可以想象出机器零件的形象。

这些都是根据别人的描述或示意（通过图表、图解、符号、模型、说明书等）而"再造"出来的想象，都是再造性想象。

（2）创造想象：这是不依据现成的描述而独立地创造出新形象的过程，属于"无模子造型"。

莱特兄弟造飞机

美国的莱特兄弟从小就喜欢画图和搞设计，还自己动手做过一些玩具。有一年，爸爸送给兄弟俩一个能在空中飞的玩具作为圣诞礼物。两兄弟看见可以飞的玩具兴奋极了，他们想，如果人也能飞上天就好了。从此，这个梦想就在他们心里扎根了。

莱特兄弟长大后，开了一家自行车修理店，但他们并没有停止对飞行器的研究。有一天，他们看到德国滑翔机专家李林达尔因滑翔机失事而身亡的消息，这对他们触动很大，莱特兄弟决心研制出能安全地把人带到空中的飞行器。

莱特兄弟一边干活一边研究，一有空闲时间，他们就观察鸟儿飞翔的样子。他们结合前人的研究，做出了自己的第一架滑翔机。莱特兄弟带着滑翔机来到一处空旷的高地，准备试飞。滑翔机飞了大约一米高，很快就降落了。虽然试飞失败了，但兄弟二人并没有气馁。他们总结失败的原因，觉得滑翔机飞不高也许是动力装置出了问题。于是，他们试着把汽车的发动机装在滑翔机上。这一次，虽然滑翔机飞得稍远了一些，但由于发动机太重，所以很快还是掉了下来。

兄弟二人不断对螺旋桨、发动机进行改进。一位设计发动机的工程师帮他们设计了一台马力大且重量轻的发动机，解决了飞行动力的难题。1903年，弟弟驾驶着名为"飞行号"的飞机进行试飞，飞机在空中飞行12秒后安全落地。莱特兄弟激动地紧紧拥抱在一起，虽然只有短短的12秒，但却标志着人类的飞行史翻开了崭新的一页。莱特兄弟继续研究，他们想造出飞得更高、更远，而且能载更多人的飞机。1908年，他们试飞了最新研制的飞机，这一次飞机总共飞行了2小时20分钟。

莱特兄弟终于实现了人类飞上蓝天的梦想。今天，飞机已经成为重要的交通工具，方便了人们的出行。

在莱特兄弟之前，也有很多人梦想飞上蓝天，但为什么他们没有成功呢？可见要想实现自己的梦想，需要不断地去实践才行。

资料来源：吴丹青，王倩. 大学生创新思维培养技法研究 [J].

教育教学论坛，2020（44）：119-120.

3. 想象训练

（1）敢于奇思异想。奇思异想是创造者的可贵品质。思在奇，想在异，无奇不异就很难有所创造。苏联著名发明家、创造学家阿利赫列尔提出的"小人"建模法就是当问题深入到微观部分，需要突破时，他就想象派一些"小人"深入到这些部分，由这些"小人"去观察、去思考、去寻找问题的突破口，去建立各种模式的解决方案。请思考下列问题。

① 钢笔能否造成可调换笔尖的，笔尖可大、可小，多几个备用的？

② 冰箱坏了以后，能否变成一般的储藏箱，将门改成透气门？

③ 希尔顿国际集团计划在月球上修建一家拥有5000个房间的"月球希尔顿"大饭店，下列问题如何处理：怎样对抗较低的月球引力？水从何处来？怎样解决能源问题？生了

病怎么办？建筑材料来自何方？到月球山上观风景，搭乘什么交通工具？

（2）善于移花接木。学过英语的人可很快学会法语，学过汉语的人可很快学会日语，经常打网球的人，其打高尔夫球的技术也可很快提高。由"冲天炮"到火箭，由"风筝"到飞机等，都是通过想象，由此及彼、移花接木。

1859年，德国科学家伦琴发现X射线。其后几十年中，X射线被移植于化学、物理学、生物学、天文学等学科。

袁隆平发明了"杂交水稻"，就有人考虑能否杂交玉米、杂交蔬菜？

"克隆羊"多利的出现引发了生物技术的革命，能否克隆牛？克隆猪？甚至克隆人？

美国巴尔的摩大学医院的外科主任哈伦·斯通创造了病人伤口处装拉链这一奇迹。

（3）展开丰富的想象。一是要敢想，即不受传统观念的羁绊；二是要会想，想象有一定的规律可循，会想而不乱想。增加想象力可以借助于类比和隐喻。

4. 实际训练的方式

1）图形想象训练

例如，尽可能多地写出什么东西与下面图形相像。

蚊香；弹簧；旋涡；盘着的大蛇；指纹；妇女头上盘着的发髻；葱油饼上的细纹；卷尺；码头上卷着的缆绳；盘山公路；牛粪；唱片上的纹路；小提琴手柄上雕刻的螺旋花纹；卷起来的纸筒截面；草帽顶上的细纹；对数螺线……

想象性绘画，如用简单的线条画一幅能表达"害怕""激动""喜欢""莫名其妙"的图画。

2）假想性推测

通过猜测一件在一般情况下不可能发生的事情的后果进行训练，它的出题模式是"假如……将会……"。例如，假如世上没有老鼠，将会怎样？

创新训练营

训练一：

①根据已画好的太阳，请充分想象，另外三个圆圈还可画成什么？②尽可能多地列出与字母Z的形状相像的东西。③一个三角形画把伞，两个三角形画块三角板，两对全等的三角形可以拼成一个平行四边形，那么四个正三角形可以拼出什么图形？请发挥你的空间想象。

训练二：

假如世界没有石油，人类将会怎样？

训练三：

请你写一篇描写自己登陆金星的科幻作文（800字以内）；若有可能，再写一部去南极探险的科幻小说。

训练四：

你能画出世界上没有的东西吗？

训练五：

为了长途旅行或到太空中遨游的需要，人类能否发明一种饥饿抑制剂，服用后能在一周内没有饥饿感。同时，这种抑制剂中含有充分的营养，能保证人的正常需要。

训练六：

小孩怕吃药，这是众所周知的；小孩喜欢吃糖和水果，这也是众所周知的。你能否在药与糖之间找到某种联系，解决小孩怕吃药的难题。

训练七：

用简单的线条画一幅能表达"愤怒""害怕""激动""喜欢""痛苦""静思""阴险""异想天开""甜蜜的梦""胆战心惊""莫名其妙"这些词的图画。

资料来源：宋悦.大学生创新思维培养的若干思考 [J].桂林师范高等专科学校学报，

2016，30（5）：34-37.

（二）联想思维

1. 定义

联想是从一种事物、概念、方法和形象想到另一种事物、概念、方法和形象的心理活动。例如，红铅笔到蓝铅笔，写到画，画圆到印圆点，圆柱到筷子。

2. 联想的类型

1）接近联想

所谓接近联想，就是指在时间上和空间上相互接近的事物之间形成的联想。例如，桌子上面有书本，下面有椅子；闪电→雷鸣→下雨→滴答声。

由于时间和空间是事物存在的形式，所以时间上接近的事物，总是和空间上接近的事物相互联系，反之亦然。一提起火烧赤壁，人们自然会联想到《三国演义》、周瑜、曹操等。因为他们具有空间和时间上的接近因素。如果提起火烧圆明园，你则会联想到八国联军、慈禧太后等。门捷列夫也正是应用这种接近联想，发现了化学元素周期律并制成元素周期表。他认为，化学元素原子结构的特殊性可按一定次序排列，按次序排列的元素经过一定的间隔（周期），它们的某些主要属性就会重复出现。而在每一间隔范围内一定的属性是逐渐变化的，如果这种逐渐性被突然的跳跃所中断，那就一定应该有个未知的元素存在，来填补这个空位。门捷列夫靠上述接近联想（空间接近），提出了关于元素周期的大胆设想。后来，经过实验验证和理论计算，证实了这种设想是正确的。

2）相似联想

相似联想是指在性质上或形式上相似的事物之间所形成的联想。例如，语文书到数学书，钢笔到铅笔。

3）对比联想

对比联想也称相反联想，是指具有相反特征的事物或相互对立的事物之间所形成的联想。例如，黑与白，写与擦。

4）关系联想

由事物间的各种关系所形成的联想。比如，铅笔到铅，橡皮到擦除。

5）自由联想

自由联想是在人们的心理活动中，一种不受任何限制的联想。如荷兰生物学家列文虎克就曾从自由联想中发现了微生物。这是 1675 年的一天，天上下着细雨，列文虎克在显微镜下观察了很长一段时间，眼睛累得酸痛，便走到屋檐下休息。他看着那淅淅沥沥下个不停的雨，思考着刚才观察的结果，突然想起一个问题：在这清洁透明的雨水里，会不会有什么东西呢？于是，他拿起滴管取来一些水，放在显微镜下观察。没想到，竟有许许多多的"小动物"在显微镜下游动。

6）强制联想

强制联想与自由联想是相对而言的，是对事物有限制的联想。这种限制包括同义、反义、部分和整体等规则。悬挂式多功能组合书柜就是采用"书柜"与"壁挂"的强制联想设计成功的。

壁挂是装饰手段较丰富的室内装饰物。书柜与壁挂强制联想，把书柜按照形式美的规律做成像壁挂那么美观的形式，挂在墙上。

以"什么是创造性思维？"这个问题为例，我们用螺旋形贝壳当作思考的相似物，做强制性的相似联想。

- 贝壳的属性——与创造性思维的相似性。
- 螺旋形的——创造性思维不是一种直线型的思考过程，而是需要归聚的焦点。
- 天生自然的——创造性思维来自人类天性。
- 坚硬的——即使最困难的难题也能用创造性思维加以解决。
- 中间是空的——创造性思维能透视人类的躯壳。
- 圆形的——创造性思维是一种连续不断的过程。
- 一端开口——非创造性思维只产生一种思路。
- 看起来像弹簧——创造性思维是一种有弹性的思考，思考越是伸展，潜能就越能发挥。

- 图案有催眠作用——创造性思维消耗人的精神。
- 扩展的外形——创造性思维拓展人的心胸。
- 很大的开口——创造性思维对一切开放。
- 天然的美——创造性思维是人类美丽天性的一部分。

上面就是螺旋形贝壳的特性引发我们对"什么是创造性思维"这个问题产生的一些新的领悟。从中可以看出哪些是明显的，哪些是相似的，哪些是新观念。

注意：联想分类不是绝对的，水中养鱼，水中有鱼，前者为关系联想，后者为接近联想。联想重要的三类是相似联想、对比联想及接近联想。它们的关系如下：

$$火 \xrightarrow{\text{（对比联想）}} 水 \xrightarrow{\text{（接近联想）}} 鱼 \xrightarrow{\text{（相似联想）}} 虾$$

3. 联想训练

联想力的高低主要表现在两个方面，一是联想的速度，二是联想的数量。人人都会发生联想，但高联想力并不是人人都具备的。只有经常进行专门的联想训练，才会提高联想力，为创造性思维打下一个基础。

（1）为提高联想的速度：给定两个词或两个物，然后通过联想在最短的时间里由一个词或物想到另一个词或物。例如，天空、鱼，那么其间的联想途径可以是：天空 $\xrightarrow{\text{（对比联想）}}$ 地面 $\xrightarrow{\text{（接近联想）}}$ 湖、海 $\xrightarrow{\text{（接近联想）}}$ 鱼。当然也可以是其他的联想途径。

例如，钢笔—月亮。

可以写为：钢笔→书桌→窗帘→月亮。

训练：①鸟—书；②铁—月饼；③纸—土；④树—皮球；⑤战争—火星。

（2）提高联想的数量：给定一个词或物，然后由这个词或物联想到其他更多的词或物，在规定的时间内，想得越多越好。

（3）在具体思维过程中，可围绕"焦点"，通过接近联想、相似联想、对比联想等，组成一个完整的联想思维过程。比如从铅笔开始进行联想，和铅笔接近的是什么？和铅笔相似的是什么？和铅笔对比的是什么？和铅笔有关系的是什么？

（4）还可围绕"焦点"进行串想。所谓串想，就是按照某一种思路为"轴心"，将若干想象活动组合起来，形成一个有层次的、有过程的、动态（发展）的思维活动。

4. 联想方法与思考

1）相似联想

若 A 具有属性 M，希望与 A 类似的 B 也能具有 M。

法国人路易·布莱叶是一位盲人，他从报上得知军中的一种"夜写法"密码，通过联想创造了盲文。

一家美国玩具公司从克隆羊多利得到启示，顾客只要将一张女儿的彩照和一份反映女儿特征的表格寄给公司，该公司便会给顾客做一个和照片一模一样的玩具娃娃，取名为"孪生姐妹"。公司生意兴旺。

相似联想思考如下。

（1）猫—老鼠；人—器人；茅草—高粱；西瓜—篮球；算盘—计算机；地球—月。

（2）楼梯与温度计有哪些相似之处？（都是一格一格的，能上能下）

（3）西瓜本来是在地里长的，可是河北省新乐市的一位名叫刘三锁的农民却给西瓜搭架，让西瓜顺着木杆往上爬，使西瓜吊在空中生长，首创了"吊蔓西瓜"，产量提高了近3倍，成熟期提前了5～8天，瓜形好，甜度也增加不少。不知刘三锁是不是受到树上结丝瓜的启示，如果是，那么他这是不是相似联想？有人由"自动开伞"的原理想到"自动开扇"，后来又设计了一种自动的、能开能合的菜罩，这种菜罩能把剩饭、剩菜罩在下面，尤其适合于冰箱尚未普及的农村地区使用。请问，这一系列设计运用了什么联想？由此你还能联想出什么？

（4）如把"饥、讥、叽、肌、矶、玑"与"机"字放在一起教小孩识字，因它们的右边都是相同的，拼音也是相同的，都是"几"，小孩很容易接受，这是基于什么联想方式？

（5）指出所列每对事物的相似之处，越多越好。

桌子和椅子：_____。

人才市场和商品市场：_____。

工厂和学校：_____。

（6）你到动物园去，看到关在笼子里的东北虎无精打采的样子，你会有哪些联想？（联想三步，第一步须为相似联想，下同）

（7）遇交通堵塞，车辆排起长龙，你会有什么联想？

（8）当你看到自来水管因破裂而水流如注时，你可能会联想到哪些有意义相近的联想？

2）对比联想

即正反对比联想，就是把两个完全对立、完全相反的事物联想在一起产生联想。

虚实对比联想："虚"指非实体的事物，如图画、文字材料等；"实"指现实生活中的实际事物，即亲眼所见的事物。

大小对比：

（1）小—（　　）　　　炎热—（　　）　　　明亮—（　　）

　　单纯—（　　）　　　勤劳—（　　）　　　失败—（　　）

（2）如果把冰块放在火炉上烤会怎样？为什么？

（3）学英语可运用对比联想，如将反义词放在一起记，就容易记住。

（4）有的学生从小学到中学都被学校看作"差等生"，总是受到老师的批评，却养成了一个习惯，遇到老师批评时，他总是乐呵呵的。对此现象，你按对比联想法则，会想到哪些事物?

（5）假如你参加校友会，看到毕业十几年的老校友事业有成，春风得意，你会产生哪些对比联想?

　　3）接近联想

（1）以一个圆形为基本图形，拼入几根火柴，使之成为一些有意义的图案。

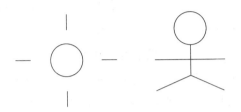

（2）冬天—雪景—梅花—（　　　）。

（3）用一个字和下面几个字相连，组成单词或词组：

承，告，命，劝，献（　　　）

波，采，度，光，景，气，趣，尚，俗，闻（　　　）

以复加，与伦比，中生有，缘无故，足轻重（　　　）

（4）下面这副对联是宋朝人吕蒙写的，借以表达他对当时社会的不满，请你用8个字把它的意思表达出来。

（5）连缀成语。

例如：茫然若失—失而复得—得寸进尺。

奋不顾身—（　　　）　　盛气凌人—（　　　　）

（6）空间接近联想。

①试用自己的体姿表示尽可能多的汉字姿势，并写出。

②将所给的一个圆和几条直线尽可能多地拼成有意义的图案。

（7）时间接近联想。

①如果你去西安兵马俑博物馆参观，看到两千多年前的"铜车马""跪射俑"等，你会联想到什么?

②当你闲暇时，忽然翻到祖父儿时的照片，再看看祖父现在满头银发的样子，你会产生什么样的联想?

（8）综合思考题。

①下列联想属于哪类联想。（　　　　）

从轮船上挂救生圈的装置联想到在家里设计一个挂盘子的盆挂。

② 下列制作源于哪一类联想。（　　　　）

每逢下雨，自动关窗器就把窗户关上了，于是有人又设计了一个遇风天自动关窗的装置。

③ "白天—夜晚—月亮—星星"这一组联想中，"白天—夜晚"属于哪类联想？"夜晚—月亮"属于哪类联想？"月亮—星星"属于哪类联想？

④ 日本东京早稻田大学的科学家发明了两种可以分别模仿鲤鱼和巨鲸呼吸的人造肺，利用这种人造肺可以帮助人们实现像鱼那样在海洋中畅游，请问这位科学家在设计人造肺时用了哪种联想？

⑤ 为盲人设计能帮助他们的设备。

要求：设计者要充分考虑盲人的各种感官输入，同时要想象自己是盲人（或者把眼睛蒙起来，到处漫游 1 ~ 2 小时，以体验接受其他感官输入的感受）。然后基于这些感觉材料来构想出要制造的设备，并写出设计方案或画出设计草图。

⑥ 1999 年年初，经国家药品监管局批准，一种免缝拉链首次进入我国外科领域。过去，手术后的病人需要换药或观察伤口内情况时很不方便，现在，只要拉开拉链即可进行。你知道这个创造是怎么想出来的？属于什么联想？

⑦ "清洗"是为了清除那些不能留于内部的有碍分子。清洗的对象很多，如清洗下水道管、清洗抽油烟机、清洗厕所等。最近，日本医学界盛行一种"清洗人体内脏"的理论。他们认为，随着生态环境的恶化，各种有害物质便会淤积人体，从而成为引发疾病的诱因。为了改善体内环境，防止疾病的发生，就要将这些有害物质排出。因此，人体内脏最好每年进行一到两次大清洗，以解除体内毒素。请你回答：由"清洗下水道"怎么会想到"给人体洗肠"，两者之间有什么联系？如果有联系，它们是由哪一类联想产生的？

⑧ 围绕"千年虫"问题，某银行行长问自己的计算机工程师这是怎么回事，"千年虫"有什么危害？工程师为他举了一个例子："比如，一个客户在 2000 年的前一天存入一万元钱，如果'千年虫'不解决，他在第二天就能得到 100 年的利息，我们将遭受重大损失。"听了这话，行长说："那是不是说，如果我们提前一天把贷款放出去，第二天也能得到 100 年的利息？"请分析这位行长的思维形式。

4）因果联想

（1）假如你所在单位有个别人上班总是迟到，科长问其原因时他还总是有理由，你会有哪些因果联想？

（2）这几年发生洪灾较多，据此有什么联想？

5）多步自由联想

（1）情感 ——（相似联想）——→ 情感智力 ——（接近联想）——→ 素质教育 ——（接近联想）——→ 西部开

发 ——（接近联想）→ 高新技术产业 ——（相似联想）→ 引进技术资金 ——（对比联想）→ 缺乏人

才 ——（接近联想）→ 教育培训 ——（接近联想）→ 教育改革 ——（接近联想）→ 创造创新能力训

练 ——（对比联想）→ 缺乏创新教育教师 ——（对比接近联想）→ 教师素质 ——（接近联想）→ 教师培训。

（2）大学毕业了→（　　　　　）。

（3）愚人节→（　　　　　）。

（4）打假→（　　　　　）。

6）强迫联想

（1）将每对概念联系起来，看能不能产生好的创意。

太阳与奖状→（　　　　　）。

钢笔与大象→（　　　　　）。

香蕉与电视机→（　　　　　）。

扫黄打非与愚公移山→（　　　　　）。

石头与嘉宾→（　　　　　）。

（2）从电视广告中，将其中不同行业的两种或多种产品结合起来，看能否产生其他新的事物或产品概念。

7）有趣联想答题

无能的唐僧可以用紧箍咒管制孙悟空。

联想＿＿＿＿＿＿＿＿＿＿＿＿＿＿。

孙悟空被压在五行山下，山上有如来佛的"揭贴"。

联想＿＿＿＿＿＿＿＿＿＿＿＿＿＿。

三、想象与联想的意义

（一）联想和想象是创新的基础

联想简单来说就是通过某人、某种事物、某一概念而想起其他相关的人、事物或概念。一般，联想的方法（规律）包括：①相似或相关联想，比如看到鸟想到飞机；②对比联想，比如看到白色想到黑色、沙漠想到绿洲；③因果联想，比如看到蚕蛹就想到飞蛾，早晨起来看到地面潮湿想到夜间可能下过雨；④接近联想，比如看到春联想到春节，看到教室想到学生、老师等。

想象则是在已有形象的基础上，在头脑中加工或创造出新的形象的能力。培养想象力首先要积累丰富的知识和见识；其次，要保持和发展自己的好奇心；最后，要善于观察和感受世界。

对联想和想象的练习有"无声看图、无声思考"的练习，这两个练习有助于锻炼想象力。无声看图是给你一张图片，在几秒内观察这张图片，同时快速思考和想象 1～6 个问题。无声思考是给你几个初看毫不相关的字或词，然后在几秒内快速地把这几个词组成一句话（事实上是在脑海内构建一幅画）。另外，记忆部分的"编码定位记忆、扑克牌记忆"也可以很好地锻炼我们的想象力和思维力（其实各种记忆法的关键就是发挥联想和想象的能力）。

（二）将思维发散有助于创新

具体对一件事物发散的时候，可以根据事物的结构、功能用途、形态（如颜色、形状、声音、味道、明暗等）、方式方法等方面，像思维导图一样朝四面八方想，从而找到各种可能性。

举个以思维导图进行思维发散的例子，假设对"创业"这个概念进行思维发散，就可以这样做：①拿一张纸，在中心写上"创业"，把它圈起来；②围绕这个主题衍生出一些二级元素，如产品、服务、筹资、市场、雇员等，然后把这几个二级元素与创业这个主题链接起来；③围绕每个二级标题接着思考，想出一些三级元素，如由产品延伸出"裙子"和"鞋子"，由"筹资"延伸出"贷款"和"存款"等；④这样一步一步进行思维的发散，直到解决问题，或者找到一些解决问题的具体方法和思路。这样一个画思维导图的过程，既练习了发散思维也练习了聚合思维。

（三）将思维聚合也有助于创新

我们的思维既要放得开，也要收得拢，从而达到解决问题的目的。聚合思维说的是一种以目标为核心，对原有的知识从内容和结构上进行有目的的选择、重组、整合的能力。

练习思维的聚合（收敛）有两个步骤：首先要清楚目标是什么，不同的目标会得到不同的结果，通过明确目标剔除那些分散我们注意力的东西，然后才能以这个目标为核心进行收敛。其次，要找到问题的症结所在，运用收敛思维的过程，就是将研究对象的范围一步步缩小，最终揭示问题核心的过程，所以，找到问题的症结所在是彻底解决问题的关键。具体的方法有很多，比如分析比较、归纳概括、演绎推理等。

（四）运用"加减"策略，是创新过程中较为简单有效的方法

加就是将本来不在一起的事物组合在一起，产生 1+1>2 的效果，或者赋予事物新的意义，使其更丰富饱满。培养加法思维，需要我们多观察、多思考，经常对双眼看到的事物"做加法"。将双眼射向各种事物，努力思考哪几种可以组合在一起，从而产生新的功能。比如：在一件东西上添加点什么；这个和那个结合会产生什么样的结果；把

它加大、加高、加厚一些行不行等。

同样的，培养减法思维，要经常对双眼看到的事物"做减法"。在观察事物时，经常问一问：把它减小一些，降低一些，减轻一些行不行、会怎么样？

（五）逆向思考也是产生创新想法的一种方法

我们一旦形成了某种认知，就会习惯地顺着这种思维定式去思考问题和处理问题，不愿也不会转个方向解决问题。逆向思维说的是：为实现某一创新或解决某一用常规思路难以解决的问题，而采用反向思维寻求解决问题的方法。

练习逆向思维的方法如：①从已知事物的相反方向进行思考，先找准"正"与"反"两个对立统一的思维点，然后再寻找突破点。像大与小、高与低、热与冷、长与短、白与黑、歪与正、好与坏、是与非、古与今、粗与细、多与少等，都可以构成逆向思维；②遇到问题找不到解决办法时，转换角度进行思考，具体转换角度的方法可以参考上面说的发散思维；③利用事物的缺点，将缺点变为可利用的东西，化被动为主动，化不利为有利。我们常说的将错就错就是这个意思；④改变问题，意思是一件事情如果找不到解决的办法时，可以试着改变这个问题。

（六）多读书、多学习、多观察和体验生活也很重要

思维不活跃，没有创造性的一个主要原因是见识少、知识积累量不够、视野太窄，所以思维容易被局限、浮于表面。

知识、见识的来源包括读书、阅历以及与人的交流等。其中，读书是增长知识、打开视野较为简单、广泛且系统的方法。在阅读积累方面，合理运用快速阅读法对提高输入知识的效率是很有帮助的。在阅读、学习之后，借助写作的方式来整理思维，强化理解，让各种知识融会贯通，逐步升级自己的思维。

（七）学会激发灵感

灵感是很多创新的突破口，上面讲的所有方法都有助于激发灵感，除此之外，还有一个激发灵感的三步法。

第一步：打断。当你苦苦钻研问题，却迟迟找不到方法时，我们要主动打断自己，让自己停下来去做点其他的事情。打断会让我们忘掉对问题的预先假设，从而开拓思路，帮我们找到新的解决方案。

第二步：激活。通过"放松、轻度用脑、高度用脑"三种休息方式转换思路，引发灵感。放松，比如听音乐、散步、慢跑等；轻度用脑，比如看书、玩小游戏、看新闻等；高度用脑，比如琢磨难题、切换做题等。

第三步：有意识地进行反思。经过前两步，对于脑海里浮现出的一些观点、想法、

念头，进行评估和思考，看要如何使用它们。

章节练习

想象与联想思维的应用存在于日常生活中的方方面面，从简单的概念出发想象出具体事物，要求思维发散，体验思维的跳跃性与联系性之间的平衡。

比如我们在作画时，注重视觉对象与周围环境关系的处理，这种知觉选择性与知觉对象的转化关系在现代视觉艺术的平面艺术中称为图（视觉对象）地（周围环境）反转。这是对视觉艺术家普遍进行的思维训练方法之一。

最早研究图地转化关系的人是鲁宾（E.Rubin），他的著名的"Rubin之杯"图形表现的是在一个长方形画面中画着一只对称的黑色杯。

随着视觉的转换，杯和人的侧面像相互交替出现，形成特殊的画面。利用这个方法加以训练，有助于丰富我们的艺术想象力。

图地反转变化的理论强调了人们的感觉不是孤立存在的，它要受到周围环境的影响。

下面这两张图，当你一直盯着它看时，会有它在运动的视觉错误。

而在创新思维的培养过程中，想象和联想的作用毋庸置疑，我们需要具有想象与联想的思维去帮助我们更好地创新。

第三章

创新思维方法的运用

一、限制创新思维的4个心理因素

（一）从众心理

从众就是服从众人，顺从大伙儿，随大流。别人怎样做，我也怎样做；别人怎样想，我也怎样想。我们仔细观察一下，社会上人们大部分的行为选择其实都是盲目从众的结果，而很少经过自己独立的深思熟虑。

（二）权威心理

很多时候，我们都会习惯于引证权威的观点，不加思考地以权威的是非为准则；一旦发现与权威相违背的观点或理论，便想当然地认为其必错无疑。但是在当下的社会，存在着很多假权威，即便现在是真权威，随着时间的推移，将来也不一定再是真正的权威。

（三）经验心理

经验是个好东西，只要具有某一方面的经验，那么在应对这一方面的问题时就能得心应手。特别是一些技术和管理方面的工作，非要有丰富的经验不可，老司机比新司机能更好地应对各种路况；老会计比新会计能更熟练地处理复杂的账目。但是，对经验的过分依赖或者崇拜，形成固定的思维模式，结果就会削弱头脑的想象力，造成创新思维能力的下降。从思维的角度来说，经验具有很大的狭隘性，束缚了思维的广度。

（四）书本心理

读书自然是件好事，可以丰富我们的知识，拓宽我们的视野等。但是我们也要认识到："书"是作者个人的经验、思维所堆积的产物，而且书本知识反映的是一般性的东西。所以在看书学习的时候，我们不能不加思考地盲目相信和运用书本知识，这也就是"尽信书不如无书"的道理。

二、培养创新思维的5个方法

（一）用"求异"的思维去看待和思考事物

在我们的学习工作和生活中，多去有意识地关注客观事物的不同性与特殊性。不拘泥于常规，不轻信权威，以怀疑和批判的态度对待一切事物和现象。

（二）有意识从常规思维的反方向去思考问题

把传统观念、常规经验、权威言论当作金科玉律，常常会阻碍我们创新思维活动的展开。因此，面对新的问题或长期解决不了的问题，不要习惯于沿着前辈或自己长久形成的、固有的思路去思考问题，而应从相反的方向寻找解决问题的办法。

（三）用发散性的思维看待和分析问题

发散性思维是创新思维的核心，其过程是从某一点出发，任意发散，既无一定方向，也无一定范围。

发散性思维能够产生众多的可供选择的方案、办法及建议，能提出一些别出心裁、出乎意料的见解，使一些似乎无法解决的问题迎刃而解。

（四）主动地、有效地运用联想

联想是在创新思考时经常使用的方法，也比较容易见到成效。我们常说的"由此及彼、举一反三、触类旁通"就是联想中的"经验联想"。

任何事物之间都存在着一定的联系，这是人们能够采用联想的客观基础，因此联想的最主要方法是积极寻找事物之间的关系，主动地、积极地、有意识地去思考事物之间的联系。

（五）学会整合，宏观地去看待

我们很多人擅长的是"就事论事"，或者说看到什么就是什么，思维往往会被局限在某个片区内。整合就是把对事物各个侧面、部分和属性的认识统一为一个整体，从而把握事物的本质和规律的一种思维方法。

当然，整合不是把事物各个部分、侧面和属性的认识随意地、主观地拼凑在一起，也不是机械地相加，而是按它们内在的、必然的、本质的联系把整个事物在思维中再现出来的思维方法。

创新思维常见的方式有：判断、推理、比较、分类等，其中主要的是逆向思维、心理思维、追踪思维、替代思维、发散思维、批判性思维、多路思维、物极思维等。

此外，创新思维的常用方式还有：求异思维、想象思维、联想思维、扩散与集中思维、直觉和灵感思维等。

本章将介绍创新思维方法。

第一节

逆 向 思 维

一、逆向思维的特点

逆向思维的实质是一种智慧，这种智慧是可以有意识地培育的。逆向思维作为思维形式有以下三方面的特点。

（一）普遍性

逆向思维在各种领域、各种活动中都有适用性，由于对立统一规律是普遍适用的，而对立统一的形式又是多种多样的，有一种对立统一的形式，相应地就有一种逆向思维的角度，所以，逆向思维也有无限多种形式。如性质上对立两极的转换：软与硬、高与低等；结构、位置上的互换、颠倒：上与下、左与右等；过程上的逆转：气态变液态或液态变气态、电转为磁或磁转为电等。不论哪种方式，只要从一个方面想到与之对立的另一方面，都是逆向思维。

（二）批判性

逆向是与正向比较而言的，正向是指常规的、常识的、公认的或习惯的想法与做法。逆向思维则恰恰相反，是对传统、惯例、常识的反叛，是对常规的挑战。它能够克服思维定势，破除由经验和习惯造成的僵化的认识模式。

（三）新颖性

循规蹈矩的思维和按传统方式解决问题虽然简单，但容易使思路僵化、刻板，摆脱不掉习惯的束缚，得到的往往是一些司空见惯的答案。其实，任何事物都具有多方面属性。由于受过去经验的影响，人们容易看到熟悉的一面，而对另一面却视而不见。逆向思维能克服这一障碍，往往出人意料，给人以耳目一新的感觉。

二、逆向思维的基本类型及其应用

（一）反转型逆向思维法

反转型逆向思维法是指从已知事物的相反方向进行思考，产生发明构思的途径。

"事物的相反方向"常常从事物的功能、结构、因果关系三个方面做反向思考。例如，市场上出售的无烟煎鱼锅就是把原有煎鱼锅的热源由锅的下面安装到锅的上面。这就是利用逆向思维，对结构进行反转型思考的产物。

洗衣机的静音问题

当初，为了解决洗衣机脱水缸的颤抖和由此产生的噪声问题，工程技术人员想了许多办法：先加粗转轴，无效；后加硬转轴，仍然无效。最后，他们来了个逆向思维，弃硬就软，用软轴代替了硬轴，成功地解决了颤抖和噪声两大问题。

资料来源：祝琳，李志勤．大学生创新思维探析 [J]．教育理论与实践，

2012，32（15）：17–18.

由追随变化到思考不变

当大家都在依据变化而进行创业的时候，当大家都在担心自己的商业模式会被新技术和新模式的崛起而迅速颠覆的时候，亚马逊的创始人贝佐斯却提出了一个问题："未来十年，什么是不变的？"

根据这样的"逆向思考力"，他找到了三件非常普通但却不会改变的事情；无限选择、最低价格、快速配送。

贝佐斯说，即使再过10年也不会有客户跳出来说："哎，贝佐斯，我爱你，我爱亚马逊，但我希望你那价格再贵一点，我希望你的配送再慢一点。"在贝佐斯找到了这三件不变的事情后，他就将亚马逊绝大部分资源都投入在了这三件事上，他也的确获得了有目共睹的成功。

资料来源：王广斌，潘美玲.大学生创新思维教育探索 [J].当代教育理论与实践，

2016，8（7）：83-85.

（二）转换型逆向思维法

转换型逆向思维法是指在研究一个问题时，由于解决该问题的手段受阻，而转换成另一种手段，或转换角度思考，以使问题顺利解决的思维方法。

化学老师与一枚金币

化学课上，老师掏出一枚金币指着玻璃器皿中的溶液说："刚才我已讲过这种溶液的性质，现在我把这枚金币扔进去，你们想一想，这枚金币会不会溶化掉。"同学们你看看我，我看看你，谁也答不上来。忽然，坐在第一排的霍特站起来大声说："肯定不会！""你回答得非常正确！"老师赞许地摸着小霍特的头，问他："今天的课你是不是一定搞懂了？"小霍特低下头说："我什么也没听懂。"老师惊讶地问："那你怎么知道金币不会被溶化呢？"

小霍特很快回答说："要是这枚金币能被溶液溶化，你怎么会舍得把它投进去呢？"

资料来源：师保国，罗劲.如何培养学生的创新思维 [J].人民教育，

2019（9）：40-43.

案例 2

踢垃圾桶的年轻人

加里沙克是一位退休的老人，退休后，在学校附近买了一间简陋的房子。住下的前几个星期还很安静，不久有3个年轻人开始在附近踢垃圾桶闹着玩。老人受不了这些噪声，出去跟年轻人谈判。

"你们玩得真开心。"他说，"我喜欢看你们玩得这样高兴。如果你们每天都来踢垃圾桶，我将每天给你们每人一块钱。"3个年轻人很高兴，更加卖力地表演"脚下功夫"。

不料三天后，老人忧愁地说："通货膨胀减少了我的收入，从明天起，只能给你们每人五毛钱了。"年轻人显得不大开心，但还是接受了老人的条件。他们每天继续去踢垃圾桶。一周后，老人又对他们说："最近没有收到养老金支票，对不起，每天只能给两毛了。""两毛钱？"

一个年轻人脸色发青，"我们才不会为了区区两毛钱浪费宝贵的时间在这里表演呢，不干了！"从此以后，老人又过上了安静的日子。

资料来源：申春晖，杨维烈. 开发创新思维、提高创新能力 [J]. 改革与开放，2009（8）: 159，161.

案例 3

由"红海"转向"蓝海"

在大家都一窝蜂去开创自媒体的时候，有人却看到了给自媒体提供服务的商机，于是就有了"新榜"这样的平台。开创自己的自媒体属于涌入"红海"，而开创一个为广大自媒体服务的平台则属于"蓝海"。

当淘宝和天猫上的商家越来越多的时候，有人没有继续加入这支队伍，而是通过逆向思维找到了他们的"蓝海"，于是创立了专门为淘宝和天猫提供服务的代运营公司，比如宝尊电商，现已成功在美国纳斯达克上市。

资料来源：张建云. 新时代需要何种互联网创新思维 [J]. 人民论坛，2020（17）: 58-68.

创新训练营 >>>>

训练一：

一位老婆婆来菜市场买西红柿，挑了三个放到秤盘里，摊主称了下说："一斤半，三块七。"老婆婆说："我就做个汤，用不着那么多。"说完就去掉了个儿最大的那个西红柿。摊主迅速瞧一眼秤杆子，"一斤二两，三块。"

当你看到这样的奸商时，你能想出个好办法惩治一下他吗？

训练二：

某警局招聘侦探，为考查应聘人员的应变能力，特设计考题如下：将应聘人员关入一间没有窗户而仅有一扇门的房间内，门外有荷枪实弹的军人把守，要求应聘人员逃离该房间，如果你前来应聘，你能走出这个房间吗？

训练三：

一个人必须步行通过一座有敌人守卫、禁止通行的桥，过桥至少需要 3 分钟。而敌人每隔 2 分钟就打盹 2 分钟，请问如何过桥？

（三）缺点逆向思维法

缺点逆向思维法是一种利用事物的缺点，将缺点变为可利用的东西，化被动为主动，化不利为有利的思维发明方法。

这种方法并不以克服事物的缺点为目的，相反，它是将缺点化弊为利，找到解决方法。例如人们利用金属腐蚀（缺点）原理进行金属粉末的生产，或进行电镀等其他用途，就是缺点逆用思维法的一种应用。

金边凤尾裙的故事

一位裁缝吸烟时不小心掉下烟灰，将一条高档裙子烧了一个洞，使裙子变成了残品。裁缝为了挽回损失，凭借其高超的技艺，在裙子小洞的周围又挖了许多小洞，并精心饰以金边，然后，将其取名为"金边凤尾裙"。这款金边凤尾裙不但卖了个好价钱，还一传十，十传百，风靡一时，生意十分红火。

启示： 逆向思维可以变被动为主动，变废为宝。

资料来源：冯锦涛. 浅析创新意识、创新能力与创新思维 [J]. 兰州学刊，2001（4）：9-10.

宋太祖以愚困智

南唐后主李煜派博学善辩的徐铉到大宋进贡。按照惯例，大宋朝廷要派一名官员与徐铉一起入朝。朝中大臣都认为自己辞令比不上徐铉，谁都不敢应战，最后反映到宋太祖那里。

太祖的做法大大出乎众人意料。他命人找 10 名不识字的侍卫，把他们的名字写上送进宫，太祖用笔随便圈了个名字，说："这人可以。"在场的人都很吃惊，但也不敢提出异议，只好让这个还未明白是怎么回事的侍卫前去。

徐铉见了侍卫，滔滔不绝地讲了起来，侍卫根本搭不上话，只是连连点头。徐铉见来人只知点头，猜不出他到底有多大能耐，只好硬着头皮讲。一连几天，侍卫还是不说话，徐铉也讲累了，于是也不再吭声。

资料来源：杜镇 . 浅议创新思维的方法 [J]. 人力资源管理，2010（3）：131.

吹毛求疵的人可以做质检员，争强好胜的人可以抓生产，好出风头的人可以搞公关，斤斤计较的人可以当保管员。逆向思维教会我们辩证地思考问题，既要正确地看待自己和别人的缺点，更应该善于发现自己和别人的长处，并能充分地开发利用。

三、逆向思维的训练方法及案例

（一）训练方法

思考不是靠第一反应，你认为的并不一定都是正确的，多做逆向思维能使思维更加灵活，找到更多解决问题的途径。怎样才能获得逆向思维呢？其实并不复杂，我们只是缺乏训练。下面分享六种常用的逆向思维方法，或许能打开你的思路。

1. 结构逆向

结构逆向是指从已有事物的逆向结构形式中去设想，以寻求解决问题的新途径的思维方法。一般可以从事物的位置、材料以及结构等方面进行逆向思维。

例如，在爱迪生之前，已经有人发明了用碳丝做灯丝的电灯泡，但由于碳丝比较粗，在使用时非常容易断，没有实际的使用价值。人们的常识以为灯丝越粗，灯泡的使用寿命就越长，爱迪生的想法却与之相反，他试用比原来直径细一半的碳丝做灯丝，没想到灯泡的使用寿命反而提高了，并出乎意料地增加了亮度，具备了实用价值。

2. 功能逆向

功能逆向是指从原有事物功能的相反方面去设想，寻求解决问题的新途径的思维方法。功能逆向思维即把事物原有的功能倒过来，生成一种新功能。

例如，拖拉机问世以来，主要用于拖拉货物或拖拉农具进行田间耕作。后来人们想到一个相反的功能，在拖拉机前面装上大铁铲让拖拉机向前推，拖拉机就成了推土机。再如，保温瓶（保热）装冰（保冷），从"吹尘器"到"吸尘器"。

3. 状态（过程）逆向

状态（过程）逆向是指人们根据事物某一状态的相反方面来认识事物，从而引发创造发明的思维方法。事物一般都以其特有的状态而存在（如正与负、动与静、进与退、软与硬、刚与柔等），在一定条件下，改变其原有的状态可激发创新。

例如，过去木匠用锯和刨加工木头，都是木头不动人动。这样做，人的体力消耗较大。为了改变这一状况，人们从工具不动、木头动的角度出发，设计发明了电刨，从而大大提高了工作效率和工艺水平，减轻了劳动量。再如，人走楼梯，是人动楼梯不动。把这个状态反过来，人不动，楼梯动，于是就有了自动扶梯。

4. 原理逆向

原理逆向就是从事物原理的相反方向进行思考的方法。例如，电动吹风机的原理是用电制造空气的流动，方向是吹向物体。逆向利用这个原理，空气还是流动，但是方向相反，于是就有了电动吸尘器。再如，电动机的原理是用电产生磁场，然后磁场移动物体。反过来利用这个原理，让移动产生磁场，磁场就产生电，于是就有了发电机。

5. 序位逆向

序位逆向就是顺序和位置逆向。例如，在动物园，是把动物关在笼子里，人走动观看。把这个状态反过来，人关在笼子里，动物满地走，于是就有了开车游览的野生动物园。

6. 方法（程序）逆向

方法（程序）逆向是指颠倒事物发展变化的构成顺序、排列位置而进行的思考方式。做任何事情基本都会遵循既有的程序，但有时适当地改变、颠倒顺序或方向，会得到一些新发现，找到创造性地解决问题的方式。

7. 观念逆向

创新能力在很大程度上依赖于人们的观念及思考问题的角度。新思想及新观念的产生几乎都有一个否定前人的过程，如果我们对任何事物及问题都能反过来想一想，也许就会闪现出一个极其巧妙的新点子。所以，要想进行创新，首先要有与众不同的独特观念，即能对常人认可的一般观念进行逆向思考，这就是观念逆向。

例如，诚恳的赞赏是亿万富豪洛克菲勒与人相处的一个成功秘诀。有一次，他的合伙人之一爱德华·贝德福德在南美做了一桩赔本交易，让公司损失了一百万美元，很可能招致洛克菲勒的批评，但是洛克菲勒知道贝德福德已经尽力了，而且这件事情已经结束了。于是，洛克菲勒找到一些值得称赞的事来，他祝贺贝德福德保全了他投资金额的百分之六十。洛克菲勒说："已经很棒了！我们不可能做每件事情都十全十美。"

📖 拓展阅读

拓展阅读一：

女儿：妈妈，你真安逸，都不用做作业。

妈妈：那我来帮你写作业，你来检查好吗？

女儿高兴地答应了。妈妈把"作业"做完了给女儿检查，女儿认真地检查了一遍，还给妈妈讲解错题、列出算式，但是她不知道她妈妈为什么把每道题都做错了。

拓展阅读二：

美国投资家查理芒格，他是巴菲特的投资智囊和最佳搭档。有人问查理芒格：如何找到一位优秀的伴侣？他回答：首先你要成为一个优秀的人，因为优秀的伴侣并不是傻瓜。

事实的确如此，所谓良禽择木而栖就是这个道理。逆向思维能让我们想明白很多事情，更能找到事情的根源和解决办法。

拓展阅读三：

一小伙子在火车站附近手机被偷了，马上请朋友给自己手机发了一条信息："哥，火车快开了，我等不到你，先上车了！欠你的两万块钱，我放在火车站寄存处A19号柜子里，密码是1685"。半小时后，偷手机的人在火车站寄存处A19号柜子前被生擒。用逆向思维来思考，棘手的问题可能被解决。

拓展阅读四：

以前的工厂效率低下，人围着机器和零件转，每个工人都很累，效率还不高。

后来有人改善了工序，让人不动零件动，这样逐渐发展出了流水线的概念，效率大大提高了。

拓展阅读五：

一个商人向哈桑借了2000元，并且写了借据。在还钱的期限快到的时候，哈桑突然发现借据丢了，这使他焦急万分！因为他知道，丢失了借据，向他借钱的这个人是会赖账。哈桑的朋友纳斯列金知道此事后，对哈桑说："你给这个商人写封信过去，要他到时候把向你借的2500元还给你。"哈桑听了迷惑不解："我丢了借据，要他还2000元都成问题，怎么还能向他要2500元呢？"尽管哈桑没想通，但还是照办了。信寄出以后，哈桑很快收到了回信，借钱的商人在信上写道："我向你借的是2000元钱，不是2500元，到时候就还你。"

这就是逆向思维，逆向思维作为一种方法论，具有明显的工具意义，用好了会让你打开新世界的大门。

拓展阅读六：

我国古代曾有这样一个故事：一位母亲有两个儿子，大儿子开染布作坊，小儿子做雨伞生意。每天，这位老母亲都愁眉苦脸，天下雨了怕大儿子染的布没法晒干；天晴了又怕小儿子做的伞没有人买。一位邻居开导她，叫她反过来想：雨天，小儿子的伞生意做得红火；晴天，大儿子染的布很快就能晒干。

逆向思维使这位老母亲眉开眼笑，活力再现。

资料来源：杨华 . 浅谈创新思维重要性及其培养方法 [J]. 东方企业文化，2015（1）：121，123.

运用逆向思维去思考和处理问题，实际上就是以"出奇"去达到"制胜"，让问题变得更简单。因此，逆向思维的结果常常会令人大吃一惊，喜出望外，别有所得。

（二）逆向思维训练案例

我国就业市场供大于求的情况将进一步加剧，企业对人才的要求也将随之提高。怎样才能让自己在人才济济的市场中脱颖而出呢？逆向思维简历将使你与众不同。

不少求职者为了吸引招聘方的眼球，在简历上列举了许多荣誉和成绩，结果啰里啰唆一大堆，能给招聘单位留下深刻印象的优点反而湮没其中，未能凸显出来。有这样一个有心人，论学历，他只是大专毕业，如何才能在本科生扎堆的情况下，让对方看上自己呢？他使用逆向思维，在简历的撰写上来了个"倒叙"。一般来说，简历总是从介绍自己的姓名、兴趣、爱好等开始，他却从用人单位都比较注重的"工作经验"入手，先声夺人，开篇就牢牢吸引住了招聘方的注意力。

同时，与众多求职者不惜重金包装自己、不惜笔墨吹嘘自己相反，他有的放矢地介绍了自己的"缺点"。这里他玩了一点小花样，因为这些所谓的"缺点"正好是用人单位比较看重的"特点"，结果他从众多的竞争者中胜出。

如今的用人单位早已将用人观念从寻找"最优秀的人"转变为寻找"最有特点的人"。用逆向思维写就的求职简历，最容易显现一个人的思维能力、工作风格和发展潜力。求职者们不妨根据自己的实际情况试一试，到时候，用人单位自然会对你格外留心。

破冰船问题

传统的破冰船都是依靠自身的重量来压碎冰块的，因此它的头部都采用高硬度材料制成，而且设计十分笨重，转向非常不便，所以这种破冰船非常害怕侧向漂来的流水。苏联的科学家运用逆向思维，变向下压冰为向上推冰，即让破冰船潜入水下，依靠浮力从冰下向上破冰。

新的破冰船设计得非常灵巧,不仅节约了许多原材料,而且不需要很大的动力,自身的安全性也大为提高。遇到较坚厚的冰层,破冰船就像海豚那样上下起伏前进,破冰效果非常好。

资料来源:王刚.深刻理解创新思维 [J].理论导报,2019(7):26-28.

两向旋转发电机

由我国发明家苏卫星发明的"两向旋转发电机"诞生于1994年,同年8月获中国高新科技杯金奖,并受到联合国 TIPS 组织的关注。1996年,丹麦某大公司曾想以300万元人民币买断其专利,可见其发明价值之巨大。说到"两向旋转发电机"的发明,也应归功于逆向思维。翻阅国内外科技文献,发电机共同的构造是各有一个定子和一个转子,定子不动,转子转动。而苏卫星发明的"两向旋转发电机"定子也转动,发电效率比普通发电机提高了四倍。苏卫星说,我来个逆向思维,让定子也"旋转起来"。这是他得以发明的思维基础,也是他对创造发明思想的一大贡献。

资料来源:庄道秋.用创新思维书写时代新篇章.中华工商时报,2022-01-07.

日本反复印机

日本是一个经济强国,却又是一个资源贫乏国,因此他们十分崇尚节俭。当复印机大量吞噬纸张的时候,他们一张白纸正反两面都利用起来,一张顶两张,节约了一半。日本理光公司的科学家不以此为满足,他们通过逆向思维,发明了一种"反复印机",已经复印过的纸张通过它以后,上面的图文消失了,重新还原成一张白纸。这样一来,一张白纸可以重复使用许多次,不仅创造了财富,节约了资源,而且使人们树立起新的价值观:节俭固然重要,创新更为可贵。

资料来源:楼连娣,庞维国.知识基础对大学生创新思维的影响 [J].华东师范大学学报(教育科学版),2014,32(4):90-98.

艾科卡汽车营销

20世纪60年代中期,当时在福特一个分公司任副总经理的艾科卡正在寻求方法改善公司业绩。他认定，达到该目的的灵丹妙药在于推出一款设计大胆、能引起大众广泛兴趣的新型小汽车。在确定了最终决定成败的人就是顾客之后，他便开始绘制战略蓝图。以下是艾科卡如何从顾客着手，反向推回到设计一种新车的步骤。

顾客买车的唯一途径是试车。要让潜在顾客试车，就必须把车放进汽车交易商的展室中。吸引交易商的办法是对新车进行大规模、富有吸引力的商业推广，使交易商本人对新车型热情高涨。说得实际点，他必须在营销活动开始前做好小汽车，送进交易商的展车室。为达到这一目的，他需要得到公司市场营销和生产部门百分之百的支持。同时，他也意识到生产汽车模型所需的厂商、人力、设备及原材料都得由公司的高级行政人员来决定。

艾科卡一个不漏地确定了为达到目标必须征求同意的人员名单后，就将整个过程倒过来，从头向前推进。几个月后，艾科卡的新型车——野马从流水线上生产出来了，并在 20 世纪 60 年代风行一时。它的成功也使艾科卡在福特公司一跃成为整个小汽车和卡车集团的副总裁。

资料来源：周可真. 科学的创新思维和直觉方法 [J]. 学术界，2015（11）：55—61.

抗日战争中的逆向思维

逆向思维不但在现代生活中起到了意想不到的作用，在战争时期也一样有重要作用。有一个小八路，运用逆向思维成功地闯过了敌人的种种关卡，把重要情报送到了目的地。

事情是这样的：在抗日战争时期，有一次，敌人把一个村庄包围了，不让村里的任何人出去，派了一个伪军在村子通向外界的唯一通道——一座小桥上把守，正巧村里有一个重要的情报要传递给在村外的八路军领导人，在敌人看守如此严密的情况下，怎样才能把情报顺利、又安全送出去呢？村里的一个小八路勇敢地担当起这个任务，这个小八路在黄昏时趁着夜色的掩护，悄悄地来到了小桥旁边的芦苇地，躲藏了起来，他认真地观察小桥上发生的一切，他注意到守关卡的敌人打起了瞌睡，凡是由村外的人来，他总是头也不抬就说："回去，回去，村里不让进！"如此几次，小八路心里有了主意。于是小八路，钻出了芦苇地，悄悄接近并上了小桥，就在敌人抬头发话之前他突然转身向村里的方向走来，并且故意把脚步声弄得挺大，敌人听到后，还是头也不抬地说，回去，回去，村里不让进，结果小八路顺利过关把情报安全地送了出去，为部队打胜仗立下了汗马功劳，这也是成功运用逆向思维的结果。由此可见，学会并灵活运用逆向思维是多么重要呀!

资料来源：王翠．科学精神与创新思维 [J]．湖南社会科学，2010（5）：50-52．

火 箭 设 计

　　1964 年 6 月，王永志第一次走进戈壁滩，执行发射中国自行设计的第一种中近程火箭任务。当时计算火箭的推力时是七八月，天气很炎热。火箭发射时推进剂温度高，密度就要变小，发动机的节流特性也要随之变化。正当大家绞尽脑汁想办法时，一个高个子年轻中尉站起来说："经过计算，要是从火箭体内卸出 600 公斤燃料，这枚导弹就会命中目标。"大家的目光一下子聚集到年轻的新面孔上。在场的专家们几乎不敢相信自己的耳朵。有人不客气地说："本来火箭能量就不够，你还要往外卸？"于是再也没有人理睬他的建议。这个年轻人就是王永志，他并不甘心，他想起了坐镇酒泉发射场的技术总指挥、大科学家钱学森，于是在临射前，他鼓起勇气走进了钱学森的住房。当时，钱学森还不太熟悉这个"小字辈"，可听完了王永志的意见，钱学森眼睛一亮，高兴地喊道："马上把火箭的总设计师请来。"钱学森指着王永志对总设计师说："这个年轻人的意见对，就按他的办！"果然，火箭卸出一些推进剂后射程变远了，连打 3 发导弹，发发命中目标。从此，钱学森记住了王永志。

　　中国开始研制第二代导弹的时候，钱学森建议：第二代战略导弹让第二代人挂帅，让王永志担任总设计师。几十年后，总装备部领导看望钱学森，钱学森还提起这件事说："我推荐王永志担任载人航天工程总设计师没错，此人年轻时就露出头角，他大胆逆向思维，和别人不一样。"这是一个运用辩证法的逆向思维例证。

资料来源：刘爱平．论大学生创新思维的深度拓展 [J]．教育评论，

2012（4）：72-74．

四、逆向思维的优势

　　逆向思维优势一：在日常生活中，常规思维难以解决的问题，通过逆向思维可能被轻松破解。

　　逆向思维优势二：逆向思维会使你独辟蹊径，在别人没有注意到的地方有所发现，有所建树，从而制胜于出人意料。

逆向思维优势三：逆向思维会使你在多种解决问题的方法中获得最佳方法和途径。

逆向思维优势四：生活中自觉运用逆向思维，会将复杂问题简单化，从而使办事效率和效果成倍提高。

逆向思维优势五：逆向思维擅长运用在各个投资领域包括房地产、股票等。

逆向思维最可宝贵的价值是它对人们认识的挑战，是对事物认识的不断深化，并且由此而产生"原子弹爆炸"般的威力。我们应当自觉地运用逆向思维方法，创造更多的奇迹。

五、名人的逆向思维

（一）老子

"无为而无不为"是老子提出来的极富智慧的命题。事实上，在中国古代，主张"无为"的学者不止老子一人，例如，孔子就曾说过"无为而治者，其舜也与？夫何为哉？恭己正南面而已矣"。这句话的意思是，自己不做什么事情而使得天下太平的人，大概只有舜了，他做了什么呢？他只是庄重端坐在他的王位上罢了。老子把"无为"的思想发挥到极高的程度，从哲学高度来论证"无为"的社会意义。"无为"表面看来，似乎是一种后退的手段，但真正的目的则在于避开前进中所存在的矛盾和问题，从而占据主动，以达到"无不为"的最终目的。

（二）查理·芒格

查理·芒格喜欢用逆向思维思考问题，他一直在研究人类失败的原因，所以对人性的弱点有着深刻的理解。如果要明白人生如何得到幸福，查理·芒格首先是研究人生如何才能变得痛苦；要研究企业如何做强做大，查理首先研究企业是如何衰败的；大部分人更关心如何在股市投资上成功，查理最关心的是为什么在股市投资上大部分人都失败了。

他的这种思考方法来源于下面这句农夫谚语中所蕴含的哲理：我只想知道将来我会死在什么地方，这样我就不去那儿了。

查理·芒格在他的一生中，持续不断地研究收集关于各种各样的人物、各行各业的企业以及政府管治、学术研究等各领域中的著名失败案例，并把那些失败的原因排列成正确决策的检查清单。

查理·芒格从不试图成为非常聪明的人，而是持续地试图不被变成蠢货，久而久之，便能获得非常大的优势。这使他在人生、事业的决策上几乎从不犯重大错误。这点对巴菲特及伯克希尔·哈撒韦公司50年业绩的重要性是再强调也不为过的。

（三）沃伦·巴菲特

大多数人都认为大风险意味着大回报，但是沃伦·巴菲特却是通过避免风险来赚取财富的。他生活追求朴素，一切从简，赚钱靠的是记住浅显的，而不是掌握深奥的。

沃伦·巴菲特在发现一只股票，做过所有分析后推断出可以买入时，会做一个相反的逆向考虑，找出一些不能买入这只股票的原因。通过这样的做法，尽量保证研究是全面的，而且是透彻地考虑了这个投资的每个方面。

创新训练营 ▶▶▶

逆向思考者的特征，你具备吗？

（1）当一个公司受到市场的抛弃，基本面看起来一片悲观的时候，请考虑：情况是否真的有这么糟糕？最糟糕的情况已经出现了吗？这种糟糕的情况是阶段性的还是永久的？市场是否已经充分反映了最坏的预期？

（2）当某一个板块业绩突出并且受到市场热捧的时候，请考虑：这种优秀的业绩和强烈的市场偏好会永远持续吗？看起来非常确定的东西真的不存在一些高风险的隐患吗？

（3）当一个公司出现"黑天鹅"事件而让大众市场谴责唯恐避之不及时，请考虑：这到底是一个行业的问题还是一个公司的问题？这种问题是否可以经过改善而得到市场的认可？这种危机会真的影响行业的长期市场格局吗？

（4）当某些公司或者行业利好频出、前景一片乐观的时候，请考虑：所有积极信息能否最终反映在公司的现金流上？兴旺的市场需求是否会使竞争加剧，反而对公司的盈利能力产生负面的影响？

（5）当市场里所有人都在极力追求盈利和成功的时候，请考虑：投资中最大的危险是什么？绝大多数人在市场中失败的原因又是什么？如何避免亏损？

章节练习

如何获得心仪人的电话号码。

黄昏我陪爷爷在公园散步，不远处有一个很有气质的年轻人，忍不住多看了两眼。

爷爷问我：喜欢吗？我笑着点头。爷爷又问：想要他的电话号码吗？爷爷回身走向年轻人，几分钟后我的电话响了，传来一个声音：你好，你是××吗？你爷爷迷路了，赶快过来吧，我们在公园×××处。我对爷爷的确服气得五体投地，然后冷静地把这个电话存了下来。

请根据以上练习的思考方法，写出一个运用逆向思维的案例。

第二节

心 理 思 维

思维是人们行进的阶梯，只有阶梯搭建得好，我们才能更好地走向目的地。有时候，不加思考的行动会误入歧途，为什么总有人抱怨成功很难，其实它不难，难的是你还没有拥有成功的思维。创新思维中有一种常见的思维方式，它就是心理思维。如何运用心理思维进行创新呢？它对我们的思考产生了哪些影响呢？就让我们体验一下，聪明的人是如何运作大脑的。

一、美即好效应

在现实生活中，我们常常看到，当一个人在某方面很出色，如相貌、智力、天赋等，人们往往认为他们在其他方面也会自然而然地出色。更有甚者，只要认为某个人不错，就赋予其一切好的品质，便认为他所使用过的东西、跟他要好的朋友、他的家人都很不错。在与别人的交往中，我们并不总是能够实事求是地评价一个人，而往往是根据已有的对别人的了解而对其他方面进行推测，从对方具有的某个特性而泛化到其他有关的一系列特性上，从局部信息形成一个完整的印象，一好俱好，一坏俱坏。固然，有些人确实可以在很多方面都很优秀，但现实中这种人毕竟不多。现实中多的是有所专长，但在许多方面较平庸的人。古语云：人不可貌相，海水不可斗量。要是以貌取人，或是对一个人的能力以偏概全，你可能会丢失很多宝贵的东西。

面对一个外表较好的人时，人们总会放大其身体其他部位的优点，认为好看的人都是好的，这就是心理学上著名的晕轮效应（halo effect）。

我们很容易在认知上产生错误的观点，即以偏概全、以貌取人。对于长相好看的人，会觉得他全身都发着光，自动忽视了作为人也会有缺点的本质。

比如在日常生活中，人们对偶像的态度，便存在晕轮效应。娱乐公司为了包装自己公司的艺人，往往会在外表投入很大的金钱，给观众最好的视觉体验。所以，当追星时，很多粉丝都认为自己的偶像零瑕疵，不可以被诋毁。但在现实中，他们也是普通人，偶像艺人只是他们的一个身份。

正是因为粉丝对偶像的期待太美好，因此当偶像人设崩塌时，很多人不能接受自己心中那个完美的形象被破坏，对其纷纷指责。所以在生活中，一定要理性对待事物和人，不能陷入以偏概全的境地，多以感受为主，不要被外表所欺骗。

二、韦奇定理

在日常生活中，人们的想法总是会受其他人的影响。例如，你的身边有 10 个以上的人与你的意见不一致，便会促使你改变自己的观点，即使你的观点是正确的。

这揭示了人很难有自己独立思维的弊端，我们生活在集体文化的大环境，总喜欢跟着大众的思维走，哪怕自己的思维是正确的，也很难坚持。

社会心理学上有个很有意思的现象——群体极化（group polarization），就是说当我们处于群体之中时，开始可能会各执己见，有着自己的观点，但是，当需要群体做出决策时，往往会向更加冒险或者更加保守的方向发展。

所以，个体很难保留观点，同时群体决策也比个体决策所承担的风险更加分散。而个人在群体中时，会把群体自然而然地当作镜子。当群体观点不贴合自己的观点时，往往会放弃自己的想法而顺应群体。这个现象告诉我们，即使在群体中也应该适度地保留自己的观点，避免被群体带偏。

三、刺猬理论

刺猬们在天气凉的时候会选择靠近彼此取暖，但仍然会与对方保持一段距离，以免自己的刺扎到别人或对方的刺扎到自己。同理，再亲密的人际交往，过度对待彼此都是一种伤害，要想亲密关系能保持得更久，就得拿捏好交往的尺寸，不要在人际关系中丢失了自己。

即使是从小陪伴我们的父母，许多人在结婚之后都认为应该保持"一碗汤"的距离。也就是说，住同一个小区，既可以亲密接触，又可以有自己的私人空间。不会因为父母的过度管制而感觉到烦恼，进而产生无谓的争吵。当想念时，又可以一起吃顿饭、话家常。

四、马蝇效应

一匹再懒惰的马，如果身上有蚊虫叮咬，它也会使出自己全身的力气，奋力奔跑。这说明没有天生的蠢材，只有不努力的人才。

往往在逆境中，人的潜能才会被激发，一帆风顺的人生只会消磨人的意志，让人忘了奔跑。当遇到逆境时，并不需要拼命反抗，而是应该找准自己，努力拼搏，用实力去战胜它。

在逆境中收获新生的自己，不要逃避困难，没有扶不起的阿斗，只有不想站起的人。想废掉很容易，但想要活得精彩还得靠自己努力。成功看似很难，但只要你找到成功的思维，搭建好成功的阶梯，成功对你而言，就是顺流而上。

五、鸟笼逻辑

挂一个漂亮的鸟笼在房间里最显眼的地方，过不了几天，主人一定会做出下面两个选择之一：把鸟笼扔掉，或者买一只鸟回来放在鸟笼里。这就是鸟笼逻辑。过程很简单，设想你是这个房间的主人，只要有人走进房间，看到鸟笼，就会忍不住问你："鸟呢？是不是死了？"当你回答："我从来都没有养过鸟。"人们会问："那么，你要一个鸟笼干什么？"最后你不得不在两个选择中二选一，因为这比无休止的解释要容易得多。鸟笼逻辑的原因很简单：人们绝大部分的时候是采取惯性思维，可见在生活和工作中培养逻辑思维是多么重要。

六、破窗效应

在心理学的研究上有个现象称为"破窗效应"，就是说，一个房子，如果它的窗户破了，没有人去修补，不久，其他的窗户也会莫名其妙地被人打破；一面墙，如果出现一些涂鸦没有清洗掉，很快墙上就布满了乱七八糟、不堪入目的东西。一个很干净的地方，人会不好意思丢垃圾，但是一旦地上有垃圾出现之后，人就会毫不犹疑地丢垃圾，丝毫不觉羞愧。

心理学家研究的就是这个"引爆点"，地上究竟要有多脏，人们才会觉得反正这么脏，再脏一点无所谓，情况究竟要坏到什么程度，人们才会自暴自弃，让它烂到底。

任何坏事，如果在开始时没有被阻止，形成风气，改也改不掉，就好像河堤，一个小缺口没有及时修补，可能崩坝，造成千百万倍的损失。

犯罪其实就是失序的结果，纽约市在 20 世纪 80 年代时，地铁车厢脏乱，到处涂满了秽句，坐在地铁里，人人自危。有位教授被人在光天化日之下敲了一记闷棍，眼睛失明，从此结束他的研究生涯。纽约市运用破窗效应的理论，先改善犯罪的环境，使人们不易犯罪，再慢慢缉凶捕盗，回归秩序，一个已经向下沉沦的城市竟能死而复生、向上提升。

纽约市这种做法曾被人骂为缓不济急，"船都要沉了还在洗甲板"，但是纽约市还是从维护地铁车厢干净着手，并将不买车票白搭车的人用手铐铐住排成一列站在月台上，公开向民众宣示政府整顿的决心，结果发现非常有效。

警察发现人们果然比较不会在干净的场合犯罪，又发现抓逃票很有收获，因为每七名逃票的人中就有一名是通缉犯，二十名中就有一名携带武器，因此警察愿意很认真地去抓逃票，这使得歹徒不敢逃票，出门不敢带武器。这样纽约市就从最小、最容易的地方着手，打破了犯罪环节，使这个恶性循环无法继续下去。

七、责任分散效应

责任分散效应也称为旁观者效应，是指对某一件事来说，如果是单个个体被要求单独完成任务，责任感就会很强，会做出积极的反应。但如果是要求一个群体共同完成任务，群体中每个个体的责任感就会很弱，面对困难或遇到责任往往会退缩。

美国社会心理学家约翰·巴利和比博·拉塔内精心设计了一系列实验，发现面临危急情境，需要出手援助时，现场的人数越多，那么，愿意援助的人数越少。

心理学家拉特纳与其一名助手一起设计了一个实验来检验前面的发现。实验是这样设计的：一位女实验员安排好被试填写一张问卷后，穿过门帘到隔壁办公室工作去了。4 分钟后，被试听到女实验员站在椅子上拿东西的声音，紧接着的声音是尖叫、椅子摔倒和女士跌倒在地板上。随后是女士痛苦的声音传来："噢，天哪！我的脚……我……我……搬不动它，噢，我的脚脖子……我……没法拿开身上这东西。"

研究者试图了解，在这种情境中被试独自一人时的反应同还有其他人在场时是否有差别。结果显示，被试单独一人时，70% 的人会试图以不同方式提供帮助；两个被试在场时，出现其中一人试图提供帮助的比例为 40%；而如果旁观者换成无动于衷的假被试（即研究者的助手），则仅有 7% 的真被试尝试着提供帮助。别人的存在与态度造成了明显的观众抑制作用。

研究者让 72 名不知真相的参与者分别以一对一和四对一的方式与一假扮的癫痫病患者保持距离，并利用对讲机通话。他们要研究的是：在交谈过程中，当那个假装发病的人大呼救命时，72 名不知真相的参与者所做出的选择。事后的统计显示：在一对一通话的组，有 85% 的人冲出工作间去报告有人发病；而在有 4 个人同时听到假病人呼救的组，只有 31% 的人采取了行动。

责任分散效应比较典型的案例就是三个和尚的故事，一个和尚挑水喝，两个和尚抬水喝，三个和尚没水喝。当多个人承担责任时，责任感就会下降。例如，一个办公室里原本有三个人，每次办公室的卫生都由小张负责。后来，办公室又新来了一位同事小王，小张就和小王商定轮流打扫卫生。两个人也配合得相当好，办公室还是被打扫得干干净净。再后来，又来了一名新同事小李，他来的第二天早上，当同事都来上班时却发现地上一片狼藉。大家面面相觑。原来，小张和小王都认为卫生应该由最后来的同事小李负责，而小李却认为卫生已经有人负责了，自己只需要做自己本职的工作就行了。

由此可见，当大家都认为别人会承担某种责任的时候，恰恰没人承担责任。

八、帕金森定律

帕金森定律（Parkinson's law）是官僚主义或官僚主义现象的一种别称，被称为二十世纪西方文化三大发现之一，也可称为"官场病""组织麻痹病"或者"大企业病"，源于英国著名历史学家诺斯古德·帕金森 1958 年出版的《帕金森定律》一书。他在书中阐述了机构人员膨胀的原因及后果：一个不称职的官员，可能有三条出路，第一是申请退职，把位子让给能干的人；第二是让一位能干的人来协助自己工作；第三是任用两个水平比自己更低的人当助手。第一条路是万万走不得的，因为那样会丧失许多权利；第二条路也不能走，因为那个能干的人会成为自己的对手；看来只有第三条路最适宜。于是，两个平庸的助手分担了他的工作，他自己则高高在上发号施令，他们不会对自己的权力构成威胁。两个助手既然无能，他们就上行下效，再为自己找两个更加无能的助手。以此类推，就形成了一个机构臃肿、人浮于事、相互扯皮、效率低下的领导体系。

九、晕轮效应

人际交往中，人表现出的某一方面的特征掩盖了其他特征，从而造成人的认知障碍。

其错误在于：

第一，容易抓住事物的个别特征，习惯以个别推及一般。

第二，把"并无"内在联系的一些个性或外貌特征联系在一起，断言有这种特征必然会有另一种特征。

第三，说好就全部肯定，说坏就全部否定，受主观偏见支配的绝对化倾向。

十、霍桑效应

20世纪20—30年代，美国研究人员在芝加哥西方电力公司霍桑工厂进行的工作条件、社会因素和生产效益关系实验中发现了实验者效应，称霍桑效应。实验的第一阶段是从1924年11月开始的工作条件和生产效益的关系，设为实验组和控制组。结果不管增加或控制照明度，实验组产量都上升，而且照明度不变的控制组产量也增加。另外，又试验了工资报酬、工间休息时间、每日工作长度和每周工作天数等因素，也看不出这些工作条件对生产效益有何直接影响。第二阶段的试验是由美国哈佛大学教授梅奥领导的，着重研究社会因素与生产效率的关系，结果发现生产效率的提高主要是由于被实验者在精神方面发生了巨大的变化。参加试验的工人被置于专门的实验室并由研究人员领导，其社会状况发生了变化，受到各方面的关注，从而形成了参与试验的感觉，觉得自己是公司中重要的一部分，从而使工人从社会角度方面被激励，促进产量上升。

这个效应告诉我们，当同学或自己受到公众的关注或注视时，学习和交往的效率就会大大增加。因此，我们在日常生活中要学会与他人友好相处，明白什么样的行为才是同学和老师所接受和赞赏的，我们只有在生活和学习中不断地增加自己的良好行为，才可能受到更多人的关注和赞赏，才可能让我们的学习不断进步，充满自信。

十一、习得性无助效应

习得性无助效应最早由奥弗米尔和西里格曼发现的，后来在动物和人类研究中被广泛探讨。简单地说，很多实验表明，经过训练，狗可以越过屏障或从事其他的行为来逃避实验者加给它的电击。但是，如果狗以前受到不可预期（不知道什么时候到来）且不可控制的电击（如电击的中断与否不依赖于狗的行为），当狗后来有机会逃离电击时，他们也变得无力逃离，而且狗还表现出其他方面的缺陷，如感到沮丧和压抑、主动性降低等。

狗之所以表现出这种状况，是由于在实验的早期学到了一种无助感。也就是说，它们认识到自己无论做什么都不能控制电击的终止。在每次实验中，电击终止都是在实验者掌控之下的，而狗会认识到自己没有能力改变这种外界的控制，从而学到了一种无助感。

人如果产生了习得性无助，就成为一种深深的绝望和悲哀。因此，我们在学习和生活中应让自己的眼光再开阔一点，看到事件背后真正的决定因素，不要使我们自己陷入绝望。

十二、证人的记忆效应

在我们的认识里，证人通常都是提供一些客观证据的人，就是把自己亲眼看到、亲耳听到的东西如实地讲出来的人。然而，心理学研究证明，很多证人提供的证词都不太准确，或者说是具有个人倾向性，带着个人的观点和意识。

证人对他们证词的信心并不能决定他们证词的准确性，这一研究结果令人感到惊讶。心理学家珀费可特和豪林斯决定对这一结论进行更深入的研究。为了考察证人的证词是否有特别的东西，他们将证人的记忆与对一般知识的记忆进行了比较。

他们让被试看一个简短的录像，录像是关于一个女孩被绑架的案件。第二天，让被试回答一些有关录像内容的问题，并要求他们说出对自己回答的信心程度，然后做记忆测验。接下来，使用同样的方法，内容是从百科全书和通俗读物中选出的一般知识问题。

和以前发生的一样，珀费可特和豪林斯也发现，在证人回忆的精确性上，那些对自己的回答信心十足的人实际上并不比那些没信心的人更高明，但对于一般知识来说，情况就不是这样，信心高的人回忆成绩比信心不足的人好得多。

人们对于自己在一般知识上的优势与弱势有自知之明。因此，倾向于修改他们对于信心量表的测验结果。一般知识是一个数据库，在个体之间是共享的，它有公认的正确答案，被试可以自己去衡量。例如，人们会知道自己在体育问题上是否比别人更好或更差一点。但是，目击的事件不受这种自知之明的影响。例如，从总体上讲，他们不大可能知道自己比别人在记忆事件中的参与者头发颜色方面更好或更差。

十三、罗森塔尔效应

美国心理学家罗森塔尔等人于1968年做过一个著名实验。他们到一所小学，在一至六年级各选三个班的儿童进行煞有介事的"预测未来发展的测验"，然后实验者将认为有"优异发展可能"的学生名单通知教师。其实，这个名单并不是根据测验结果确定的，而是随机抽取的。它是以"权威性的谎言"暗示教师，从而调动了教师对名单上学生的某种期待心理。8个月后，再次智能测验的结果发现，名单上学生的成绩普遍提高，教师也给了他们良好的品行评语。这个实验取得了奇迹般的效果，人们把这种通过教师对学生心理的潜移默化的影响，从而使学生取得教师所期望的进步的现象，称为"罗森塔尔效应"，习惯上也称为皮格马利翁效应（皮格马利翁是古希腊神话中塞浦路斯的国王，他对一尊少女塑像产生爱慕之情，他的热望最终使这尊雕像变为一个真人，两人相爱结合）。

教育实践也表明：如果教师喜爱某些学生，对他们会抱有较高期望，经过一段时间，学生感受到教师的关怀、爱护和鼓励，常常以积极的态度对待老师、对待学习以及对待自己的行为，学生更加自尊、自信、自爱、自强，诱发出一种积极向上的激情，这些学生常常会取得老师所期望的进步。相反，那些受到老师忽视、歧视的学生，久而久之会从教师的言谈、举止、表情中感受到教师的"偏心"，也会以消极的态度对待老师、对待自己的学习，不理会或拒绝听从老师的要求。尽管有些例外，但大趋势却是如此，同时这也给教师敲响了警钟。

十四、虚假同感偏差

我们通常都会相信，我们的爱好与大多数人是一样的。如果你喜欢玩电脑游戏，那么就有可能高估喜欢电脑游戏的人数。你也通常会高估给自己喜欢的同学投票的人数，高估自己在群体中的威信与领导能力等。你的这种高估与你的行为及态度有相同特点的人数的倾向性就叫作"虚假同感偏差"（false consensus bias）。

以上内容中最后十个效应是人类难以避免的"十大心理效应"：鸟笼逻辑、破窗效应、责任分散效应、帕金森定律、晕轮效应、霍桑效应、习得性无助实验、证人的记忆效应、罗森塔尔效应和虚假同感偏差。

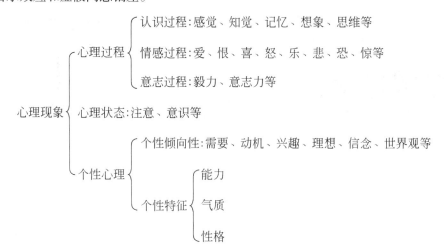

心理效应是人的心理思维的一个小缩影，心理思维是根据人的心理反应及常用思维路径而产生的思维方式。其通过把握心理现象，了解心理状态，从而引发的思维方式。例如，根据人们的心理思维而选择创新方向。

章节练习

请思考如何运用心理思维进行创新，心理思维对我们的思考又产生了哪些影响？

第三节

追 踪 思 维

一、追踪思维法的含义

追踪思维法是指根据事物在发展过程中留下的蛛丝马迹和一些不太引人注意的线索一步步深入地追究下去，从已知到未知，从现实到可能地加以思考，最后产生出创造性成果的思维过程。它是对直接存在的间接认识，是跟随在事实后面的反复思考。

追踪思维法在科学研究领域应用很广泛。伦琴发现了 X 射线后，法国科学家贝克勒尔由此进行追踪，提出 X 射线可能伴随磷光现象而存在的问题，最后发现了铀的天然放射性；居里夫人沿着"除了铀有放射性外，是否还存在与其类似的放射性元素"这一思路进行进一步深入追踪，发现了镭。

追踪思维常常能挖掘出许多创新的机遇和挑战，从而打开科技创新之门。

某学校的老师带领学生们去参观一个养蜂场，蜂箱上的蜜蜂嗡嗡叫个不停，却没有扇动翅膀。老师对学生们讲，蜜蜂之所以能够发出嗡嗡的声音是因为翅膀的振动，每秒达 200 次，如果翅膀停止振动，声音就会停止。但是学生聂利却认为这是一个矛盾的解释，她将自己的想法告诉了老师，可老师却认为教科书上的解释是不会错的。聂利不甘心，自己动手做实验，既然翅膀是声音的来源，她就先剪去了蜜蜂的翅膀，但是却发现蜜蜂仍然会嗡嗡地叫，由此可见老师的讲解是错误的。为了探索蜜蜂发声的真正奥秘，她用放大镜进行无数次观察和对照，终于发现在翅膀的根部有个很小的黑点，蜜蜂发声的时候，黑点会上下鼓动，于是她就用针捅破了小黑点，这下蜜蜂就发不出声音了。由此，她得出了蜜蜂不是靠翅膀振动发声的结论，并撰写了科学小论文《蜜蜂并不是靠翅膀振动发声》，获得了高士其科普专项奖。

通过这个故事，我们不难发现，聂利探索蜜蜂发声奥秘的过程，正是一个追踪思维法的轨迹。她通过一步步地总结、概括和思考，提升了已有的认知深度和范围，最终揭示了事物的真理。追踪思维法要求我们不满足于已有的经验和发现，要善于抓住那些经常被人忽略的地方，通过仔细观察与思索，在现有发现、发明的基础上一步一步地向前探索，紧追不舍，直至创造成功。追踪思维法对于人们开阔思路、寻求新对策、谋求新突破是大有帮助的，没有广泛而深入的追踪探索，就不可能有科技创新的发展。许多研究和实践也证明，人们的追踪式思维能力跨度是很大的。两个毫不相干的事物，只要在它们之间加上几个环节，就能一环紧扣一环地追踪思考。这种大跨度的追踪式思维能力往往具有很强的创造力。

在逻辑学中，有一个基本定律，叫作充足理由律。

从狭义上讲，充足理由律的意思是，你给出的观点必须要有理由，而且理由必须充分、可信。从广义上讲，充足理由律的意思是，任何事情都有其存在的背后理由，因为某些理由导致它们存在。而如果想培养洞悉事物本质的能力，就必须培养不断问为什么，即寻找理由的能力。但是，绝大多数人都是浅显地思考，甚至不思考，哪里谈得上去探寻事物本质以及去追问事物产生的根本原因？对于某些观点也是，很多人根本就不会在意观点背后有什么支撑的理由，只是听风是雨，遇到与自己相符合的观点就赞成，与自己不符合的观点就反对。这样就很难培养自身的深度思考能力了。反而，根据逻辑学的充足理由律，我们可以培养深度思考能力。而培养深度思考能力的思维方式，叫作追踪思维。

二、追踪思维本质

它指的是我们要不断地去追问事物的根本原因。一旦我们理解了事物的根本原因之后，我们就更容易洞悉事物的本质。

在《简单的逻辑学》这本书中，也提到了充足理由律的巨大作用，原文如下：

有时我们不能发现问题的根源，仅仅是因为我们懒惰，没有充分地研究。

有时则是耐心不够，对于要做的事，我们总是想着用最快的、一劳永逸的方法来解决，殊不知，问题的根源还在原地嘲笑我们。

问题的根源，事物的本质，其实是一回事。挖掘现象背后存在的根本理由，这种挖掘过程就是追踪思维的体现。学到了追踪思维，你会发现在生活中有很多问题有待解决，但自己却视而不见。这样导致那些问题成为顽疾，一直不能被解决，浪费时间、精力、注意力，阻碍自己的成长。比如，习惯性地拿起手机就玩，一玩就是几个小时；习惯性地睡前刷手机，导致自己到凌晨才睡觉。

如果养成追踪思维，你就会发现，习惯性玩手机就是自己顺应身体的节奏，是可以用另外的好习惯替换的，比如看看书。那些坏习惯是可以改正的，只要你愿意改就一定能改。关键是自己要认清那些习惯的本质，找到改变的理由。一个人是具有主观能动性的，只要敢挑战自己，只要敢追问问题本质，就能突破自己。

通过追踪思维，就可以找到自己坏习惯难以戒除的根本原因。首先，探寻习惯形成的过程，发现习惯在情绪脑之中。其次，查询习惯不好改变的原因，是因为由于多次重复，如果想变换原有轨道，就会额外付出努力，而自己的天性会抵制这种改变。这种天性属于情绪脑的一部分，自己的理性又是有限的，情绪又是强大的，所以就屡教不改。然而，脑科学研究表明，人是可以驯服自己的大脑的。以前自己被大脑控制，现在大脑可以被自己控制，这就是驯服大脑，让大脑为自己服务。要改变习惯，可以从小的方面入手，逐步改变。这在《微习惯》这本书中有很强的体现，通过不断地向内问自己到底该如何改变习惯，最终找到改变坏习惯的法宝。

如果我们不去意识到自己的问题，那么坏习惯还是会无形中浪费自己的时间。稍微用一用追踪思维就能给自己带来巨大的改变。

无论在学习知识时还是遇到的问题时，如果我们都有追寻源头的习惯，那么自己的底层思维会变得非常强大。那些会深度思考的人几乎都会追问事物的本质。对于大学生而言，也可以去学习追踪思维，不断地去探寻事物的本质。改变一下心态，真正地想办法深度思考，对自己的成长，特别是思维的成长，百利而无一害。

想要成长，就必须付出努力。想要培养深度思考能力，就必须锻炼自己的大脑，让它去适应思考。这世上没有表层思考，甚至不思考就能获得洞悉事物本质的能力。越是逃避思考，自己的思考能力越是无法提升，越是敢于去思考，就越会发现自己的一些错误，进而纠正。

这就是追踪思维给我们带来的好处。羡慕别人思考能力强的同时，一定要着手培养自己的思考能力。好的思维方式也是一种习惯，这还需要自己不断地去实践。

追问到底——追踪思维法思维训练

（一）

日本丰田汽车公司是汽车行业中的佼佼者，该公司生产的汽车的外形、质量、性能都非常不错。在丰田，有一个奇怪的现象，那就是"追问到底"。对公司新近发生的每一件事情，丰田人都会采用追问到底的态度，找出最终的原因。例如，公司的某台机器突然停了，怎么办呢？针对这个问题，他们是这样追问的。

问："机器为什么不转了？"

答："因为保险丝断了。"

问："为什么保险丝会断？"

答："因为超负荷而造成电流太大。"

问："为什么会超负荷？"

答："因为轴承枯涩不够润滑。"

问："为什么轴承枯涩不够润滑？"

答："因为油泵吸不上来润滑油。"

问："为什么油泵吸不上来润滑油？"

答："因为抽油泵产生了严重磨损。"

问："为什么抽油泵产生了严重磨损？"

答："因为油泵未装过滤器而使铁屑混入。"

追问到这里时，最终的原因找到了。也就是说，要想机器正常运转，只要给油泵装上过滤器，再换上保险丝就行了。

（二）

"妈妈，我是从哪里来的？"

"你是妈妈生出来的。"

"那妈妈是哪里来的？"

"妈妈是妈妈的妈妈生出来的。"

"那妈妈的妈妈是哪里来的？"

"是妈妈的外婆生出来的。按照达尔文的进化论，最早的人类是从古类人猿变的，然后，每个人都是妈妈生出来的。"

小时候，我们都向父母问过这样的问题，而且往往对妈妈的回答不满意，总是一直"为什么"地问下去。事实上，这种追问是每个孩子的天性，也是追踪思维的原型。

追踪思维法也称因果思维法，是指按照原思路刨根寻底，穷追不舍，直至找出原因的思维方法。

一般来说，任何事物都有其原因和结果、表象和本质，有其发展规律和脉络，通过结果，可以探出事物的原因，通过表象，可以发掘事物的本质。只要你善于运用一些不引人注意的线索步步深入地追究下去，从已知到未知，从现实到可能地加以思考，最后就会产生出创造性成果。

资料来源：梁小军，扶健华. 运用"多维系统反馈"法促进学生创新思维的实证研究 [J]. 武汉体育学院学报，2015，49（8）：96-100.

 **章节练习**

提出一个现象或者一项应用，对其究根问底，并有一个创造性构思。

第四节

替 代 思 维

一、替代思维的含义及运用

（一）替代思维的定义

替代思维是指一种产品在消费实践中已证明是过时落后的，人们希望有更好的东西替代，一旦有了优于或完全不同于这种产品的另一种新产品问世，市场销路往往会出人意料得好。

（二）替代思维的模式

替代思维所运用到的模式是一种公式性的模式：

一种概念／产品等→替换成另一种概念／产品等→解决问题

一种概念／产品等→替换成另一种概念／产品等→等量代换

例如，4G 手机在市场上流通很久，且已是大众所常用的类型，但 4G 网络的速度明显已经不能满足部分客户的需求，此时 5G 手机的出货量就增长明显。根据中国信通院的数据，2022 年全年，国内市场 5G 手机的出货量占同期手机出货量的 78.8%，也就是说许多手机厂商都在发布 5G 手机了，且随着时间的推移，占比会越来越高。在这里，5G 手机作为新的替代品，受到市场的欢迎。

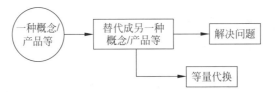

再如充电，随着人们对智能手机的使用越来越频繁，手机的充电慢成了个大问题，几年前的手机需要数个小时的充电时间，而当快充这个概念被提出时，就受到了广大客户的欢迎。OPPO 的"充电一分钟，通话两小时"就是靠快充作为新概念进行手机营销，从而吸引了大批购买者，这个广告至今还有人记得住，可见当时快充这个新概念令人印象深刻。而充电方式从用数据线连接充电发展到无线充电，也是一种替代思维的体现。

二、以替代思维看待生活

狂热的无理性追求内心满足是不正常的人性表现，狂热追求内心满足感无非就是视、听、感三方面的强烈刺激满足。当内心产生不满足的感受，会形成一种不满足的心理压力，这种心理压力驱使人去满足，以释放不满足的心理压力，人的内心有一条"沉迷线"，不满足的心理压力达到"沉迷线"以上，人就是不清醒的，就是无理性的，就是糊涂的，就是愚蠢的，人会不计代价地疯狂寻求满足，而无论这种满足是否会伤害家庭，阻断前途，毁灭自己。

我们需要将内心不满足的心理压力始终保持在"沉迷线"以下，方法就是寻找一种让内心满足的代替品、代替物、代替方式来释放内心不满足的心理压力，代替方式尽管满足度不高，但可以释放一定的不满足心理压力，让不满足的心理压力始终保持在沉迷线以下，人就可以始终保持理性而不至坠入迷幻，越陷越深。不良的心理满足方式有不断加深的危险，所以，我们要选择健康的方式代替不健康、不安全，甚至危险的内心满足方式，来释放内心不满足的心理压力。

如果你觉得不可能选择代替，请反思自己是否过度沉迷而无法自拔，是否在头脑中执行着不自觉的负面预想，窄化思维使你成为井底之蛙，情绪化的意气想法让你产生误判，这些思维弱点让你武断地认为替代方式不存在。

任何事物都有合理的、理性的、健康的代替方式，关键在于用心寻找，不断用代替方式释放内心不满足的心理压力至沉迷线以下。

想让自己变得不可替代的方式有两种：一是做别人做不了或者不愿做的事情；二是把人人都能做的事情做到极致。

在这个时代，从来都没有稳定的工作，只有稳定的创新力。当你被人需要，能帮人解决问题，拥有不可替代的技能，你就有主动选择的权利。

想要拥有解决问题的能力，就要不断提升自己的思维方式，并付诸行动，而不是去打压和诋毁竞争对手。没有竞争对手，你永远没有危机意识，就没有创新压力和动力，就无法推进行业发展和优化行业模式，颠覆行业短板。

无论是生活中还是工作中，你都会发现，有些成功的人并不是赢在学历和能力上，而是赢在了思维方式和行动速度上。

思维方式决定选择路径；行动路径和速度决定你的人生上限。没有超前的思维方式，只能做追随者。

 **章节练习**

用替代思维替换生活中一个现象或物品，并产生新的项目。

第五节

发 散 思 维

一、发散思维的定义

发散思维（divergent thinking）又称辐射思维、放射思维、扩散思维，是指大脑在思维时呈现的一种扩散状态的思维模式。它表现为思维视野广阔，思维呈现出多维发散状，如"一题多解""一事多写""一物多用"等。不少心理学家认为，发散思维是创造性思维最主要的特点，是测定创造力的主要标志之一。

发散思维和灵感在创造性活动中起着重要作用，发散性思维分为立体思维、平面思维、逆向思维、侧向思维、横向思维、多路思维和组合思维、因果思维等大类。

二、发散思维的作用与特点

（一）发散思维的作用

核心性作用：想象是人脑创新活动的源泉，联想使源泉汇合，而发散思维就为这个源泉的流淌提供了广阔的通道。

基础性作用：在创新思维的技巧性方法中，有许多都是与发散思维有密切关系的。

保障性作用：为随后的收敛思维提供尽可能多的解决方案。这些方案不可能每一个都十分正确、有价值，但是一定要在数量上有足够的保证。

（二）发散思维的特点

1. 流畅性

发散思维具有流畅性。流畅性就是观念的自由发挥，指在尽可能短的时间内生成并表达出尽可能多的思维观念以及较快地适应、消化新的思想观念。机智与流畅性密切相关。流畅性反映的是发散思维的速度和数量特征。用属性列举法来训练思维的流畅性：①用你能想到的所有定语形容某一个名词；②想出一个故事的多个结局；③给一个故事拟定多个标题；④用给定的字组成尽可能多的词，或用给定的词语组成尽可能多的句子。

2. 变通性

变通性是指克服人们头脑中某种自己设置的僵化的思维框架，按照某一新的方向来思索问题的过程。发散性思维具有变通性。变通性的训练方法如下：①说出给定的定语能够描述的所有东西；②对给定的一系列词按照一定的类别进行组合，比如蜜蜂、鹰、鱼、麻雀、船、飞机等，按照飞行的、游水的、凶猛的等类别进行组合。

变通性需要借助横向类比、跨域转化、触类旁通，使发散思维沿着不同的方面和方向扩散，表现出极其丰富的多样性和多面性。

3. 独特性

独特性是指人们在发散思维中做出不同寻常的异于他人的新奇反应的能力。独特性是发散思维的最高目标。

4. 多感官性

发散性思维不仅运用视觉思维和听觉思维，而且充分利用其他感官接收信息并进行加工。发散思维还与情感有密切关系。如果思维者能够想办法激发兴趣，产生激情，把信息情绪化，赋予信息以感情色彩，会提高发散思维的速度与效果。

三、发散思维实例

（一）立体思维

思考问题时跳出点、线、面的限制，进行立体式思维。

立体绿化：屋顶花园增加绿化面积、减少占地改善环境、净化空气。

立体农业、间作：如玉米地种绿豆、高粱地里种花生等。

立体森林：高大乔木下种灌木，灌木下种草，草下种食用菌。

立体渔业：网箱养鱼充分利用水面、水体。

立体开发资源：煤、石头、开发工艺品。

你还能想出什么样的立体思维形式？

（二）平面思维

以构思二维平面图形为特点的发散思维形式，如用一支笔和一张纸一笔画出圆心和圆周。

（三）逆向思维

从相反方向思考问题的方法，因为客观世界上许多事物之间甲能产生乙，乙也能产生甲。例如，化学能能产生电能，据此意大利科学家伏特 1800 年发明了伏打电池；反过来电能也能产生化学能，通过电解，英国化学家戴维 1807 年发现了钾、钠、钙、镁、锶、钡、硼七种元素；说话声音高低能引起金属片相应的振动，相反金属片的振动也可以引起声音高低的变化。

那么如何进行逆向思维呢？

（1）就事物依存的条件逆向思考，如小孩掉进水里，把人从水中救起，是使人脱离水，司马光救人是打破缸，使水脱离人，这就是逆向思维。

（2）就事物发展的过程逆向思考，如人上楼梯是人走路，而电梯是路走，人不动。

（3）就事物的位置逆向思考，如开展假如"我是某某"活动。

（4）就事物的结果逆向思考，据说俄国大作家托尔斯泰设计了这样一道题：

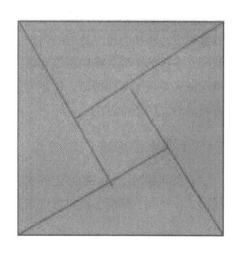

从前有个农夫，死后留下了一群牛，他在遗书中写道，妻子得全部牛的半数加半头；长子得剩下牛的半数加半头，正好是妻子所得的一半；次子得还剩下牛的半数加半头，正好是长子的一半；长女分得最后剩下牛的半数加半头正好是次子所得牛的一半。结果一头牛也没杀，也没剩下，问农夫总共留下多少头牛？

解这道题最好是倒过来想，倒过来算：长女既然得到的是最后剩下的牛的"半数"再加"半头"，结果1头都没杀，也没有剩下，那么，她必然得到的是1头；次子：长女得到的牛是次子的一半，那么，次子得到的牛就是长女的2倍，即2头；长子：次子得到的牛是长子的一半，那么，长子得到的牛就是次子的2倍，即4头；妻子：长子得到的牛是妻子的一半，那么，妻子得到的牛就是长子的2倍，即8头；把4个人得到的牛的头数相加：1+2+4+8=15，可见，农夫留下的牛是15头。

在商业营销运作中，也常有逆向思维应用：如做钟表生意的都喜欢说自己的表准，而一个表厂却说他们的表不够准每天会有1秒的误差，不但没有失去顾客，反而大家非常认可，踊跃购买。用8根火柴做2个正方形和4个三角形（火柴不能弯曲和折断）。一般在正方形中做三角形都容易从对角线入手，但对角线的长度大于正方形的边长，所以反过来想，既要组成三角形，又要相同的边长，那就要错开对角线。

（四）侧向思维

从与问题相距很远的事物中受到启示，从而解决问题的思维方式。例如，19世纪末，法国园艺学家莫尼哀从植物的盘根错节想到水泥加固的例子。

当一个人为某一问题苦苦思索时，在大脑里形成了一种优势灶，一旦受到其他事物的启发，就很容易与这个优势灶产生相联系的反映，从而解决问题。

（五）横向思维

相对于纵向思维而言的一种思维形式。纵向思维是按逻辑推理的方法直上直下的收敛性思维。而横向思维是当纵向思维受挫时，从横向寻找问题答案。正像时间是一维的，空间是多维的一样，横向思维与纵向思维代表了一维与多维的互补。最早提出横向思维概念的是英国学者德博诺。他创立横向思维概念的目的是针对纵向思维的缺陷提出与之互补的对立的思维方法。

（六）多路思维

解决问题时不是一条路走到黑，而是从多角度、多方面思考，这是发散思维最一般的形式（逆向、侧向、横向思维是其中的特殊形式）。

（七）组合思维

从某一事物出发，以此为发散点，尽可能多地与另一（或一些）事物联结成具有新价值（或附加价值）的新事物的思维方式。

组合发散法顾名思义就是将不同的事物组合起来，从而创造出新的事物的一种思考方法。发散的方向应该是全方位的，包括正向、逆向、纵向、横向，必要时还要进行三维立体思维、多维空间思维。

"组合"并不是把两个事物生搬硬套地放在一起，而是按照事物之间的内在联系，把它们有机地结合起来，就像玩拼图游戏的时候，那些小块儿必须环环相扣才能展现出一张完整的画面。我们需要对组合对象进行深入研究，把握各个部分之间的联系，从中总结出规律，然后把它们综合起来。

组合发散法有两方面的意义，一方面可以帮助我们创造新事物，另一方面可以帮助我们全面地了解一件事情。运用组合发散法的时候要尽可能地扩展思路，不能局限于某一事物或事物的某一方面，而应该从多角度、多层面来寻找组合对象。进行组合发散法思考时要把握好组合对象之间的联系，只有把两个或多个事物巧妙地联系起来，才能发挥组合的作用，只有找到事物之间的联系，才能很好地把握问题的全貌。运用组合发散法分析问题的时候，每次只考虑一个角色的想法，并完全站在那个角度进行思考，摒除其他思考角度的干扰。

在科学发展中，第一次大组合是牛顿组合了开普勒天体运行三定律和伽利略的物体垂直运动与水平运动规律，从而创造了经典力学，引起了以蒸汽机为标志的技术革命；第二次大组合是麦克斯韦组合了法拉第的电磁感应理论和拉格朗日、哈密尔顿的数学方法，创造了更加完备的电磁理论，因此引发了以发电机、电动机为标志的技术革命；第三次大组合是狄拉克组合了爱因斯坦的相对论和薛定鄂方程，创造了相对量子力学，引起了以原子能技术和电子计算机技术为标志的新技术革命。所以爱因斯坦说过："……组合作用似乎是创造性思维的本质特征。"

在科学界、商业和其他行业都有大量的组合创造的实例。当然组合不是随心所欲地拼凑，必须是遵循一定的科学规律的有机的最佳组合。

（八）因果思维

因果发散法就是让我们以事物发展的原因或结果为中心点，进行发散思考，从而找到导致某一现象的原因或者某一现象可能引起的结果。由果及因的发散思考在解决复杂问题的时候比较常见，只有找到问题的症结所在，才能找到解决问题的有效方案。无论是在自然界还是在人类社会，因果关系并不是如此清晰明了地一一对应的。一个原因可以导致多种结果，一个结果可能是由多种原因引起的。

四、发散思维的方法及训练

（一）发散思维的方法

1. 一般方法

材料发散法——以某个物品的"材料"为发散点，设想它的多种用途。

功能发散法——从某事物的功能出发，构想出获得该功能的各种可能性。

结构发散法——以某事物的结构为发散点，设想出利用该结构的各种可能性。

形态发散法——以事物的形态为发散点，设想出利用某种形态的各种可能性。

组合发散法——以某事物为发散点，尽可能多地把它与别的事物组合成新事物。

方法发散法——以某种方法为发散点，设想出利用该方法的各种可能性。

因果发散法——以某个事物发展的结果为发散点，推测出造成该结果的各种原因，或者由原因推测出可能产生的各种结果。

2. 假设推测法

假设的问题不论是任意选取的，还是有所限定的，所涉及的都应当是与事实相反的情况，是暂时不可能的或是现实不存在的事物对象和状态。

由假设推测法得出的观念可能大多是不切实际的、荒谬的、不可行的，这并不重要，重要的是有些观念在经过转换后，可以成为合理的、有用的思想。

3. 集体发散思维

发散思维不仅需要用上我们自己的全部大脑，有时候还需要用上我们身边的无限资源，集思广益。集体发散思维可以采取不同的形式，比如我们常常戏称的"诸葛亮会"。在设计方面，我们通常采用的是"头脑风暴"，每个人都说出自己的想法（不要管是否可以实现），只要自己能说通了，都可以被大家认同，而且被采纳，最后总结出结论。

（二）发散思维训练

通常而言，发散思维基于个人的生活基础，具有非常鲜明的个人风格和个人主义，所以阻碍发散思维的通常也是个人固有思维的限制，如何突破传统思维制约，需要从多个角度展开思维突破，在学习和生活中，要善于思考，善于发现，求同存异。

（1）多角度思考。培养发散思维，首先要做到的是从多个角度去思考一个问题，以寻求到多种想法、观点或者答案。在这个基础上进行想象，从而产生多条思路，并且使多条思路向外扩展。

（2）相似联想。想象最直观的是相似联想，即由一事物想到在某一特征上与之相似的另一事物。比如通过少年想到幼苗、雏鸟等，通过月亮联想到恋爱，通过红色联想到烈火，通过悦耳的鸟鸣联想到动听的歌声等。

（3）相关联想。相关联想是由一事物想到与之相关的事物。有些事物形式虽有所不同，但其本质却有相同的地方，因而可由此物联想到彼物。比如通过一张发黄的照片联想到过去的岁月，通过明月联想到嫦娥，通过蜜蜂采集花粉酿蜜联想到奉献，通过蚂蚁啃骨头联想到韧性，通过石灰粉身碎骨联想到献身等。

（4）多向思维。单向思维大多是低水平的发散，多向思维才是高质量的思维。只有在思维时尽可能多地给自己提一些"假如……""假定……""否则……"之类的问题，才能强迫自己换另一个角度去思考，想自己或别人未想过的问题。所以，客观联系是思维发散的基础和原因，联想是联系与个人主观能动性的结合，二者联合形成精心设计的思维发散的风暴。

（5）不局限于唯一的正确答案。在寻求"唯一正确答案"的影响下，学生往往是受教育越多，思维越单一，想象力也越有限。发散思维鼓励人们寻找和考虑新颖而独特的方法、机会、观念和解决方式。不能满足于提出一个固定不变的答案，而是在解决问题的过程中不断问自己"如果这样尝试会有何发现？"

（6）发散思维是一种创造性思维，因此它分析问题的思维模式是打破常规，跳出框框去思考。在探索多种可能性的思维过程中提出有创意的观点，并非采取显而易见的步骤，不经思考地走直线，而是分析问题的各个方面以创造不同结果。

（7）学会逆向思维也是发散性思维的一种。朝着认识事物相反的方向去思考问题，提出独特见解的思维方式。不受旧观念束缚，积极突破常规，标新立异，表现出积极探索的创造性。不满足于"人云亦云"，不迷恋于传统看法。

章节练习

（1）用发散思维对"水"进行发散性思考。

（2）根据上题中的思考进行创新。

第六节

批判性思维

一、批判性思维的含义

批判性思维（critical thinking）就是通过一定的标准评价思维，进而改善思维，是合理的、反思性的思维，既是思维技能，也是思维倾向。最初的起源可以追溯到苏格拉底。在现代社会，批判性思维被普遍确立为教育特别是高等教育的目标之一。

"批判的"（critical）源于希腊文 kriticos（提问、理解某物的意义和有能力分析，即辨明或判断的能力）和 kriterion（标准）。从语源上说，该词暗示发展"基于标准的有辨识能力的判断"。批判性思维作为一个技能的概念可追溯到杜威的"反省性思维"：能动、持续和细致地思考任何信念或被假定的知识形式，洞悉支持它的理由以及它所进一步指向的结论。批判性思维指的是技能和思想态度，没有学科边界，任何涉及智力或想象的论题都可从批判性思维的视角来审查。批判性思维既是一种思维技能，也是一种人格或气质；既能体现思维水平，也凸显现代人文精神。

二、批判性思维所需的基本能力及思维倾向

（一）所需的基本能力

（1）解释。理解和表达极为多样的经验、情景、数据、事件、判断、习俗、信念、规则、程序或规范的含义或意义。此技能包括归类、理解意义和澄清含义。

（2）分析。识别意图和陈述之间实际的推论关系、问题、概念、描述或其他意在表达信念、判断、经验、理由、信息或意见的表征形式。此技能包括审查理念、发现论证和分析论证。

（3）评估。评价陈述的可信性或其他关于个人的感知、经验、境遇、判断、信念或意见的描述；评价陈述、描述、问题或其他表征形式之间实际的或意欲的推论关系的逻辑力量。此技能包括评价主张、评价论证。

（4）推论。识别和维护得出合理结论所需要的因素；形成猜想和假说；考虑相关信息并根据数据、陈述、原则、证据、判断、信念、意见、概念、描述、问题或其他表征形式得出结果。此技能包括质疑证据、推测选择和推出结论。

（5）说明。能够陈述推论的结果；应用证据的、概念的、方法论的、规范的和语境的术语说明推论是正当的；以强有力的论证形式表达论证。此技能包括陈述结果、证明程序的正当性和表达论证。

（6）自我校准。监控一个人认知行为的自我意识、应用于这些行为中的因素，特别是在分析和评估一个人自己的推论性判断中应用技能导出的结果，勇于质疑、确证、确认或改正一个人的推论或结果。此技能包括自我审查、自我校正。

（二）思维倾向

（1）求真。对寻找知识抱着真诚和客观的态度。若找出的答案与个人原有的观点不相符，甚至与个人信念背驰，或影响自身利益，也在所不计。

（2）开放思想。对不同的意见采取宽容的态度，防范个人偏见的可能。

（3）分析性。能鉴定问题所在，以理由和证据去理解症结和预计后果。

（4）系统性。有组织、有目标地处理问题。

（5）自信心。对自己的理性分析能力有把握。

（6）求知欲。对知识好奇和热衷，并尝试学习和理解，就算这些知识的实用价值并不直接明显。

（7）认知成熟度。审慎地做出判断，或暂不下判断，或修改已有判断。有警觉性地去接受多种解决问题的方法。即使在欠缺全面知识的情况下，也能明白一个权宜的决定有时也是需要的。

三、探究模型及案例

（一）探究模型

1. 苏格拉底方法

批判性思维的第一个模型是"苏格拉底方法"或"助产术"——苏格拉底所倡导的一种探究性质疑（probing questioning）。通过苏格拉底提问（或反驳、辩证法），人们被要求澄清他们思考或研究的目的及其意思，区分相干和不相干的信息，然后检验其可靠性和来源，质疑他们自己和他人所言包含的假设，按照合作的精神，从不同的视角进行推理、探查他们自己和他人所思考东西的后果或含义，整理他们知道或以为知道的东西的理由和证据，也对他们面前的证据和理由保持敏感。通过提问，揭示习以为常、理所当然的信念背后的假设所包含的不一致性，以探求新的可能答案。

2. 反省性思维

现代批判性思维的代表人物杜威提出了"反省性思维"（reflective thinking）——批判性思维的探究模型。杜威发现，日常解决问题的方法类似于科学探究方法：定义问题，把期望转变为可能的、合意的结果，形成达至所确认目标的可能方式的假说，想象地思考实施这些假说的可能后果，然后用它们试验，直到问题被解决。然而，杜威同时区别了日常思维和反省性思维。反省性思维是对任何信念或被假定的知识形式，根据其支持理由以及它所指向的进一步的结论，予以能动、持续和细致地思考。反省意味着搜寻发展某个信念的其他证据、新事实，或者证实该信念，或者使它的荒谬和不相干更显然。简言之，反省性思维意味着，在进一步的探究期间，判断被悬置。反省性思维本质上是假说的系统检验，有时也称为"科学方法"。它包括问题的定义、假说的提出、观察、测量、定性和定量分析、实验、解释、用进一步的实验检验暂时的结论。

3. 元认知

元认知是对认知的认知，突出对认知的监控和调节。批判性思维包括认知技能和情感特质（心理倾向）两大部分，包含在批判性思维技能中的"自我校正"明显属于元认知。而把批判性思维定义为元思维时（如保罗的定义：为改善思维而对思维的思考），整个批判性思维就具有元认知的性质。

4. 高阶认知

高阶认知（技能）或高阶思维源自布隆姆认知目标分类系统。这个著名的"金字塔"系统包括6个连续的层级：知识、领会、应用、分析、综合和评估。其中，分析、综合和评估构成了高阶思维，而且常常被等同于批判性思维。所以，高阶思维等相关说法就是布隆姆式的批判性思维。也有人将批判性思维仅仅看成是第6个层级即评估，因为正是这个层级聚焦于在对一个陈述或命题的分析的基础上做出评价或判断。由此看来，批判性思维只是高阶思维的一部分。

（二）批判性思维案例分析

1. 飞机上的弹痕

2018年中国高考全国Ⅱ卷中的作文题，就是一个测试批判性思维能力的题目。

题目：根据以下材料写一篇作文。"二战"期间，为了加强对战机的防护，英美军方调查了作战后幸存飞机上弹痕的分布，决定哪里弹痕多就加强哪里。然而统计学家沃德（Abraham Wald）力排众议，指出更应该注意弹痕少的部位，因为这些部位受到重创的战机，很难有机会返航，而这部分数据被忽略了。事实证明，沃德是正确的。

这是一个真实的故事。沃德是哥伦比亚大学统计学教授，之前也是经济学教授。他是统计决策理论和序贯分析的创始人之一。

上面的故事是他在"二战"期间帮助美军分析的一个例子，它说明了统计分析中的"幸存者偏差"问题。那就是我们只看到了那些能够飞回来的飞机，而看不到那些被击落而没能飞回来的飞机。所以，只是根据"幸存者"的数据做出的判断是不正确的。这既是基于统计推断的思维，也是一种批判性思维能力。这种测试题超越传统的知识范围，应该说是有意义的。

批判性思维能力是可训练、可测试的。但是如果认为批判性思维只是这些内容，那就错了。批判性思维除了在能力层次之外还有一个更重要的层次，它是一种思维心态或思维习惯，称为心智模式。这个层次超越能力，是一个价值观或价值取向的层次。批判性思维不仅是一种能力，也是一种价值取向。

2. 骡子和骡妈妈

有这样一则流传很广的寓言故事，大概是这样的：

有个农夫养了几头骡子和一群猪。一天，小骡子问大骡子："妈妈，为什么猪们不用干活，吃饱了就可以去睡觉，而我们每天要干那么多活，还常常挨主人的鞭子？"

大骡子低头看着小骡子，温柔地说："孩子，我们只需要干好自己的活，其他的事我们无须理会。"

"为什么？"小骡子迷茫地望着妈妈问道。

"迟些日子你会明白的！"大骡答道。

小骡子虽然不解，但也只好低下头继续拉磨。日子一天天地过去，转眼间半年过去了。

一天中午，农夫带来个屠夫，走到猪舍前指着其中一头猪说："就这头吧！太大了就不值钱了。"不一会儿，猪舍里传来了惨烈的嚎叫声。

小骡子颤抖着身子小声地问大骡："妈妈，平时主人对猪那么好，为什么现在又要让屠夫来杀它们？"

大骡子沉思了一下，平静地说："孩子，你要知道，一个人若是什么都不做，一味索取，而不思付出是活不长的！"

当看到这则寓言时，你是否会佩服大骡子的智慧？但是，也许我们被寓言误导了，从而犯了常识性的错误。这则寓言可靠吗？如果可靠，那么有骡妈妈吗？骡子会生育吗？

如上面的寓言，其实骡子是马和驴交配所生的"混血儿"。无论公骡子还是母骡子，生殖系统在构造上虽然比较完善，但是生理机能却不正常。由于缺少性激素，公骡子的生殖器官不能产生成熟的精子；而母骡子的生殖器官缺乏黄体酮，因而产生的卵子很快衰弱，不久便会死去，更不可能成熟，当然也就不能受精。因此"骡妈妈"是不存在的。

为什么我们在读这个故事的时候，会轻易被剧情带走，而忽略了其背后明显的常识性错误？可能是因为我们缺乏批判性思维。

在遇到外界铺天盖地的信息时，我们也可能会犯类似这样的小错误。批判性思维使一个人能够始终保持独立而理性地思考，不会盲从附和或者盲目相信权威，对信息抱有审慎的态度，懂得发现和分析问题。我们生活在一个信息爆炸的时代，每天在现实生活中和网络上，都会接触到大量的信息，我们需要从这些繁杂的信息中去伪存真、筛选、思考和判断出真实有用的信息。而做出选择判断和思考的有效方法和过程，就是批判性思维。

当我们得到一个信息时，可以在以下几个方面问自己：这个信息传播的目的是什么？为何会得出这个结论？有哪些证据支撑？证据的来源是否可靠？是否有其他的可能性？

请用批判性思维对一则网络热门事件做出自己的思考。

第七节

多 路 思 维

一、多路思维的含义

多路思维是系统思维方式中的一种思维方法，是指围绕目标、多向追寻、多案优选的思维方法，指对一个有多种答案的问题，朝着各种可能解决的方向，去扩散性思考该问题各种正确答案的思维。多路思维需要我们从不同角度、不同逻辑起点、不同思维程序考察客观事物，对事物形成多方面、多层次、多因素、多变量的整体认识。多路思维要求思考者要善于分多路想问题，而不要在"一条道上走到黑"。

例如，以"电线"为材料，设想它的各种用途，学生们自然地把它和电、信号等联系起来，作为导体；也可以把它当作绳用来捆东西、扎口袋等。但如果从电线的其他性质去考虑（如铜质、体积、长度、韧性、直线、轻度等），你会发现电线的用途非常多。例如，可加工成织针，弯曲做鱼钩，可以做成弹簧，缠绕加工制成电磁铁，铜丝熔化可以铸铜字、铜像，变形加工可以做文字拼图，做运算符号进行运算等。

多路思维需要涉及各方面的知识，同时综合社会生活经验，这就需要同学们在日常生活中细心观察，认真学习，拓宽知识面，要敢于冲破陈规陋习的束缚，进行创造性思维。

二、多路思维训练方式

多路思维主要的训练方式有多向思维和反向思维。

（1）多向思维：变式训练，提供错误反例。

（2）反向思维：反证法、倒推法。

三、多路思维的运用——奔驰法

（一）奔驰法的含义

奔驰法（SCAMPER）由美国应用心理学家罗伯特·艾伯尔博士提出。SCAMPER是七个英文短语的缩写，同时代表着七个解决问题的方向，这七个方向是：替代（S，substitute）、整合（C，combine）、调整（A，adapt）、修改（M，modify）、另用（P，put to another uses）、消除（E，eliminate）、逆反 / 重组（R，reverse/rearrange）。它是一种检核表法，常用在改进现有产品、服务或商业模式中，能够帮助我们拓宽解决问题的思路。在解决问题的过程中，如果感到束手无策，不知从哪一个方向开始思考，可以尝试用奔驰法从七个方向重新思考问题，从而打开解决问题的思路。

（二）奔驰法的具体步骤

（1）制作检核表格。

（2）为每一个切入点找出最适合的定义。

（3）设计问题。

（4）思考可能的答案。

（5）评估可行方案，落实流程改善或产品改良。

章节练习

某天，一位老师在课堂上提问："树上有 10 只鸟，猎人开枪打死了 1 只，还剩下几只？"本来很简单的问题，却因为一个学生的提问，让整个课堂"炸锅"了。

该学生突然站起来问道："请问猎人用的是什么枪？"老师回答说："来复枪。"

"射出的子弹是单粒子弹还是散弹？""单粒子弹。"

"枪声有多大？""80 到 100 分贝。"

"这些鸟里面有没有聋子，听不见？"

"没有。"

"这只鸟确定被打死了吗？""鸟有没有被关在笼子里面，挂到树上的？"

思考：从上面这个故事你学到了什么？

第八节

物 极 思 维

一、物极思维的含义

物极思维来源于成语"物极必反"，即事物发展到极点，可能会向相反方向转化。事物因为内部对立统一的矛盾运动，逐渐由量变引起质变，发展到极端，在一定条件下就可能走向反面，于是有"物极必反"之说。

有一种现象：一只足球撞到墙上，因受反作用力的影响而猛然回头，顺着原方向，返回到一定的距离处，受反作用力越大，返回距离就越远。物理学家称此为"物极原理"。

例如，适量补充维生素 C 是好的，但科学家发现如果长期过量补充维生素 C，非但无益，反而有可能加重关节炎。另外，食用维生素 C 过量还会出现腹泻、离子失调、肾脏结石等。因此补充维生素 C 并不是"多多益善"。

二、物极思维案例

物极思维体现着即使在最低谷也有机会触底反弹，即使在最顶峰也会有登高跌重的可能。

华为创始人任正非在"与任正非的咖啡对话"的访谈中曾将世界最高科技的顶峰比作喜马拉雅山，美国站在喜马拉雅山山顶，而中国还相对比较落后，我们把它比作在山脚。喜马拉雅山的雪水一融化，就灌溉了山脚的庄稼，雪水灌下来，最终要从庄稼里分取利益，当美国不把这个雪水流下来的时候，山下就会打井，就是美国开始垄断而不供应的时候，这个世界一定会出现替代的机会。任正非讲的这一段话就体现了物极思维，正是处于"山脚下"，才能突破垄断，走自己的发展之路。

我国作为发展实力较强的社会主义发展中国家，在经济实力尚未腾飞之前也受到发达国家的各种封锁威胁，而中国在学习和成长中不断打破垄断。从 20 世纪 50 年代至今，垄断技术形成的垄断局面对我国科学技术的发展造成了"卡脖子"的困局。在发达国家的垄断局面下，我国以一己之力打破了资本主义的封锁格局，走出了一条独特的和平发展之路。

 章节练习

请谈谈你对物极思维的认识并举出生活实例。

第四章

创新思维策略

创新思维策略在创新过程中起着举足轻重的作用，本章将围绕着创新思维策略进行讲解。

第一节

创新思维策略的实质和分类

一、创新思维策略的实质

创新思维策略是指针对新的变化将各种思维方法灵活应用产生新思路的思维策略，

是将创新精神、创新思维方法、创新技法综合使用，促进发展的思维策略，是以自己大脑为主，将手脑、电脑、群脑，三脑结合进行创新的思维策略。学会创新发展的思维策略，能帮助你进行思路创新、方法创新、知识创新，从而创新性地开展学习与工作，更好地塑造自己、发展自己。

笔者认为创新思维策略的实质是激活人的创造力。

世界著名的创造学专家亚历克斯·奥斯本（Alex F. Osborn）认为："人人都有创造力"。大量研究也表明，创造力并不是少数天才具有的特殊能力，但不是每个人的这种潜力随时均可表现出来，潜力不能自动变为现实能力。研究表明，通过特定的开发训练，每个人的创造性都可被挖掘出来。

当前，国际科技创新领域竞争日趋激烈，谁拥有一流的创新人才，谁就拥有了创新优势和竞争主导权。我国已踏上全面建设社会主义现代化国家，向第二个百年奋斗目标进军的新征程，我们比历史上任何时期都更加接近实现中华民族伟大复兴的宏伟目标，也比历史上任何时期都更加渴求人才。培养具有创新思维以及优秀创造力的人才成为了国家所重视的一点，国内一些领头企业也十分重视激发员工创造力，对员工开展创新思维培训，以利于企业的发展进步。

从民营小企业成长为通信业巨头，华为公司清楚地认识到，要想在市场上立足并持续发展，技术创新必不可少，而技术创新的关键在于对创新人才的培养和激励，既要"培养出"，还要"留得住"。华为在研发人才激励方面采取"获取分享制"：作战部门根据经营结果获取奖金，后台支持部门通过为作战部门提供服务分享奖金。其高级表现形式为全员持股计划，通过让员工持有股票，使员工充分享有劳动与创新价值的索取权和经营决策权。为了鼓励研发人员沉下心在技术的道路上做专做精，华为的研发人才晋升通道分为技术通道和管理通道，充分保障有能力创新的员工能最大限度获得自我创新所带来的经济价值。正是因为有了良好的激励机制，华为实现了上下一心，全员主动完成创新工作，最大限度地挖掘出了员工的创造力。如今的华为公司拥有上万人的庞大研发团队，业务遍及全球，举世瞩目。

二、创新思维策略的分类

（一）迁移策略

迁移策略是指把别人的好创意、好方法借用过来，和自己原有的资源相结合，形成一种新的创意。

2022年，国内一众教培机构进入"寒冬"，国内的教培行业龙头"新东方"也不例外，但是新东方在经历短暂的低谷期后，立即将矛头对准"直播带货行业"，并将其独有的讲课方式创造性地使用在了直播带货中，此一创造性迁移的效果可谓是立竿见影。民众早已对"买它、买它、买它"的简单口号产生了审美疲劳，而对董宇辉的文学带货更加欣赏。"东方甄选"作为直播带货的新秀一跃成为行业的领头羊，其背后成功的秘诀便是创新性迁移策略的灵活使用。

（二）加法策略

加法策略是指将目前已有的两个或多个单一的产品元素组合起来，形成新的产品。

在 20 世纪 70 年代初期，X 射线技术和计算机技术都已经成熟，诺贝尔生理医学奖获得者豪斯菲尔德就把这两项技术结合在了一起，发明了 CT 扫描仪。

（三）减法策略

减法策略是指通过对产品功能或组成做一些减法，并达到原来及以上的功能，从而获取创新的思路。注意，删掉的部分应当是产品中必不可少的部分，但又不是最核心的和最无关紧要的功能，才能让减法策略发挥最大的威力。减法策略可以说是最好的也是最难的创新方法。

例如，手机的减法策略。智能手机的 home 键原本是必不可少的按键，但是随着全面屏时代的到来，各手机厂商纷纷取消 home 键，转而以虚拟键甚至是直接以屏幕侧划的手势代替完成其操作功能。进而以减去手机最后一个按键为代价，在原有手机尺寸上换来更大的屏幕与更美的外观。此一减法策略的运用可谓经典。

减法策略的五个步骤如下。

第一步：列举产品或服务的内部组成成分。

第二步：选择一个基础部分并想象将它删除。删除的方法有以下两种。

A：完全删除。把这个基础部分从产品中彻底删除。

B：部分删除。把这个基础部分中的某个特性或者功能删除。

第三步：想象删除后产品或服务的样子。

第四步：产品价值，灵魂三问：解决什么问题？用户需求？市场分析？

第五步：解决方案。寻求能够完成此创新的技术或方法。

案例 1

洗衣液的创新

有一家叫 Vitco 的生产洗衣液的公司，想研发创新产品，扩充自己的生产线。可是创新的灵感从哪里来呢？等着苹果砸在头上吗？

不。他们不打算把创新交给偶然。

他们决定使用"系统创新思维"五大策略中的"减法策略"来"生产"灵感。

第一步：列出产品的组成部分。

洗衣液的组成部分，有三样：用来去污的活性成分、香精和增加黏性的黏着液。

第二步：删除其中的一种成分，最好是基础成分。

还有什么比用来去污的活性成分更基础的呢？那就减去活性成分吧。

第三步：想象这样做的结果。

很多人立刻提出质疑，洗衣液中现在只剩香精和黏着液了，所以，我们是要生产洗不干净衣服的洗衣液吗？

这就是"减法策略"生产出来的"灵感"吗？

第四步：明确这种产品的优势和市场定位。

大家努力不让"不可能"三个字脱口而出，开始集思广益。

有人想到，被去掉的活性成分虽然能洗净衣物，但也会损伤衣物，导致掉色。去掉活性成分，衣服使用寿命会加长。有很多人的衣服其实并不脏，他们洗衣的目的，仅仅是为了让衣服看上去很新，这群人可能是新产品的目标受众。

可是行业标准规定，洗衣液必须含有最少剂量的活性成分，这怎么办呢？

Vitco 的总裁灵机一动：那就不叫洗衣液，新产品叫"衣物清新剂"吧！

至此，Vitco 公司产生了一个创新：没有洗衣液的洗衣液——衣物清新剂。

后来仅宝洁一家公司，每年就从"衣物清新剂"中获利超过 10 亿美元。

资料来源：陈富平.运用创新思维方法优化创新思维能力 [J].

科技资讯，2006（7）：149.

iPod的产生

还记得当年令人啧啧称赞的 iPod 吗？我们来用减法策略从普通 MP3 获得这个 iPod 创新产品。

第一步：列举普通 MP3 的内部组成成分。

普通 MP3 包括塑料壳体、电路板、电池、耳机、屏幕。

第二步：选择一个基础部分并想象将它删除。

假设我们经过多轮删除后，这一轮将屏幕删除。

第三步：想象删除屏幕的 MP3 的样子。

删除屏幕后，体积更小巧，设计更简约，佩戴更时尚，续航时间更长。

第四步：产品价值，灵魂三问：解决什么问题？用户需求？市场分析？

我们现在看来，答案已经很明显了，更符合消费者的审美和喜好。但是很多人不知道，当初市场上的MP3都在争先恐后地把屏幕设计得更有吸引力。

第五步：寻求能够完成此创新的实际解决方案。

可以说，苹果凭借着这项革新意识，在竞争异常激烈的MP3市场一骑绝尘。

资料来源：易新莉 . 进入创新思维的新天地 [J]. 科学咨询（教育科研），

2020（4）：129.

（四）除法策略

除法策略是指通过将产品功能或组成分解为多个部分，然后以新的方式将分解后的部分进行重组，找出其可能具有的优点。例如，盒装牛奶由纸盒、牛奶、不同口味的香料和吸管构成，如果把牛奶中的香料和吸管组合在一起，这样，只要用不同的吸管就能喝到巧克力口味的牛奶、草莓口味的牛奶或香草口味的牛奶了。目前国外已经有商家这么做了，人们把这种吸管称为"神奇吸管"。如果减法策略是少做同得，那么除法就是同做多得。也就是在不增加功能成分的前提下，尽可能地提升产品效能。

除法策略的五个步骤如下。

第一步：列举出产品或服务的内部组成成分。

第二步：采用以下一种方法分解产品或服务，并按空间或时间进行重组。

A：功能型除法。拆分产品或服务的功能。

B：物理型除法。将产品或服务随机分解成若干份。

C：保留型除法。将产品按原样缩小。

第三步：想象新组成的产品或服务的样子。

第四步：产品价值，灵魂三问：解决什么问题？用户需求？市场分析？

第五步：解决方案，寻求能够完成此创新的技术或方法。

接下来我们将假设情景带入，对饮料进行创新。首先假设我们是维他柠檬茶的产品经理，现在要对产品使用除法策略进行创新，若使用物理型除法，步骤如下。

第一步：列出维生素饮料单件产品的组成成分，一般包括瓶盖、瓶身、饮料液体。

第二步：按物理型除法，将饮料液体拆分，按空间进行重组。我们可以简单拆分成水和维生素（以及其他有益物质），并在空间上将其分离。

第三步：想象新组成的饮料的样子。新的饮料，在瓶内装的是水，我们在瓶盖处设计一个独立容器装维生素等，当消费者饮用时，再将维生素与水进行混合。

第四步：产品价值。解决什么问题、用户需求与市场分析。此次创新可以解决维生素营养损失的问题。顾客可以从饮品中获取维生素无须再购买专门保健品服用，并且目前市场上并没有相同种类的产品，竞争力较强。

第五步：解决方案。寻求能够完成此创新的技术或方法（如何保存维生素的营养，如何保证混合后的口感问题等）。

（五）乘法策略

乘法策略是指对产品的某一部分进行复制，再重新整合到产品当中。

宝洁公司在一瓶空气清新剂内放入了两种不同味道的香水盒，以及将除臭剂和清新剂放在一个瓶子里，这样就可以交替使用，其销量几乎是其他空气清新产品的两倍。类似的例子还有"三路灯泡"多锋剃须刀等。

乘法策略与减法策略和除法策略第一步都是把产品分解成组件，只是在第二步用组件生产灵感的方向上有所不同，减法是删除，除法是重组，而乘法是复制。

下面来看三个具体的例子。

（1）剃须刀。自从剃须刀被发明以来一直用的都是单锋刀片。1971年吉列公司推出了双锋剃须刀，革命性地取代了传统的单锋刀片，使男士的剃须体验有了巨大的飞跃，现在已经有六个刀锋的剃须刀了。

（2）灯具。可以在电灯里放两根灯管吗？为什么不呢？你按一下开关，开一个灯管，按两下开关，开两个灯管，再按一下两个灯管都灭了。现在这种灯很常见。

（3）手机摄像头。刚开始手机只有一个摄像头，后来出现了能自拍的双摄像头手机，为了提升拍照能力现在手机摄像头都做成浴霸的样子了。

（六）任务统筹策略

任务统筹策略是指通过分解产品、服务或流程相关的内部成分和外部成分，然后选取某一成分，使其完成某项额外的任务。

任务统筹策略的五个步骤如下。

第一步：列举产品、服务或流程中，位于框架之内的所有内部成分和外部成分。

第二步：以下列任意一种方式，从中选取一个成分，并给它分配新任务。

A：选取一个外部成分，给它分配一项产品本身能够完成的任务。

B：选取一个内部成分，给它分配一项新任务或者附加任务。

C：选取一个内部成分，让它发挥某个外部任务的功能。

第三步：想象新产品或新服务的样子。

第四步：产品价值，灵魂三问：解决什么问题？用户需求？市场分析？

第五步：解决方案，寻求能够完成此创新的技术或方法。

我们以酒店的"人脸识别"为例进行创新。专业的酒店人脸识别摄像头需要花费上百万美元，价格高昂，为了节省成本，同时获得人脸识别服务，我们采用任务统筹策略。

第一步：赋予"酒店前台"任务：给重要客人拍照，拍照留念并赠送精美小礼品。

第二步：赋予"网上订房"流程任务：标记第二天入住的重要客人。

第三步：赋予"抵达酒店"流程任务：门童记住重要客人照片，认出客人，叫出名字。

第四步：产品价值，灵魂三问：解决什么问题？用户需求？市场分析？解决了每次入住都要办理登记的烦琐流程。对于经常出差在外并习惯性住宿同一酒店的顾客体验更加便利。以更低的成本获得快捷入住的体验，国内同等服务很少，竞争力强。

第五步：解决方案，寻求能够完成此创新的技术或方法。我能够想到的：酒店前台的贴心服务与拍照技术，门童的准确记忆。

创新训练营 ▶▶▶

你能用任务统筹策略对维基百科的多语言翻译进行创新吗？

寻找一位电子设计专业学习过芯片设计的同学，共同讨论如何在 RTC 芯片中添加看门狗功能，并思考这一创新解决了什么问题？

（七）属性依存策略

所谓属性依存策略，就是通过对产品或服务的多个相关变量进行关联，使得可以通过某一种变量属性了解另外一种变量属性。

属性依存策略的五个步骤。

第一步：列出产品或服务的相关变量清单。

第二步：将变量排列成行和列，并填写可能的依存关系。

第三步：想象新产品或新服务的样子。

第四步：产品价值，灵魂三问：解决什么问题？用户需求？市场分析？

第五步：解决方案，寻求能够完成此创新的技术或方法。

我们对一款简单的产品——婴儿奶瓶进行一次革新。

第一步：列出婴儿奶瓶的相关变量清单。

首先是奶瓶本身的变量，比如奶瓶的大小、颜色、硬度、气味等。婴儿奶瓶中奶的相关变量，包括浓度、气味、温度、体积、味道等。

第二步：将变量排列成行和列，并填写可能的依存关系。

	奶瓶大小	奶瓶颜色	奶瓶硬度	奶瓶气味
奶浓度				
奶气味				
奶温度		1		
奶体积				
奶味道				

这里我们直接找到奶温度和奶瓶颜色的依存关系。

第三步：想象新产品或新服务的样子。一款可以通过颜色来判断奶瓶里奶温度的奶瓶。

第四步：产品价值，灵魂三问：解决什么问题？用户需求？市场分析？

解决直观判断奶温度的问题。想必，在深夜困意盎然的情况下，容易搞错奶温度的宝爸和宝妈十分需要。而现在市场上当然还没有此类产品。

第五步：解决方案，寻求能够完成此创新的技术或方法。我能够想到的：检测温度的技术？改变颜色的技术？

少即是多，减法策略。

分而治之，除法策略。

生生不息，乘法策略。

一专多能，任务统筹策略。

巧妙相关，属性依存策略。

 **章节练习**

（1）请选择生活中的一件产品，运用以上所讲到的创新策略进行分析。

（2）列举出近几年市场上的较流行的产品，并分析其创新点的本质，例如挂脖风扇等。

（3）你能用除法策略，试着对存话费这个服务进行创新吗？

（4）你能够通过属性依存策略，从天气与商场的关系出发，对商场的工作进行创新吗？

第二节

创新思维策略训练

开发创造力要着重进行创新思维策略训练。

（一）集体激励策略

集体激励策略近似于头脑风暴法，是通过集体的想法交流互动，碰撞出思维的火花。集体激励策略是围绕一个主题，召集若干有关人员开畅谈会，要求与会者在较短时间内自由地、尽可能多地提出自己的想法。为保证人人畅所欲言，思维不受阻碍与压抑，会议必须遵守四条基本原则：①对提出的各种方案暂不做任何判断评价；②鼓励自由思考、标新立异、语出惊人；③以获得想法的数量而非质量为目标；④鼓励"锦上添花"，改进或联合他人的设想。

集体激励法的实质是创造了一种思维相互撞击，借集体力量产生"共振效应"的情景。在这种相互启发、相互激励、相互感染的氛围中，能有效地打破个人固有观念的束缚，摆脱思维的僵化、迟钝状态，焕发被禁锢的想象力。研究表明，这种团体式的自由联想力比独自一人时的联想力增加65%～93%。

（二）类比思考策略

类比思考策略是根据对象之间的相似关系而产生类推的一种解决问题的思考策略。由于事物间有形态相似、结构相似、功能相似、因果关系等，因此类比也可相应分为形态类比、结构类比、功能类比等。类比是以比较为基础的。许多在质上不同的现象，只要服从相似的规律，就往往可以用类比来研究。通常，我们将陌生的对象与熟悉的对象比较，未知与已知对象比较，由此及彼，产生启发，提供线索，触类旁通。类比是科学发现、发明的重要方法。例如，我国人工牛黄的培育成功就得益于人工珍珠培育的方法。牛黄是牛的胆结石，天然牛黄甚为稀少，价格昂贵。从将少量异物塞入河蚌内，便可育成珍珠的人工育珠方法得到启发，在牛胆囊中埋入异物，形成了胆结石，从而获得了人工牛黄。又如武器设计师通过分析鱼鳃启闭的动作，成功设计出手枪的自动结构；机械师受到机枪连射的启发而发明机枪式播种机。

值得注意的是，类比策略是根据两者的相关性、相似性进行推理解决问题的。因此，两者的相关是本质的、必然的、主要的，则解决问题的可能性就大，否则就小。为此我们在运用类比解决问题时，一定要注意认真分析对象之间的共有属性，善于发现本质的、主要的、必然的相关性质，以使问题得以成功解决。

（三）对立思考策略

对立思考策略即指从已有事物、理论或经验等完全对立的角度来思考，使问题得到创造性解决的一种思维方法。对立思考策略的要旨是设立对立面。对立面的设置可人为创设。有时对立的情形在现实生活中并不存在，但可以在"思想实验"中将这种对立的两端构思出来，在建立了对立的两端后，还要善于从对立的两端看到其存在的深刻统一性。因而这种对立的创造思维过程，通常在心路历程上要经历四个连续的步骤：树敌→破阵→包摄→建构。树敌，指给予限制性条件，以造成其中一端置于原理论的适用范围之外。破阵，指从原理论的对立面出发，与原理论相比较，通过质疑、诘难，以暴露原理论的误区或打破原理论的局限。包摄，当两端充分对立矛盾，又都充分为证据所支持不能舍弃任何一个，出路就在于把二者结合起来，从综合思路考虑，提出新假说修改原理论，以把新事实包容进来。建构，指在明确的理论目标和包摄融合的前提下，建构一个更为普遍适用的新理论。诚然，以对立方式思考，也许在第二阶段"破阵"时就能创造性地解决问题。当两极端都存在适用范围时，这时才需要进一步的包摄、建构。对立思考策略是以违背原理论的规范、违反原理论预期的姿态出现的，是一种打破原有认识局限，突破思维定势的一种有效方法。

（四）转换思考策略

转换思考策略是指通过事物之间的转换，而使本事物最终获得解决的一种方法。转换思考策略是一种在没有直通的道路上走间接道路，巧妙绕过障碍物的思考方法。通常在问题解决中，由于某种原因，常常不能直接分解或组合该事物，以致该课题难以解决。这时就需另辟思路，通过解决其他事物而使本事物获得解决。如我国曾有这样一个以转换思考策略解决问题的事例：有一个县令要求精确地算出本县的面积，而该县的边界弯弯曲曲，用通常的方法难以计算。一个木匠想出了巧妙的方法，他将该县地图画在一块平整、光滑、均匀的木板上，然后称出该木板一平方厘米的重量，再称出这块"木板地图"的重量，根据两者重量的比较，轻易地算出了该县的实际面积。这种把算面积问题巧妙地转换为"称面积"（称木板），由于木板重量易得，由此"称出"了该县面积。又如曹冲称象、阿基米德在人的影子和身体一样长时，通过测塔影的长度得到金字塔的高度均是该方法运用的精彩实例。在数学学科中的数形转换，用代数方法解决几何问题，或用几何方法解决代数问题也可称得上是这种方法的原理在具体学科中的应用。

每当我们用常规思路、习惯思路解决问题受阻时，就应转而想想，能否不直接解决该问题，通过其他问题的解决转换为该问题的最终解决，或者能否借用解决其他问题的方法解决该问题，若经常用此思路进行思考，一些百思不得其解的问题也许并不难解决。

（五）分合思考策略

分合思考策略是将思考对象的有关部分分开或合并，设法找到解决问题的新思路、新方法的思维方式。美国阿波罗登月总指挥韦伯说："阿波罗计划中没有一项新技术，都是现成技术，关键在于综合"。磁半导体的研制者菊池城博士说："我认为搞发明有两条路：第一条是全新的发明；第二条是把已知其原理的事实进行组合。"

可见组合方法已成为比较公认的创造性思考方式。由于事物的组合方式不同，事物也就显现出不同的性质、形态或功能。

橡皮头铅笔的发明就是典型的组合思路的运用。铅笔和橡皮原来是分开的，一天美国人威廉到朋友家玩，看到他的朋友正在用铅笔画画，铅笔的一端绑着一块橡皮，于是得到了启发，产生了"要是有一种带橡皮的铅笔，人们使用起来不是就方便了吗？"的想法，他通过努力发明了橡皮头铅笔。又如蘸水笔与墨水瓶的合并，出现了书写方便的自来水笔；激光与音乐的结合，造成了有色听觉；喷气推进原理和燃气轮机相结合，发明了喷气式发动机；微波技术与针灸技术进行组合，创造了微波针灸仪。组合可以是结构上的组合，如橡皮头铅笔；也可以是技术手段的组合，如微波针灸仪；还可以是原理与技术手段的组合，如喷气式发动机。组合思路产生了众多的创造发明。但能否采用组合思路，这要看合并后是否有比原来两个单一产品有更大的价值或有新的用途，如不符合这一原则就如画蛇添足，适得其反。

与"组合"相反的是"分离"。德国化学家欧立希就是在分离思维的指导下研制出"606"药的。"606"的前身是"阿托什尔"，这种药可以杀死害人的锥虫，但也可使人双眼失明。由于这种使人生畏的副作用，一些研究者放弃了研究，而欧立希则运用分离思路，找到了改变药品化学结构的巧妙方法，消除了副作用，成功地研制出挽救患者生命的"606"。

此外，还有缺点列举策略（即把现有物品的缺陷——列举出来，并针对缺陷进行改进的发明方法）、希望点列举策略（即从人们美好的希望出发，把对事物的要求——列举出来进行创造发明的方法）、移植策略、设问策略等。

第五章
创新与发明

创新与发明常常是结伴出现的词汇，那么创新与发明是一样的吗？创新与发明的关系是什么？

第一节

发明不等同于创新

发明人≠创新者

发明人是第一次提出新想法的人；创新者是负责组合各种必要资源的人或组织。

在历史上，有许多重要技术进步的发明人都没能从他们的重大突破中得到回报，这种例子屡见不鲜，如达·芬奇（飞行器等）、爱因斯坦（冰箱）、肯恩·克莱默（iPod概念前身）等。

发明≠创新

发明是首次提出的新想法；创新是首次将新想法付诸实施。提出想法与实施想法的要求是不相同的。发明可能发生在任何地方（如大学里），而创新虽然可能发生在其他组织（如公立医院）里，但主要还是发生在企业里。为了能将发明转化为创新，企业通常需要将各种知识、能力、技能和资源组合起来。例如，企业可能需要生产方面的知识、技能和设施，还需要市场营销知识、运作良好的分销系统、充足的财务资源等。

许多发明需要其他互补的发明和创新才能在创新阶段取得成功，达·芬奇发明的飞行器很了不起，但由于缺乏必备的材料、制造技能和最重要的动力源，他的想法就不可能付诸实施。事实上，这些好想法的实现，最终还要等待内燃机的发明和随后的商品化（即不断改进）。

第二节

发明和创新皆是持续的过程

发明和创新绝非一劳永逸的事情。今天的发明也许到明天就会失去意义。今天的创新很可能会成为明天被超越的对象，我们绝不能抱着原有的"创新"不放，而必须长久而持续地挖掘新的创新增长点。

亚马逊的总裁贝索斯说："没有一项科技能够保持永久的领先地位，同样，没有一项创新可以使你保持永久的优势。"从根本上来说，人类也总是喜欢新奇的东西，只有创新，才能吸引人。持续创新不仅是一种策略，也是一种基本需要。例如，汽车是在第一批商业化的车型基础上做了重大的改进，融入了大量的各种发明和创新才形成目前的状态。事实上，几乎所有高价值的创新，其最初的版本都是粗糙的、不可靠的装置，经过不断的改进和创新最终才得到广泛扩散，无论蒸汽机，还是飞机，都不能例外。

2007 年《时代》周刊把 iPhone 手机评为"年度最佳发明"的五大理由之一是：iPhone 是为进化而生，情况就像 6 年前的 iPod 一样，从现在的眼光看，当时的 iPod 就像穴居人使用的打火石。同样，未来新一代的 iPhone 也会使得现在的 iPhone 变得非常原始落后。在未来几年内，人们将会看到更酷但是价格更便宜的新一代 iPhone。

第三节

发明和创新之间存在较长的时间差

一项伟大的发明转换成创新有时需要几年、几十年，甚至上百年。这可能因为市场上还没有足够的需求，也可能由于一些关键的投入或互补因素还不到位，以致产品的生产或销售难以实现。

历史重大技术创新案例

技术与产品	发明年份	创新年份	滞后期／年
日光灯	1859	1938	79
采棉机	1889	1942	53
拉链	1891	1918	27
电视	1919	1941	22
喷气发动机	1929	1943	14
雷达	1922	1935	13
复印机	1937	1950	13
蒸汽机	1764	1775	11
尼龙	1928	1939	11
无线电报	1889	1897	8
三极真空管	1907	1914	7
圆珠笔	1938	1944	6

通过图表可以发现，发明与创新之间存在一定的时间差，只是时间差的长短不一。通过分析可以发现，首先，随着经济的不断发展和人民生活水平的日益提高，人均收入也在不断提高，国家经济实力逐步雄厚，用于技术创新的财力、物力不断增强，形成对技术水平的要求越来越高，从而缩短了两者的时间差。

其次，科技的不断发展使人们思想获得解放，文化素质也不断提高。过去，人们的思想过于守旧，不易接受新鲜事物，认为"现在拥有的就是最好的"，总喜欢"安于现状"，不愿意接受改变。因此，从发明到技术创新之间的阻力很大。而随着人们思想由守旧变得开放，变得容易接受新鲜事物，自身素质不断提高，使发明到技术创新之间的阻力变小，时间差缩短。

最后，加大技术投入使技术创新有充足的人力、物力、财力，从而带来创新的迅速发展。人们逐步加大对创新的投入，提高了创新的发展速度，缩小了发明与创新之间的"距离"。

静电复印从发明到商品化

施乐公司的崛起凭借的是 20 世纪最伟大的发明之一——卡尔森的发明：静电复印技术（electrophotography），也称施乐技术（xerography）。

从 1947 年获得卡尔森的专利技术一直到 1959 年推出第一台普通纸复印机，哈洛伊德为 914 型复印机（由于其所使用的纸张是 9×14 英寸而得名，以下简称 914）的诞生耗费了 13 年的时间，13 年间整个办公设备市场没有什么大的变化。哈洛伊德共为卡尔森的技术投入 7500 万美元，而哈洛伊德 1955 年的年收入不过 2100 万美元。914 的研发过程充满了传奇色彩，那是一个被技术人员的创造力大肆渲染的年代。比如，当纸张进入复印机的光感受带时，由于静电的影响，纸张会被吸附在感受带上。这个问题一直未能得到解决，直到一位工程师在自家院子里修理自行车轮胎时突发奇想，用空气去吹纸，才解决这一难题。914 除了配有特制的毛刷来清理磨粉之外，还配有一个小型灭火器，用于扑灭由于运转时间过长而导致的机器起火。总之，914 就像一个蹒跚起步的孩子，虽然有些磕磕绊绊，但还是勇敢地走向了市场。914 不仅在技术上实现了前所未有的突破，在市场运作上也是经典的。由于体积庞大，914 无法像其他产品一样，由销售人员展示给客户，施乐决定利用电视广告，而在当时的电视广告中，商业设备是很少见的。施乐的第一则电视广告的主角是一个五六岁的小女孩戴碧。当她为父亲复印文件时，只按动了一个键，复印就完成了。戴碧的广告非常成功，把"只需按动一个键"的产品亮点形象地展示给了客户，整个画面即使在今天看来依然温馨有趣。施乐的第二则广告更加轰动，这一次的主角已经不是小女孩，而是一只大猩猩。当它毛茸茸的指头在 914 上按了一下，复印件就从另外一端出来了。这则广告引起的争议超出了施乐公司的预计。广告播出的第二天，在很多公司里，秘书的桌上被放了一根香蕉，因为在当时秘书是复印机的主要使用者。播出广告的 CBS 电视台几乎被全国各地秘书的抗议电话淹没了。但是，当今天我们打开电视，黑猩猩依然是电脑公司广告的主角之一，所不同的是消费者已经接受了它，不再觉得那是对人格的侮辱。在这段漫长的由技术转化为商品的过程中，施乐先驱者的顽强毅力成为施乐企业文化的一个重要组成部分被沉淀下来。

资料来源：易新莉.进入创新思维的新天地 [J].科学咨询（教育科研），
2020（4）：129.

第四节

创新是一种大规模实施和使用的发明

20世纪初美籍奥地利经济学家熊彼特不仅用创新来解释经济发展，还明确地把发明和创新区分开来："只要发明还没有得到实际上的应用，那么在经济上就是不起作用的。而实行任何改善并使之有效，这同它的发明是一个完全不同的任务，而且这个任务要求具有完全不同的才能。"

熊彼特将创新理解为"把发明成果引入生产体系"，是对发明成果的首次商业化应用，发明是一种科技活动，而创新是一种经济活动。由此可见，发明只是一种科技上的研究、创造，而并未广泛运用于实践，而创新是对发明的广泛运用。发明和创造的时间差也反映出这一点。

第一个轮子可能是当时世界上最辉煌的发明，但它并没有改变他人的命运，也没有改善那个时代人们的生活质量，也就是未投入到大规模的实施和使用中。直到发明者提出了他的新奇想法，解释了它的含义和应用，并表明它可以用于更快、更轻松的运输，被广泛运用于实践，他才成为创新。

创新是一项成功地呈现给大众并在市场上销售的发明。发明家是发明之父，企业家是创新之父。有时这可以是同一个人，例如爱迪生。

戴森最主要的发明吸尘器其实是借鉴了离心力气旋装置的原理。这个原理在分离油漆颗粒的装置中已经应用了好多年，但是谁也没想到把它应用在小小的吸尘器上。戴森想到了，并且进行了一系列的实验，终于发明了无尘袋吸尘器。现在这种原理也应用在了戴森的吹风机上。离心力气旋装置的原理是一种发明，而吸尘器的产生是一种创新。

📖 **拓展阅读：借鉴与抄袭**

有很多人会对"借鉴"嗤之以鼻，认为借鉴就是抄袭，借鉴的人就是小偷。

到底什么是借鉴，什么是抄袭呢？

抄袭是原封不动地照搬过来，一看就知道是某某的专属品；但借鉴肯定不是照搬和复制，而是在吸收原创的特色的基础上，加入自己思考、想象、创意等，再去构建一个新的作品，形成自己的品牌。腾讯就善于借鉴，从而产生自己的产品，而且该产品相对于原产品是进步的，是更受市场欢迎的。

张小龙带领的微信团队初始成员大部分来自QQ邮箱。所以在早期的微信版本中，你会看到很多QQ邮箱的影子，比如漂流瓶。而在觉得有一些功能不适用或者不是那么受欢迎后，对其进行改进甚至替换。

我们前面说到创新其实大部分不是从无到有的发明，而是站在巨人肩膀上，通过一些方法产生的新的产品、理念、技术等。

我们做产品时也会去研究竞品、类似产品，甚至是无关产品，这其实就是一种借鉴。

那么到底应该如何借鉴呢？怎样才算是好的借鉴呢？借鉴的策略是什么呢？

在《借鉴的艺术》一书中，作者曾提出过好的借鉴的两大策略。

1. 先模仿再创佳绩

你首先要搞清楚别人做的东西到底是什么，有哪些特性，带来哪些价值。然后在此基础上结合自身产品的特性、目标来进行融合。就好像小孩子学说话，他其实可能并不明白一个词是什么意思，比如"伤心"，但是他可以模仿你的发音。接下来，他通过你使用这个词的各种场景尝试明白。

找不到妈妈会"伤心"，心爱的玩具丢了会"伤心"，想吃棒棒糖但是妈妈不给买会"伤心"……

后面他就会自己应用了，结合自己遇到的事情，自己遇到的独特的场景，比如好朋友转学了，他会和你说"我很伤心"。

任正非在讲述华为推行IPD时，建议一个企业进行流程重组的策略就提到"先僵化，再优化，最后固化"。也就是我们先原班照抄，然后再结合自身情况进行优化，最后把优化的结果进行固化。

这就是先模仿再创佳绩的借鉴策略。

2. 纵横捭阖的模仿

说到这个就不得不提之前提到的戴森了。在戴森之前不是没有人发现吸尘器用的时间长了，那个装灰尘的袋子一堵塞吸尘器就吸不动了。在戴森之前，离心力气旋装置已经在很多工程行业得到应用了，但是没有人想到要把这个装置应用在小家电上。

其实，多个领域之间是有其互通性的。

有数学家精通音乐，因为在音乐上的造诣能够让他在研究数学问题的时候得到一些启发，通过借鉴产生一些定律或者定理。这种跨领域的借鉴就是纵横捭阖的模仿。这种借鉴也在一定程度上说明了，创新与发明之间不能画等号。

我们完全可以站在巨人的肩膀上，通过借鉴实现创新。那么对于我们来说，如何通过借鉴实现创新呢？无非是多观察、多模仿、多思考。

这与上面提到的《借鉴的艺术》中的借鉴的策略是一致的：要以一种开放的心态来接收各种信息，观察并模仿、思考并尝试、总结并调整，循环往复……

历史上和今天出现过许多伟大的创新和发明，它们的出现极大地推动了社会的进步和发展。比如印刷术的出现加快了文化的传播速度和广度，蒸汽机的出现使人类进入了机器工业时代，互联网的出现改变了我们的生活，等等。这些伟大的发明创造为什么会出现，又为什么是那些人的发明而不是另外一群人创造的呢？我们需要弄清楚它们的出现是怎样一个过程。

首先是需求，有了需求才有去做发明创造的动力和意义。例如，电子计算机的发明是为了让炮弹打得更准，而炮弹弹道的计算量大，人的计算速度跟不上而且可能出错，为了解决这个问题，第一台电子计算机 ENIAC 于 1946 年在美国宾夕法尼亚大学问世。人类在不断解决问题、克服困难的过程中进步和发展。人们为了实现其设定的目标，会尝试各种办法，诸如制造新的工具，改变合作方式等，如果达到了一定的效果，那么这个新事物就是有用的发明。

其次，发明创造所需要具备的条件。任何发明都是建立在一定的基础条件上的，新事物不会凭空出现，就像唐代不会出现智能手机一样。科学技术是在不断发展的，当具备必要的底层技术后，随着新需求的出现，人们会不断尝试以满足这个日益增长的需求。爱迪生发明电灯泡前，电的使用已经开始普及，这就是必要的基础条件。

发明还是一个不断试错的过程。爱迪生发明电灯的过程一直以来都被当作"失败是成功之母"这句名言的典型案例，其实这里的"失败"更应该被称为试错，这个过程中爱迪生只是在实验各种不同的材料的可行性，而不是实验到哪种材料不可用就是失败，这是一个必要的实验过程，不做实验怎么知道结果？排除掉不合适的材料，找到合适的材料，这是实验的目的，不要总拿成败去定性。曾有年轻人问爱迪生，"您失败了1000多次才发明了电灯，你是怎么做到的？"爱迪生说，"我不是失败了1000多次，我只是证明了那1000多种方法行不通而已"。当然，做实验还需要不断总结，找到方法和规律，缩短试错的次数和时间，从而提高效率。所以，大胆地试错，秉持科学的精神才是创新之道。

再次，我们要明白好的发明是渐进式的，而不是一蹴而就的。一个发明从开始出现到广泛应用，需要不断改进，迭代升级。因为技术在发展，随着新技术、新材料、新方法的应用，需求的改变，促使新事物优化升级，最终被广泛应用于社会。像上面提到的第一台电子计算机 ENIAC，它使用了 17840 支电子管，占地 170 平方米，重近 30 吨，功耗为 170 千瓦，运算速度为每秒 5000 次的加法运算。随着半导体技术的发展，大规模集成电路出现了，到1981年，IBM推出了个人计算机，个人计算机开始普及。光刻技术的不断提高，芯片集成度不断突破，到今天，手掌大小的智能手机已经成为人们离不开的重要工具。所以，不要想着一下子就把事情做完美，它受到技术水平和社会需求的限制。先实现基本需求，再根据需要逐步添加新功能，实现迭代升级。这方面，微信的发展历程完美地诠释了这个过程。

要懂得调整目标来匹配进行的工作，不要一条胡同走到黑。技术在发展，事情在变化，我们在朝着目标在努力的过程中，可能会发现新的需求和有别于当初设定目标时的发现，虽然你目前的工作成果没有达到最初设定目标，但正好满足了一项其他需求，那也是一项很好的发明应用。就像当初西尔弗的目标是发明一种强力胶水，但他做出来的胶水黏性很差，粘在纸上很久都不干，他的同事弗莱发现这一特性，于是能多次利用的"便利贴"就出现了，它给我们的工作、学习、生活带来了很大的方便。

物尽其用。人类搞发明的目的就是解决问题，满足需求，因此好的发明创造的产物是要走出实验室，被人们广泛应用的，也就是说要实现产品化，创造价值。因此工程思维能力是需要的，当然产品化是一个系统工程，需要团队配合。另外，要有产权意识，记得申请知识产权保护。

最后，一个好的发明，往往需要跨越学科边界，特别是现在科技高度发达而又互相交织，一个成功的产品会涉及多个学科的技术。其他领域的技术经常会用来发现和解决本领域的难题，比如莱特兄弟是受到自行车的启发，解决了飞机的转弯难题。打破思维框架，嫁接思想，往往会出现好的创意。有时候灵感稍纵即逝，要抓住机遇，把握好的想法，敢做肯干。

总的来说，拥有跨学科思维能力和发现新需求的灵敏嗅觉，在具备基础研究条件的情况下，敢于试错，迭代升级是进行发明创新的必要条件。

发明：产生了新的产品或技术方法，发明的对象是自然科学。

（1）产品之所以被发明出来是为了满足人们日常生活的需要。

（2）发明的成果或是提供前所未有的人工自然物模型，或是提供加工制作的新工艺、新方法。

（3）机器设备、仪表装备和各种消费用品以及有关制造工艺、生产流程和检测控制方法的创新和改造，均属于发明。

创新：创新是以新思维、新发明和新描述为特征的一种概念化过程。

（1）在经济和社会领域生产或采用、同化和开发一种增值新产品；更新和扩大产品、服务和市场；发展新的生产方法；建立新的管理制度。它既是一个过程，也是一个结果。

（2）创新是指以现有的思维模式提出有别于常规或常人思路的见解为导向，利用现有的知识和物质，在特定的环境中，本着理想化需要或为满足社会需求，而改进或创造新的事物、方法、元素、路径、环境，并能获得一定有益效果的行为。

相同点：都产生了新的事物。

不同点：发明的对象只包括自然科学，新的产品和新的技术方法，创新的对象则既包括自然科学，又包括社会科学。

创新与发明常常交织在一起，因此，很多人把两者混为一谈，但创新与发明有着根本的区别。

资料来源：刘小梅. 探索式与利用式创新研究进展 [J]. 学理论. 2014（14）: 53-54.

 **章节练习**

请与同学们一起思考如何进行有效的创新与发明？

参 考 文 献

[1] 孙桂生，郑丽.应用型大学创新创业人才的创新思维培养探索与实践 [J].教育教学论坛，2021（31）：52-55.

[2] 耿俊茂.大学生创新思维培养探析 [J].经济与社会发展，2004（9）：173-175.

[3] 刘启强.创新方法理论发展及特征综述 [J].广东科技，2011，20（1）：40-43.

[4] 李涛.创新·创新力·创新思维与教育 [J].辽宁教育研究，2000（3）：48-49.

[5] 孙晓莉.把握和坚持创新思维 [J].理论学刊，2019（6）：109-118.

[6] 陈自富."发明"和"创新"是一回事吗？[EB/OL].[2019-9-5].https://zhuanlan.zhihu.com/p/81285668.

[7] 梁良良.创新思维训练 [M].北京：新世界出版社，2009.

[8] 佚名.创新思维的十种类型 [J].现代企业文化（上旬），2014（4）：110.

[9] 肖亚超.创新思维："海阔天空"与"九九归一" [J].销售与市场（管理版），2020（4）：98-99.

[10] 赵迪.创新思维：科学知识增长的灵魂 [D].长春：吉林大学，2018.

[11] 郭元金.新闻采写中的多路思维 [J].新闻战线，2010（8）：77-78.

[12] 朱连标.项目贷款决策过程——多路思维 [J].江苏农村金融，1990（4）：62.

[13] 徐立.想象力比知识更重要 [N].光明日报，2010-11-18（7）.

[14] 李磊.逆向思维 [M].哈尔滨：哈尔滨出版社，2022.

[15] 爱德华·德·波诺.六顶思考帽 [M].马睿，译.北京：北京科学技术出版社，2016.

[16] 亚历克斯·奥斯本.创造性想象 [M].王明利，盖莲香，汪亚秋，译.广州：广东人民出版社，1987.

[17] 戴鸿斌.心智图教学法 [M].北京：北京体育大学出版社，2000.

[18] 王复亮.创新思维的基本类型与思维模式 [J].潍坊学院学报，2007（3）：87-90.

[19] 创新思维 [EB/OL].[2022-6-15].https://baike.sogou.com/v370057.htm?fromTitle=%E5%88%9B%E6%96%B0%E6%80%9D%E7%BB%B4&ch=frombaikevr.

[20] MBA 智库百科.逆向思维法 [EB/OL].[2022-6-10].https://wiki.mbalib.com/wiki/%E9%80%86%E5%90%91%E6%80%9D%E7%BB%B4%E6%B3%95.

[21] MBA 智库百科.多路思维 [EB/OL].[2022-6-10].https://wiki.mbalib.com/wiki/%E5%A4%9A%E8%B7%AF%E6%80%9D%E7%BB%B4.

[22] MBA 智库百科.发散思维 [EB/OL].[2022-6-10].https://wiki.mbalib.com/wiki/%e5%8F%91%e6%95%A3%e6%80%9D%e7%BB%B4.

[23] MBA 智库百科.属性列举法 [EB/OL].[2022-6-10].https://wiki.mbalib.com/wiki/%E5%88%97%E4%B8%BE%E6%B3%95.

[24] 芷荣说.如何打破惯性思维 [EB/OL].[2022-6-10].https://www.jianshu.com/p/53fd1a479f31.

[25] 唐明汉.头脑风暴法 [EB/OL].[2022-6-15].https://zhuanlan.zhihu.com/p/376493854.